전쟁과 여성 인권

전쟁과 여성 인권

– 세계의 일본군 '위안부' 문제 인식

초판 1쇄 발행일 2021년 08월 14일

지 은 이 | 민유기 · 염운옥 · 정용숙 외
기　　획 | 경희대 글로컬 역사문화 연구소
발 행 인 | 최원필
발 행 처 | 심산출판사
주　　소 | 서울시 은평구 불광로 13가길 18, 101호
전　　화 | 02-357-0633
팩시밀리 | 02-357-0631
E-mail | simsan21c@hanmail.net
등록번호 | 제1-2114호(1996년 11월 28일)

ISBN 978-89-94844-77-0 93300

* 책값은 뒤표지에 표시되어 있습니다.

* 이 저서는 2019년 대한민국 교육부와 한국연구재단의 지원을 받아 수행된 연구임.
(NRF-2019S1A5A2A03052879)

전쟁과 여성 인권

세계의 일본군 '위안부' 문제 인식

민유기 · 염운옥 · 정용숙 외 지음
경희대 글로컬 역사문화 연구소 기획

심산

서문

세계의 일본군 '위안부' 문제 인식을 소개하는 이 책을 기획한 것은 2016년 1월 초였다. 당시 연구학기를 위해 미국 캘리포니아주 산타바바라에 머무르면서 2015년 12월 28일 발표된 한일 위안부 합의를 피해자의 의견이 반영되지 않은 졸속 합의라며 비판적으로 보도하던 미국 매체들을 보면서, 그리고 인터넷을 통해 유럽 매체들의 관련 보도들을 접하면서 이 문제가 동아시아를 벗어나 세계 여러 지역에서도 많은 관심의 대상이라는 점을 알게 되었다. 연구학기를 마치고 서울로 돌아와서는 이 문제에 관한 연구를 해보려고 기초적인 자료 수집과 기존 연구들을 살펴보았다. 이를 바탕으로 2019년 봄 한국연구재단의 일반 공동연구 지원 사업에 연구 과제로 지원하였고, 연구 지원 과제로 선정이 되어 2019년 가을부터 2020년 여름까지 1년의 연구 지원을 받게 되었다.

일본군 '위안부' 문제는 1990년 한 신문사의 연재 기사와 1991년 피해자의 최초 공개 증언을 통해 공론화된 이후 학문적 차원에서 그리고 사회적 실천의 차원에서 많은 관심의 대상이었기에 상당한 연구가 이루어져왔다. 따라서 연구 과제 신청을 준비하면서 선행 연구 성과들이 지닌 저마다의 장점들을 파악하며, 앞선 연구들에서 미처 다루지 못했거나 아쉽다고 생각한 점이 무엇인지 살펴보았다. 이를 통해 일본군 '위안부' 문제에 대해서 동아시아 외부의 시각과 인식이 일부 연구가 수행된 미국을 제외하면 세계 어느 곳에서도 심층적 연구의 대상이 되지 못했다는 것을 알게 되었다. 이에 미국, 영국, 프랑스, 독일 등 서양의 주요 국가에서 일본군 성노예제 문제를 지난 30여 년 동안 어떻게 인식하고 있었는가를 공동으로 연구하여 관련 문제에 대한 지식의 지평을 확장하고 실천적 차원에서 국제적 연대의 가능성을 증대할 결과물을 도출하고자 했다.

이 책이 바로 그 결과물이다. 1년간의 연구 과정에서 초기엔 '위안부' 문제 전문 연구자들을 초청해 공개 세미나를 수차례 개최했고, 어느 정도 연구 성과가 나온 시점에서는 공개 학술대회를 개최하여 다양한 토론을 통해 보다 완성도 높은 연구 결과를 내놓기 위한 노력을 경주했다. 또한 동료 연구자들의 엄격한 평가를 받아보기 위해, 아울러 세계 여러 나라 연구자들이 연구 결과를 손쉽게 확인하도록 하기 위해 A&HCI 전문 학술지인 *Korea Journal*에 논문들을 투고하였고 심사를 거쳐 2021년 3월에 출간된 61권 1호에 5편의 논문을 게재하였다. 이 책의 1장부터 5장까지의 내용은 공동 저자들이 영어 논문으로 발표한 것을 다시 한국어로 옮기면서 내용을 부분적으로 수정 보완한 것이다.[1]

[1] 1장부터 5장까지 각 장의 기본적 내용은 저자들의 다음 영어 논문들에 기반을 둔다. 1장 You-Ki Min and Seung Eyn Oh, "Global Perspectives on the Comfort Women Issue; Thirty Years after First Being Publicized", *Korea Journal*, Vol. 61, No. 1 (Spring 2021), pp. 5-21. 2장 Chanhaeng Lee, "Can the Comfort Women Speak?: Mainstream US Media Representations of the Japanese Military Sex

한국연구재단의 연구 과제는 미국, 영국, 프랑스, 독일, 동유럽 전공자 5명이 연구팀을 구성해 수행했으나, 미국과 유럽 외에 한국과 일본을 제외한 아시아의 다른 나라에서 이 문제를 어떻게 인식하고 있는가를 함께 고찰해야 제대로 된 세계의 인식이 확인 가능할 것이었다. 이에 연구팀은 전문가 활용 세미나 등을 통해 중국과 필리핀의 일본군 '위안부' 문제 전문가들과 학술적 교류를 진행했고, 중국사와 필리핀사 전문가가 각각 중국과 필리핀에서 이 문제를 어떻게 인식하고 있는가에 대한 이 책의 6장과 7장의 글을 작성해 주었다.

일본군 성노예제 문제는 포스트 식민주의 시기의 젠더, 역사, 기억, 국제관계, 세계시민성 등 여러 관련된 문제들의 중심에 자리하는 글로벌 논쟁점 가운데 하나이며, 이에 관한 올바른 인식과 이해는 세계사적 차원에서 여성 인권과 민주주의 신장을 위해 중요하다. 이러한 역사적 의미는 책의 각 장의 내용을 통해 보다 구체적으로 확인 가능할 것이기에 더 이상의 서술이 필요가 없을 것 같다. 1991년 고 김학순 일본군 '위안부' 피해자의 용기 있는 증언이 있었던 8월 14일은 한국에서 일본군 '위안부' 피해자 기림일이 되었다. 2021년 올해는 최초 증언 30주년이 되는 해이다. 이미 기존에 다수의 일본군 '위안부' 관련 서적들이 출간이 되었기 때문인지, 그 역사적 의미와 중요성에도 불구하고 출판시장

Slaves", *Korea Journal*, Vol. 61, No. 1 (Spring 2021), pp. 22-45. 3장 You-Ki Min, "The Butterfly Effect on Human Rights and Democracy: Perceptions of the Comfort Women Issue in French Journalism", *Korea Journal*, Vol. 61, No. 1 (Spring 2021), pp. 46-71. 4장 Yong-suk Jung, "Limits of Reflective Memory Culture: The German Media's Understanding of the Japanese Military Comfort Women Issue, 1990-2019", *Korea Journal*, Vol. 61, No. 1 (Spring 2021), pp. 72-99. 5장 Woonok Yeom, "Going Selective? British Media's Coverage of the Comfort Women", *Korea Journal*, Vol. 61, No. 1 (Spring 2021), pp.100-125.

에서의 상업적 판매 도서로 생각되지 않아서인지, 몇몇 출판사에 보낸 이 책의 출판 기획서가 별 호응을 얻지 못할 때 기꺼이 책의 출간을 결정해준 심산출판사의 최원필 대표님에게 진심으로 고마운 마음을 전한다.

2021년 늦은 봄 서울에서 민유기

목차

1장

공론화 30년, 여전한 숙제

민유기(경희대) · **오승은**(한성대)

'통과하지 못한 과거'로서 '위안부' 문제

2021년 1월 8일, 서울중앙지방법원에서 일본군 '위안부' 피해자 12명이 일본 정부를 상대로 제기한 손해배상 청구 소송 결과가 나왔다. 법원은 원고인 승소와 함께 일본 정부가 소송을 제기한 '위안부' 피해자들에게 각각 1억 원을 지급하라고 판결했다. 피해자들 일부는 일본과 미국의 법원에서 일본을 상대로 한 소송에서 패소하자 마지막 법적 구제 수단으로 한국 법원에 소송을 제기했었다. 2016년에 시작된 이 소송에서 주요 쟁점은 한 나라의 주권적 행위를 다른 나라가 사법적 판결의 대상으로 삼을 수 없다는 국가면제(State immunity) 규정을 주장하는 일본 정부에 대해 한국 법원이 재판권을 행사할 수 있는지였다. 한국의 사법부는 일본군 '위안부' 시스템이 계획적이고 조직적으로 광범위하게 자행된 반인도적 행위이기에 국가면제 규정과 상관없이 재판권을 행사할 수 있다고 선언하고 판결했다. 원고 측은 판결에 만족했는데, 금전적 배상 때문이 아니라 처음으로 사법적 판단으로 일본군 '위안부' 시스템이 범죄로 선언되었기 때문이었다.

일본군 '위안부' 문제는 한국과 일본 사이 지난 30여 년 동안 갈등의 주요 원인 가운데 하나이다. 또 이 문제는 전쟁 시기 여성의 인권 문제에 관한 가장 상징적인 사례로써 인권 옹호라는 국제적 대의와 연결되는 글로벌 문제이기도 하다. 2020년 가을과 겨울 베를린에서 전개된 한 동상의 철거 반대 운동은 이를 잘 보여준다. 한국계 이주자들 중심의 독일 시민단체 코리아 페어반트(Korea Verband. 코리아 협의회)는 베를린의 역사적이고 실제적 중심인 미테(Mitte)구의 허가로 한 광장에 2020년 9월 말 '위안부' 피해자를 기억하는 '평화의 소녀상'을 건립했다. 그런데 10월 초 일본의 압력을 받은 미테 구청장이 동상의 철거를 명령했다. 이에 동상을 설립한 시민단체뿐 아니라 독일 전역의 시민들이 전쟁 기간에 여성 인권을 침해한 일본 제국주의 군대의 어두운 역사를 잊지 말 것을 환기하는 동상 철거에 반대하며 다양한 항의 시위를 펼쳤다. 결국 2020년 12월 초 미테 구의회는 이 동상의 영구 존속을 결의했다.

프랑스에서 비시(Vichy) 체제를 '통과하지 못한 과거'라고[1] 규정하는 것과 마찬가지로 한국, 동아시아 그리고 세계 차원에서 인권을 옹호하는 많은 이들에게 일본군 '위안부' 혹은 일본군 성노예제 문제는 이 문제가 공론화된 지 30년이 지난 시점에서도 하나의 통과하지 못한 과거이다. 1990년 1월 초에 이화여대 여성학 교수 윤정옥은 『한겨레』 신문에 '위안부'에 관한 취재기를 연재했다.[2] 같은 해 11월 한국의 37개 여성운동 단체들이 '한국정신대문제대책협의회'(이하 정대협)을 결성했다.[3] 1991년 8월 14일 한국이 일본의 점령에서 해방된 지 46주년이 되기 하루 전날, '위안부' 피해자 김학순이 한국여성단체연합 사무실에서 공개적으로 성노예 피해 사실을 증언했다. 이어 1993년 6월에는 유엔 인권위원회가 개최한 빈 유엔세계인권회의에 '위안부' 피해자 김복동

---

1 Henry Rousso, Eric Conan, *Vichy, un passé qui ne passe pas* (Paris, Fayard, 1994).

2 "집단투신한 절벽은 '자살의 명소'로 - 이화여대 윤정옥 교수 '정신대' 원혼 서린 발자취 취재기", 『한겨레』 1990년 1월 4일.

3 정대협은 2016년 설립된 '일본군 성노예제 문제 해결을 위한 정의기억재단'과 통합한 2018년부터 정의기억연대가 되었다.

이 참석해 고통스럽던 과거의 경험을 공개 증언했다.

일본 정부는 1993년 8월 4일 관방장관 고노 요헤이(河野 洋平)가 발표한 위안부 관계 조사결과에 관한 고노 내각 관방장관 담화, 이른바 '고노담화'를 통해 일본의 '위안부' 문제에 관한 책임성을 처음으로 인정했다. 그러나 이 첫걸음 이후 일본 정부는 피해자들이 요구하는 진정성 있는 해결책을 내놓지 않았다. 피해자들과 이들을 지원하는 정대협은 1990년대부터 지속해서 일본 정부에 다음의 일곱 가지를 요구하고 있다. 전쟁 범죄 인정, 진상 규명, 공식 사죄, 법적 배상, 책임자 처벌, 역사 교과서 기록, 희생자 위령탑 및 사료관 건립.

한국과 일본의 보수 정부는 제2차 세계대전 종전 70주년이던 2015년이 끝나기 며칠 전인 12월 28일에 '한일 위안부 합의'를 발표했다. 이 합의는 먼저 "위안부 문제는 당시 군의 관여하에 다수 여성의 명예와 존엄에 깊은 상처를 입힌 문제로써, 이러한 관점에서 일본 정부는 책임을 통감"한다고 밝혔다. 이어 "위안부로서 많은 고통을 겪고 심신에 걸쳐 치유하기 어려운 상처를 입은 모든 분들에 대해 마음으로부터의 사죄와 반성의 마음을 표명"했다. 그리고 일본 정부의 예산으로 한국 정부가 위안부 피해자를 지원하는 재단을 설립하기로 했으며, '위안부' 문제가 "최종적 및 불가역적으로 해결"되었다고 밝혔다. 그러나 합의가 피해자들의 의견 수렴 없이 이루어졌고, 피해자들의 오랜 요구들을 전적으로 반영하지 못했기에 합의 내용의 현실적 이행에 어려움을 겪었다. 2017년 5월에 집권한 한국의 진보 정부는 이 합의에 이르렀던 외교적 과정을 재검토한 이후 같은 해 12월 27일에 정부 간 합의 내용을 부정하지는 않지만, 합의 내용의 이행을 거부하는 피해자들의 뜻도 존중한다고 밝혔다.

공론화 이후 30여 년이 지났음에도 문제의 해결이 어려운 이유는 일본 정부가 피해자들의 일곱 가지 요구들을 무시하고 약간의 경제적 보상만으로 문제를 해결할 수 있다고 단순하게 생각하기 때문이다. 더 근본적인 이유는 일본이 이 문제가 지니는 세계사적 중요성을 외면하고 그저 한일 두 나라 사이의 외교적 갈등의 한 원인으로만 이해하는 태도를 지니고 있기 때문이다.

일본의 극우파와 일부 보수적 우파는 위안부가 자발적인 매춘부들이었다고 주장한다. 그러나 1993년 일본 정부가 고노담화에서 일본군이 직접 혹은 간접적으로 관여했다고 밝혔기에 '위안부' 는 서양 언어에서 자주 표현되는 '강요된 매춘' 의 피해자임이 분명하다. 1990년대 초에 한국에서 이 문제가 공론화되자 서양 여러 나라의 언론들은 관련 보도를 시작했다. 미국과 영국 주요 일간지는 1990년대 초부터 '위안부' 가 무엇을 의미하는지 알 수 없는 독자들을 위해서 '위안부' 라는 용어를 성노예를 뜻하는 sex slaves 혹은 sexual slaves와 함께 사용했다.[4] 프랑스 언론도 프랑스어로 위안부를 뜻하는 femmes de réconfort를 성노예제를 뜻하는 esclavage sexuel과 함께 표기하곤 했다.[5] 유엔 공식 자료에서는 1993년 6월 빈 유엔세계인권회의에서 채택된 '빈 선언과 행동 프로그램' 에서 성노예제(sexual slavery)라는 용어가 처음 등장한다.[6]

---

4 Steven R. Weisman, "South Koreans Express Pent-Up Anger at Japan", *The New York Times*, February 23, 1992; David Watts, "Tokyo doles out apology but no cash to wartime 'comfort women'", *The Times*, July 7, 1992.

5 "Le Japon rattrapé par son passé. L'enquête sur le drame des quelque 200 000 femmes contraintes par l'armée impériale à se prostituer pendant la dernière guerre embarrasse le gouvernment", *Le Monde*, 5 Septembre 1992.

6 United Nations, Human Rights, Office of the High Commissioner, Vienna Declaration and Programme of Action, Adopted by the World Conference on Human

이어 1996년 1월에 유엔 인권위원회에 제출된 특별 보고관 쿠마라스와미(R. Coomaraswamy)의 '위안부' 관련 보고서 제목에 '군 성노예제(military sexual slavery)' 라는 표현이 등장했다.[7] 일본에서도 1990년대부터 '위안부' 를 영어로 sex slaves로 번역했다. 그러나 2010년대 일본 정치의 우경화 흐름 속에서 성노예 표현에 대한 거부감이 커지자 이 표현을 사용하지 않고 있다. 2014년 11월 『요미우리 신문』은 자신의 영자 자매지에서 그때까지 '위안부' 를 '성노예(sex slaves)' 로 표현해 왔던 것에 대해서 독자에게 사과했다. 그러나 이를 보도한 한 프랑스 일간지는 '성노예' 표현을 부인하는 것이 피해자들의 증언과 역사가들의 연구 결과에 반하는 것이라고 비판했다.[8]

일본의 보수주의 정치가들은 '위안부' 를 전쟁의 필요악으로 생각하기도 한다. 예를 들어 2011년부터 2015년까지 오사카 시장이었던 하시모토 도루(橋下徹)는 2013년 5월에 총탄이 오가는 전쟁터에서는 정신력을 고양하기 위해 위안부가 필요했다고 발언했다.[9] 그는 이후에도 제1, 2차 세계대전 기간에 유럽 국가들에도 군인들에게 성 서비스를 제공하는 여러 시스템이 존재했다고 발언하며 일본 정부에 '위안부' 문제 해결을 권고하는 국제적 압박을 비판했다. 실제로 많은 전쟁 시기에 여성에 대한 강간과 성폭력 범죄가 발생했다. 그리고 여러 나라에서 군부대

Rights in Vienna on 25 June 1993.

7 UN Economic and Social Council, Commission on Human Rights. Report of the Special Rapporteur on Violence Against Women, Its Causes and Consequences, Radhika Coomaraswamy, In Accordance with Commission on Human Rights Resolution 1994/45. E/CN.4/1996/53/Add.1, January 4, 1996.

8 Vaulerin, Arnaud, "Les《esclaves sexuelles》de l'Empire réfutées", *Libération*, 8 Décembre 2014.

9 "「慰安婦制度, 必要だった」維新・橋下氏, 重ねて主張", 『日本經濟新聞』, 2013年5月13日.

인근이나 전쟁터에서 가까운 후방에 군인을 위한 민간 사창가가 존재했다는 증거도 존재한다. 하지만 일본군 '위안부' 시스템은 군이 관여해 조직적이고 계획적으로 장기간에 걸쳐 운영했고, 강제 매춘을 강요당한 엄청난 수의 피해자를 만들어낸 반인도주의적 전쟁 범죄였다. 일본 육군과 해군의 공식 자료들을 조사 연구한 역사가 요시미 요시아키(吉見義明)에 의하면 '위안부' 시스템은 만주사변이 발생한 이듬해인 1932년에 시작되었고 중일전쟁이 시작된 1938년부터 크게 확대되어 1945년 아시아-태평양 전쟁 종식까지 유지되었다.[10]

수치스럽기에 부정하려고 해도 역사적 사실들이 발생하지 않은 것이 되는 건 아니다. 그런데 '위안부' 시스템을 강제적 성노예제가 아니라고 주장하는 일본의 보수주의자들은 역사가들의 연구와 논의의 성과를 부정하려고 한다. 1998년 유엔 인권위원회에 제출된 특별 보고관 맥두걸(Gay J. McDougall)의 보고서는 여러 기록에서 확인한 바를 기초로 제2차 세계대전 기간 일본군 '위안부' 피해자를 20만 명 이상으로 추산했다.[11] 이 수치는 요시미 요시아키가 1995년 출간한 책에서 군과 정부의 공식 자료들을 토대로 추정한 것과 동일하다. 일본 학계에서 나온 다른 추정 수치는 2만 명으로 편차가 꽤 크다.[12] 이런 편차는 일본 극우파가 '위안부' 시스템의 역사적 실체가 확인되지 않는다며 사실을 부정하고, 이 문제가 반일 세력에 의한 조작이라고 선동하는 한 근거이기도 하

10 吉見義明, 『従軍慰安婦』(岩波書店, 1995).

11 UN Sub-Commission on the Promotion and Protection of Human Rights. Systematic Rape, Sexual Slavery and Slavery-like Practices during Armed Conflict: Final Report Submitted by Gay J. McDougall, Special Rapporteur. E/CN.4/Sub.2/1998/13, June 22, 1998.

12 秦郁彦, 『慰安婦と戰場の性』(新潮社, 1999).

다. 하지만 최소 규모를 추정하는 학자들도 '위안부'의 실체를 부정하지는 않는다.

일본의 여성운동 활동가들과 시민단체들은 전시 여성 인권 침해의 대표적 사례인 '위안부' 문제의 세계사적 중요성을 이해하고 한국, 중국 그리고 세계 여러 나라 동료들과 연대했다. 그 성과로 2000년 12월 도쿄에서 '여성국제전범법정'(The Women's International War Crimes Tribunal on Japan's Military Sexual Slavery)을 개최했다. 이 법정은 사법적 권한이 없었지만, 인도주의에 반하는 범죄로 기소한 이들에게 모두 유죄를 판결했고, 전쟁 당시 일본의 쇼와 천황(昭和天皇) 히로히토(裕仁)에게도 책임을 물었다.

일본군 성노예제 문제에 대한 글로벌 관심

1990년대 초에 한국에서 일본군 '위안부' 문제가 공론화된 것은 한국의 오랜 군사 독재가 1987년 민주적 시민 항쟁으로 종식된 것에 관련이 있다. 자유 언론에 대한 억압과 가부장적 권위가 사회의 지배적 분위기였던 이전과는 달리, 1987년 이후 한국 사회는 민주주의와 다원적 가치를 중시하기 시작했고 이런 가치를 확산하기 위한 시민 사회운동이 본격적으로 등장했다. 일본군 성노예 문제가 세상에 알려지자 이 문제에 대한 글로벌 관심도 높았다. 그 배경에는 냉전 질서 해체 직후의 세 가지 글로벌 맥락이 존재한다. 첫 번째 맥락은 1989년 베를린 장벽 붕괴와 이듬해 독일의 재통일, 1991년 소련의 해체로 냉전 질서가 무너지면서 1991년부터 2001년까지 전개된 유고슬라비아 해체 전쟁이었다. 이

전쟁은 전시 강간을 인권 침해로 인식하게 하면서 집단적 폭력적 전시 강간에 대한 국제적 관심을 크게 환기 시켰다. 유고슬라비아 전쟁은 역사상 처음으로 전시 성폭력 범죄자를 기소하는 발판이 되었다. 전시 강간의 심각성은 세계적인 문제가 되었고 1993년 유엔 결의안 827에 따라 전 유고슬라비아 국제형사재판소(ICTY)가 설립되는데 기여했다. ICTY는 2017년 해체할 때까지 총 161명의 개인을 전쟁 범죄로 기소했다. 이 가운데 78명은 성폭력 혐의로 기소됐으며 32명은 성폭력 범죄에 유죄 판결을 받았다.[13]

앞에서 언급한 1996년 쿠마라스와미 보고서와 1998년 맥두걸 보고서 이후에도, 2000년대와 2010년대 유엔 인권위원회, 유엔 경제 사회 문화적 권리 위원회, 유엔 여성 차별 철폐 위원회, 유엔 고문 반대 위원회 등은 꾸준히 여러 차례에 걸쳐 일본에 '위안부' 문제에 대한 진정한 해결을 권고했다. 2015년 12월 한국과 일본 정부의 위안부 문제 합의 이후인 2018년 9월에도 유엔 인종 차별 철폐 위원회는 일본 정부에 "피해자 중심의 접근으로 모든 국적의 위안부를 포괄하고, 이들 여성의 인권 침해에 대한 책임을 인정하는 위안부 문제에 대한 지속적인 해결책을 보장하라" 고 권고했다.[14] 유엔이나 국제 인권 기구들은 냉전 질서 종식 이후 지금까지 아프리카 일부 지역에서의 내전이나 종족 분쟁에서, 그리고 이슬람 근본주의 무장단체의 활동 지역에서 나타나는 여성 인권 침해 문제에 지속적 관심을 기울이고 있다.

---

13 ICTY 홈페이지 참조. "Crimes of Sexual Violence: In Numbers", http://www.icty.org/en/features/crimes-sexual-violence/in-numbers (2021년 1월 9일 검색).

14 UN Committee on the Elimination of Racial Discrimination (CERD). Concluding Observations on the Combined Tenth and Eleventh Periodic Reports of Japan. CERD/C/JPN/CO/10-11, August 30, 2018, p. 6.

두 번째 맥락으로 냉전 해체 이후 미국의 세계질서 구상과 중국의 부상 및 북한의 핵실험 등으로 인한 동아시아 안보의 지정학적 중요성을 언급해야만 한다. 중국은 1989년 천안문 사건 이후 빠른 경제성장을 기록하며 2000년대 중반부터 미국과 함께 세계 경제를 선도하는 G2 국가가 되었다. 2010년대 중반부터는 경제력을 기반으로 '일대일로(一帶一路)' 구상을 통해 세계적 영향을 늘리고 있고, 국방력도 크게 강화하고 있다. 북한은 1985년에 가입한 핵무기 비확산조약에서 1993년에 탈퇴했고, 2005년에는 핵무기 보유를 선언했다. 2006년 첫 번째 핵실험 실시 이후 지속적인 핵실험과 미사일 실험으로 동아시아에 군사적 긴장을 고조시켜왔다. 아시아-태평양 권역에 주요 이해관계를 가진 미국은 냉전 시기에 한미 동맹, 미일 동맹을 통해 동아시아의 평화 질서를 구축하고 안보 위협에 대처해왔다. 하지만 냉전 해체 이후 중국의 정치적, 경제적, 군사적 위협이 가시화되고 북한의 핵무기 개발이 진전되자 새로운 전략을 채택했다. 미국은 한국과 일본 사이의 역사 갈등을 해소하고 두 나라의 군사 협력 강화를 요구해왔다. 이를 통해 미국은 자국을 매개로 한 한미일 동맹 틀 속에 한일 양국이 직접 체결하지 않은 가상의 한일 동맹을 위치시키고 강화하기를 희망하고 있다.

마지막 세 번째 맥락은 냉전 질서 해체 이후 본격화된 근현대사의 어두운 과거이자 잊힌 역사의 진실에 대한, 그리고 역사와 기억의 관계 및 공적 기념화 등에 대한 전 세계적 관심의 증가이다. 냉전 종식은 이데올로기적 경향성을 극복하게 해 학문 발전에 이바지했다. 영국에서는 제국의 역사에 대한 새로운 시각의 연구가 크게 진전되었고 영 제국의 해체 과정에서 발생했던 인권 억압 문제도 공론화되었다. 1950~60년대 영 제국의 탈식민화 과정에서 케냐의 마우마우(Mau Mau) 무장 독립운동을 폭력적으로 진압한 것이 역사연구를 통해 널리 알려졌다. 영국 정부는 2013년 마우마우 운동 참가자들에 가했던 고문과 가혹행위를 인정하고 피해자에게 배상금 지급을 약속했다.[15] 영국보다 앞서 기억의 문제를 학문적 사회적 차원에서 주요 쟁점으로 부각하게 한 곳은 프랑스였다. 비시 체제에 관한 연구의 축적과 함께, 제2차 세계대전이 종식된 지 40~50년이 지난 시점인 1980년대와 1990년대에 4명의 비시 체제 시기 공직자를 홀로코스트에 가담한 반인륜적 범죄 혐의로 기소하고 재판했다. 더 중요한 건 알제리 전쟁에 대한 기억이었다. 1962년에 독립한 알제리 관련 사료들이 1990년대 본격적으로 공개되면서 알제리 전쟁 당시 이미 비난받았던 프랑스 군대의 고문과 폭력에 대한 역사적 사실들이 체계적으로 규명되어 갔다.

냉전이 해체된 이후 빠르게 확대된 세계화의 흐름 속에서 특정 지역이나 국가에서 전개된 역사와 기억 관련 논쟁, 포스트 식민주의에 관련된 학문적 사회적 논쟁은 동시대적으로 유사한 논쟁이 전개되던 다른 국가나 지역에 공명을 일으켰다. 일본군 성노예제 문제는 역사 사료에 대한 접근과 언어의 문제로 동아시아 외부에서는, 미국과 유럽의 일부 동아시아 학자들을 제외하고는 학술적 연구의 대상으로 크게 주목을 받지는 않았으나 언론을 통해 전 세계적으로 널리 알려졌다.

15 염운옥, 「식민지 폭력 피해와 배상 - 케냐 마우마우의 사례」, 『영국 연구』 34권 (영국사학회, 2015.12).

세계 주요 언론의 '위안부' 문제 인식

동아시아에서 일본군 '위안부'에 대한 연구는 1990년대 초 이래로 꽤 많이 연구되었다. 사료에 기반을 둔 연구들의 사실관계 확인이나 객관성은 의심되지 않지만, 1990년대 한국, 중국, 일본 동아시아 3국에서의 상당수 연구는 분석에 있어 다소간에 민족주의 서사의 틀에 기초하고 있었다. 역사적으로 민감한 문제의 이해 당사국의 연구자로서 주관적 감성적 인식과 이해가 부지불식간에 연구에 스며들었기 때문이다. 그러나 민족주의 색채가 묻어나는 연구들은 글로벌 인권 문제인 이 주제에 대한 접근 경로를 단순화했다. 2000년대부터 여성주의 시각의 연구들이 증가하면서 민족주의적 시각의 연구가 지닌 한계가 극복되어 갔다. 이후 2010년대부터 이 주제 연구에 대한 복합적 접근 경로들이 생겨났다. 역사학과 여성학뿐만 아니라 법학, 정치학, 사회학, 문학, 영화학 등 다양한 인문학과 사회과학 분야에서 피해자 배상 문제, 관련된 시민운동, 언론 보도의 시각과 담론, 문화적 예술적 표상, 기억의 정치 등 다양한 주제들로 연구 범위가 크게 확장되었다. 또 2000년대와 2010년대 트랜스 내셔널 방법론에 따른 연구들이 한국 학자들은 물론 해외 동아시아 학자들을 통해서 이루어졌다. 이런 시각의 연구들에는 '위안부' 피해자를 기억하는 동상 건립 과정과 동상의 상징적 표상, 글로벌 시민운동의 연대 활동, 전시 성폭력 비교 등이 포함되었다. 관련 언론 보도에 대해서도 한국과 일본 언론을 비교하는 연구가 수행되었다. 가장 최근에는 한국, 일본, 미국에서 피해자 지원 활동을 트랜스 내셔널 시각에서 연구한 미국의 동아시아 학자들 공저가 영어로 출판되었다.[16] 그러나 미국을 제외한 서양 주요 국가에서 이 문제를 어떻게 인식하고 이해하는지에 관한 연구는 아직 수행되지 않았다.

어떤 문제가 사회 구성원들의 관심사가 되는 것은 신문, 잡지, 방송 등 언론 보도를 통해서이다. 북미, 유럽, 동아시아는 냉전 해체 이후 국제질서에서 정치적 경제적 문화적 영향력이 강한 세 지역이다. 동아시아에서 한국과 일본의 언론이 '위안부' 문제를 어떻게 보도해 왔는지는 이미 많이 알려졌는데, 객관적 사실들의 소개에는 달리 문제가 없으나 사실들의 해석과 분석에서는 직간접적으로 상호 비판적인 경향을 드러낸다. 따라서 이해 당사자가 아니면서 글로벌 영향력이 큰 북미와 유럽의 주요 국가들의 주류 언론에서 이 문제를 어떻게 인식하고 있는가를 살펴볼 때, 이 문제에 대한 글로벌 시각에 대한 파악에 도움이 될 것이다.

일본군 '위안부' 문제가 공론화된 후 30여 년 동안 미국과 유럽의 주요 국가인 영국, 프랑스, 독일의 주류 일간지는 상당히 많은 '위안부' 관련 기사를 내보냈는데, 그 통계는 〈표 1〉과 같다.

〈그래프 1〉은 연도별 기사 건수를 보여준다. 1990년대에 많은 기사가 보도된 해는 1995년이었다. 제2차 세계대전 종전 50주년이던 해로 당시 일본 총리였던 사회당의 무라야마 도미이치(村山 富市)가 태평양전쟁과 이 전쟁 이전의 침략 및 식민지배에 대한 사과 성명을 발표하면서 과거사 청산 문제에 국제적 관심이 많았다. 2000년에는 도쿄에서 열린 '여성국제전범법정'을 계기로 세계 여러 나라의 언론 보도가 많았다. 2005년에는 종전 60주년을 계기로 일본의 식민지배와 전쟁에 대한

16 Pyong Gap, Min et al., *Japanese Military Sexual Slavery: The Transnational Redress Movement for the Victims* (Berlin, Walter De Gruyter GmbH & Co KG., 2020).

〈표 1〉 미국, 영국, 프랑스, 독일 주요 일간지 일본군 '위안부' 보도 통계

	신문 (해당 기간 총 기사 수)	기간
미국	New York Times (143), USA Today (16), Wall Street Journal(86)	1991-2018
영국	The Guardian (55), The Independent (48), The Times (107), Daily Telegraph (69), Financial Times (118)	1992-2019
	Daily Mail (13)	2001-2019
프랑스	Le Monde (92), Libération (38), L'Humanité (20)	1992-2019
	Le Figaro (31)	2006-2019
독일	Frankfurter Allgemeine Zeitung (115), Süddeutsche Zeitung (50), Die Welt (40), Tageszeitung (45), Tagesspiegel (28), Neue Züricher Zeitung (54)	1992-2019

출처: 각 일간지 온라인 아카이브

역사 수정주의 경향을 비판하는 글로벌 압박이 컸던 해였기에, '위안부' 관련 보도가 크게 늘었다. 관련 기사 수가 많았던 2007년은 군 성노예제에 대한 일본의 역사적 책임 인정을 요구하는 미국 연방의회 일본군 '위안부' 사죄 결의안(HR 121)이 채택되었던 해이다. 마지막으로

〈그래프 1〉 미국, 영국, 프랑스, 독일 주요 일간지 일본군 '위안부' 보도 연도별 통계

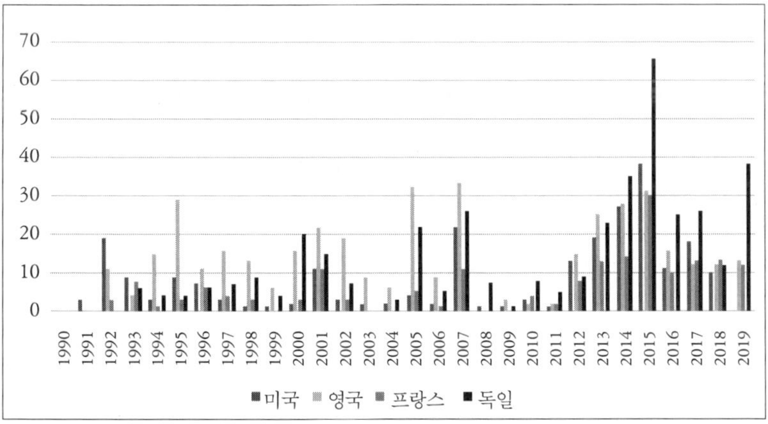

출처: 〈표 1〉에 나타난 각국 주요 일간지 온라인 아카이브

2015년 한일 위안부 합의를 전후로 관련 보도가 많았다.

이 책에서는 미국, 프랑스, 독일, 영국 등 서양 언론은 물론 중국과 필리핀의 '위안부' 문제 관련 보도 분석을 통해 이 문제에 대한 글로벌 시각을 도출하고자 한다.

미국은 냉전이 시작되자 일본을 아시아에서 반공산주의 핵심 동맹으로 만들면서 아시아-태평양 전쟁 당시 전쟁 범죄를 크게 문제 삼지 않았다. 1990년대 초에 '위안부' 문제가 공론화되자 미국 언론이 이를 인권 담론으로 인도주의적 차원에서 비판했는데, 이는 탈냉전의 산물이었다. 2장에서는 맥락에 대한 분석적 설명 없이 '위안부' 피해자의 체험에 대한 미국 언론의 사실주의적 보도에 일부 관음증적이고 오리엔탈리즘 인식이 담겨 있다고 비판한다. 미국은 인권 담론과 동시에 한일 간 민족주의적 갈등의 사안으로 '위안부' 문제를 파악하며 자신의 위치를 '중간자'로 규정했다. 미국은 한국과 일본 두 국가의 갈등을 바라보며 조용하고 낮은 목소리로 양쪽을 모두 나무라는 모습을 보였다.

그런데 두 국가 간의 갈등이 미국의 이익까지 위협할 정도로 심화하자, 안보 담론을 통해 상황을 통제하고 관리하고자 했다. 인권 담론이 지배적이던 2007년에도 안보 담론은 보수적인 언론매체를 중심으로 제기된 바 있었다. 그러나 위안부 문제와 관련해서 동아시아 안보 담론의 전면 대두는 2009년 초부터 2017년 초까지 오바마 대통령 시기이다. 이때부터 미국의 주요 언론은 진보와 보수를 가리지 않고 안보 담론을 쏟아 냈는데, 동아시아 위기의 원인을 중국에서 찾았다. 그리고 미국의 아시아 전략에 따라 한국과 일본에 군사 및 외교 협력을 강제함으로써 미국의 이익을 공고화하려 했다. 2015년 한일 위안부 합의는 미국의 이러한 필요성에 의해 탄생했다. 물론 합의의 당사자는 한국과 일본이지만,

오바마 행정부는 미국의 이익을 위해 위안부 문제를 해결하라고 한국과 일본에 대해 압력을 행사하는 데 주저하지 않았다.

프랑스 주요 일간지와 주간지의 '위안부' 문제 관련 기사를 분석하는 3장은 이 문제를 인권의 측면과 동시에 민주주의 발전의 측면에서 사고하게 해준다. 프랑스의 종합 일간지와 시사 주간지들에는 보수 성향보다 중도좌파나 좌파 성향이 더 많다. 그런데 언론의 정치적 성향과 상관없이 모두 일본군 성노예제에 대한 일본의 책임성을 환기하며 문제 해결에 소극적인 일본 정부에 상당히 비판적인 논조를 보인다. 따라서 논리적으로 한국인 피해자의 정의를 요구하는 활동과 이를 지원하는 시민운동에 공감하는 분석 기사들이 많은 편이다. 프랑스 언론은 1990년대 후반 이래 일본 정치의 우경화에 대해서도 아주 비판적이다. 난징 학살이나 성노예제처럼 제2차 세계대전 당시 일본의 전쟁 범죄 사실을 부정하고 과거 침략과 전쟁의 역사를 미화하는 보수적 민족주의적 우파와 극우파의 정치적 사회적 영향력이 일본의 민주주의 발전을 가로막는다고 분석한다. 물론 위안부 문제를 편협한 민족주의 시각에서 이해하던 1990년대 한국에서의 문제 인식 태도나, 보수 정권 시기 역사 교과서의 편향성에 대해서도 비판의 목소리를 낸다.

프랑스 언론은 일본 정치의 우경화에 대한 상당한 책임이 미국에 있다며 미국도 날카롭게 비판한다. 제2차 대전 직후 냉전을 구실로 일본의 전쟁 범죄 처리를 제대로 하지 않았기에 일본이 역사적 과오를 제대로 극복하지 못했고, 전후에 시작된 일본의 민주주의도 구조적 취약성을 지녔다고 주장한다. 냉전 해체 이후에는 중국과 북한에 의한 동아시아 안보 위협에 대응하기 위해 미국이 일본의 군사력 증강을 허용한 것으로 파악한다. 미국의 압박과 한국과 일본의 보수적 지도자들 각자의 정치적 이익을 위해 2015년 한일 위안부 합의가 가능했는데, 피해자의 의견이 배제되었기에 위안부 문제에 대한 진정한 해결책이 아니라는 평가도 내린다. 무엇보다 위안부 문제를 포함해 자신의 부정적 역사를 미화하기 위한 일본 정부의 언론이나 예술 검열이 반민주주의적이라며, 과거에 대한 기억상실에서 벗어나는 데에 일본 민주주의의 미래가 달려있다고 천명한다.

일반적으로 동아시아에서는 과거사 청산과 화해 문제와 관련해 독일과 일본을 서로 대조되는 한 쌍의 모델로 간주한다.[17] 4장은 독일 언론의 '위안부' 문제 보도와 논평을 탈식민주의와 탈제국주의 역사 갈등, 전시 성폭력과 여성 인권, 기념물과 기억 정치라는 세 범주로 검토한다. 독일 언론은 대체로 독일의 역사 화해 경험, 이른바 '독일 모델'이 동아시아에 참고가 될 수 있다고 믿는다. 독일이 홀로코스트와 전쟁 범죄에 대한 인정과 사과를 통해 국제사회의 일원으로 인정받고 프랑스와 함께 유럽연합(EU)의 실질적 리더 지위를 누리는 것처럼, 일본도 역사 갈등을 주도적으로 해결함으로써 동아시아 국제사회에서 도덕적 지위와 경제적 실익을 동시에 얻을 수 있다고 인식한다. 이 점에서 위안부 문제를 바라보는 시각은 언론사의 정치적 성향과 상관없이 대체로 자유주의적이다. 다만 좌파 성향 매체일수록 페미니즘적 시각을 더하여 전시 성폭력과 여성 인권의 측면에 주목하고, 보편적 여성 인권에 대한 지지와 연대라는 인도주의적 입장에서 일본 정부에 책임 있는 자세를 요구한다.

독일에서 '위안부'를 기억하는 동상 건립을 둘러싸고 최근 몇 년 동

17 Ian Buruma, *The Wages of Guilt: Memories of War in Germany and in Japan* (New York, Farrar, Straus and Giroux, 1994).

안 벌어진 갈등과 분쟁도 검토한다. 세계화 시대에 기억은 자체의 생명력을 가지고 경계를 넘나든다. 특정 영토나 집단의 틀에 매이지 않고 어떤 장소에서 어떤 다른 기억들과 연결되느냐에 따라 새롭고 다양한 의미를 창출한다. 이런 의미에서 해외에서의 '위안부' 기억 동상 설치 흐름은 위안부 기억의 '탈영토화'와 지구적 기억의 연대 가능성 혹은 불가능성을 가늠하는 시험대로 간주할 수 있다. 4장에서는 또한 동아시아 역사 갈등과 화해에서 '독일 모델'의 유효성에 의문을 제기한다. 독일의 '성찰적 기억 문화'가 홀로코스트에 집중할 뿐 독일의 과거 식민지에서의 폭력과 전시 성범죄 문제에는 아직 이르지 못했기 때문이다.

5장은 영국 언론의 위안부 보도를 분석하면서 영국 사회가 제2차 세계대전 기간의 전쟁 범죄와 과거청산, 여성 인권을 보는 시각을 종합적으로 분석한다. 1990년대 초 영국 언론에 위안부 문제가 보도되기 시작했을 때, 주요 관심의 계기는 유고슬라비아 전쟁에서의 성폭력과 태평양 전쟁 당시 영국군 포로들과의 오버랩이었다. 2000년대 영국 언론 보도의 특징은 한일관계에 직접적인 이해관계를 갖지 않는 제3자의 입장에서 냉철하게 양국 관계의 문제점을 지적하는 것이었다. 한국의 민족주의와 일본의 극우 민족주의가 적대적 공존하는 상태가 결코 양국 관계에 도움이 되지 않는다고 비판적 태도를 견지했다. 2010년대 보도에서는 2015년 한일 위안부 합의에 큰 관심을 보였는데, 영국 제국의 나양한 과거사 문제와 일본의 '위안부' 문제를 연결해 사유하지는 않았다.

영국 언론이 위안부 문제를 보는 관점은 다방향적이고 동시에 선택적이었다. 국민국가의 틀로 해결되지 않는 인류 공통의 경험으로서 역사, 특히 양차 세계대전, 홀로코스트, 식민지배와 탈식민화 과정 같은 폭력의 역사에 관심이 높아지면서 트랜스 내셔널 기억의 네트워크가 형성되고 있다. 영국 언론도 트랜스 내셔널 인권정치와 기억의 정치에 동참하고 있다. 하지만 동시에 영국 언론의 시선은 선택적이다. 그 이유는 근본적으로는 영국이 광대한 식민지를 거느렸던 제국주의 국가였다는 사실에서 나온다. 일본에 대해 식민지 과거와 위안부 배상을 하지 않는 염치없는 국가라고 비판하고 보편적 인권을 위해 영국이 기여해야 한다고 주장하지만, 원칙적인 주장을 넘어 구체적이고 실질적인 노력을 촉구하지는 않는다. 따라서 일본군 성노예제에 대한 영국 언론의 태도는 인권의 수호자와 방관자 사이에서 주저하고 있는 것으로 보인다.

1990년대 중반부터 2010년대 말까지 중국 『인민일보(人民日報)』에 보도된 일본군 '위안부' 기사들을 분석한 6장에서는 중국이 이 문제를 다루는 담론방식이 국가주의 틀 안에 머물러 있고 국가 간 분쟁의 기호로 소비되고 있다는 것을 확인할 수 있다. 다만 국가 간 문제로 다루면서도 일본군 '위안부'를 둘러싸고 국제적인 문제로 비하되는 일본 우익의 발언에 대한 보도는 일본 안의 다양한 세력이 일본의 우익에 대한 견제 움직임을 보인다고 소개한다. 이는 직접적 대응이 불러오는 마찰과 외교 문제로 확장되는 것을 피하는 방식의 보도 태도이다. 또한 한국, 미국, 인도네시아, 필리핀, 독일, 타이완, 유엔 등의 해당 문제에 관한 중요한 움직임에 대해서는 빼놓지 않고 보도하고 있지만, 중국의 민간이나 시민사회 움직임에 대해서는 거의 보도가 없다.

중국은 제2차 세계대전의 종결일을 항전승리 기념일로 기억한다. 항전승리로 기념하는 기억 속에 수난의 징표 혹은 '국가의 패배'를 상징하는 여성에 대한 일본군의 성폭력 관련 보도를 확산하는 것은 쉬운 일이 아니다. 2014년과 2015년 대대적 자료공개 관련 보도가 전체 일본군 '위안부' 관련 보도에서 상당수를 차지하고 있다. 이는 전쟁터가 되었던 중국 내에 일본군이 '위안부'를 동원하고 운영하였다는 움직일 수 없는 증거 자료가 많다는 점을 강조하면서 외교 안보 차원에서 미국과 더욱 가까워지는 일본을 견제하기 위함이었다.

마지막 7장은 필리핀 주요 언론의 일본군 '위안부' 문제 보도 및 필리핀 사회의 관련 인식을 분석한다. 1992년 필리핀 내 위안소가 운영되었다는 일본군 보고서의 발견과 피해자 증언을 시작으로 필리핀 내 일본군 '위안부' 문제가 공론화되기 시작했다. 필리핀 언론은 다양한 보도를 통해 이 문제를 대중에게 알렸으나, 정작 피해자들을 지원해주어야 할 필리핀 정부는 일본과의 관계를 고려해 이 문제에 소극적으로 대처하고 있었다. 2015년 일본 천황의 필리핀 방문에 맞추어 필리핀 피해자들은 자신들의 정부가 문제를 거론해 줄 것을 원했으나, 필리핀 정부와 정치권은 피해자들의 요구를 무시했다. 2010년대에 한국과 마찬가지로 마닐라에 '위안부' 피해자들을 기리기 위한 동상이 설치되었으나 일본 정부의 강력한 항의에 마닐라에 설치된 동상은 이내 철거되었다. 필리핀 내 일본군 '위안부' 피해자들은 점차 사라지고, 잊히고 있다. 그렇기에 국익을 우선시하며 '위안부' 피해자들에 무심한 필리핀 정부와 정치권은 보편적인 인권의 시각에서 비판의 대상이 된다.

인권과 민주주의를 위한 글로벌 집단기억 만들기

국제무대에서 다양한 영향력을 행사하는 미국과 유럽 주요 국가들은 물론 중국과 필리핀 언론이 일본군 성노예제 문제를 어떻게 인식하고 이해하고 있는지 고찰하는 것은 여러 기대 효과를 지닌다. 이는 식민지 시대와 제2차 세계대전 기간 가해자였던 일본과 피해자였던 한국의 관계를 폭넓게 이해할 기회를 제공한다. 처음에는 이 책에서 고찰하는 서양의 국가들이 일본군 '위안부' 문제에 직접적인 이해관계를 가지고 있지 않으며 객관적으로 문제를 바라보는 것으로 보였다. 그러나 직접적 이해 당사자가 아니더라도 세계사적 차원에서 식민지배와 전쟁 시기의 인권 문제인 '위안부' 문제를 바라보는 시각은 저마다의 정치적 이익에서 완전히 자유로울 수 없었음이 확인되었다. 이는 한일 간의 '위안부' 갈등의 양상이 세계적인 차원에서 논의될 때 또 다른 이해관계를 만들어낸다는 것을 의미한다. 따라서 일본군 성노예제 문제는 세계적 차원의 보편적 역사이해와 인식을 가능하게 해주며, 트랜스 내셔널 역사학, 글로컬 역사학의 지평을 넓히는 데 크게 기여한다. 이 책은 세계 곳곳에서 제국주의 식민지배와 각종 전쟁 기간에 자행된 폭력, 특히 여성 인권 유린에 대한 많은 사례 연구를 자극하고, 그 결과물들을 통해 글로벌 차원에서 평화와 인권의 중요성을 확인하게 해줄 집단기억의 역사를 구성하는 데 도움을 줄 것이다.

1990년대 초에 '위안부' 문제가 공론화된 이후 한국 정부에 스스로 피해자로 신고를 한 이들은 240명이었는데, 2021년 5월 현재 14명만 생존해 있다. 수치스러운 경험을 공개한 피해자들이 요구하는 일곱 가지 요구사항에서 법적 배상이나 책임자 처벌 요구는 시간이 얼마 지나지 않으면 피해자와 가해자 모두 사망하게 되어 물리적으로 불가능해질 것이다. 그러나 다른 요구들, 예를 들어 진실 규명, 역사 교과서에의 정확한 기록, 피해자 위령탑과 사료관 건립 등은 피해자가 단 한 명도 생존하지 않더라도 인권을 위한 시민운동이나 공공역사(Public history) 차원에서 계속 요구될 것이다. 민주주의가 제대로 작동하는 나라에서는 민족의 자긍심을 위해서 과거를 부정하거나 미화하지 않고, 역사의 진실을 보도하고 확산하기 위한 언론과 예술계의 노력을 검열하지 않을 것이다. 이 책이 세계 각국에서 과거 억압적 역사의 피해자들, 특히 전시 여성 인권 피해자들에 대한 진실 규명과 다각도의 지원 활성화에 작은 도움이 되면 좋겠다. 또 글로벌 차원에서 인권과 민주주의 증진을 고민하는 이들에게 하나의 주요한 참고자료가 되길 희망한다.

■참고 문헌

Vaulerin, Arnaud, "Les《esclaves sexuelles》de l'Empire réfutées", *Libération*, 8 Décembre 2014.

Watts, David, "Tokyo doles out apology but no cash to wartime 'comfort women'", *The Times*, July 7, 1992.

Weisman, Steven R., "South Koreans Express Pent-Up Anger at Japan", *The New York Times*, February 23, 1992.

"Le Japon rattrapé par son passé. L'enquête sur le drame des quelque 200 000 femmes contraintes par l'armée impériale à se prostituer pendant la dernière guerre embarrasse le gouvernment", *Le Monde*, 5 Septembre 1992.

"「慰安婦制度, 必要だった」維新・橋下氏, 重ねて主張",『日本經濟新聞』, 2013年5月13日.

"집단투신한 절벽은 '자살의 명소'로 – 이화여대 윤정옥교수 '정신대' 원혼 서린 발자취 취재기",『한겨레』 1990년 1월 4일.

Buruma, Ian, *The Wages of Guilt: Memories of War in Germany and in Japan* (New York, Farrar, Straus and Giroux, 1994).

ICTY, "Crimes of Sexual Violence: In Numbers", http://www.icty.org/en/features/crimes-sexual-violence/in-numbers (2021년 1월 9일 검색).

Min, Pyong Gap, et al., *Japanese Military Sexual Slavery: The Transnational Redress Movement for the Victims* (Berlin, Walter De Gruyter GmbH & Co KG., 2020).

Rousso, Henry et Conan, Eric, *Vichy, un passé qui ne passe pas* (Paris, Fayard, 1994).

United Nations, Human Rights, Office of the High Commissioner, Vienna Declaration and Programme of Action, Adopted by the World Conference on Human Rights in Vienna on 25 June 1993.

UN Committee on the Elimination of Racial Discrimination (CERD). Concluding Observations on the Combined Tenth and Eleventh Periodic Reports of Japan. CERD/C/JPN/CO/10-11, August 30, 2018.

UN Economic and Social Council, Commission on Human Rights. Report of the Special Rapporteur on Violence Against Women, Its Causes and Consequences, Radhika Coomaraswamy, In Accordance with Commission on Human Rights Resolution 1994/45. E/CN.4/1996/53/Add.1, January 4, 1996.

UN Sub-Commission on the Promotion and Protection of Human Rights. Systematic Rape, Sexual Slavery and Slavery-like Practices during Armed Conflict: Final Report Submitted by Gay J. McDougall, Special Rapporteur. E/CN.4/Sub.2/1998/13, June 22, 1998.

秦郁彦,『慰安婦と戰場の性』(新潮社, 1999).

吉見義明,『從軍慰安婦』(岩波書店, 1995).

염운옥,「식민지 폭력 피해와 배상 - 케냐 마우마우의 사례」,『영국 연구』 34권 (영국사학회, 2015.12).

2장

미국 언론매체의 '위안부' 담론

이찬행(충북대)

무거운 침묵

일본인 사병과 조선인 '위안부' 사이의 비극적인 관계를 소재로 한 다무라 다이지로의 소설 『春婦傳』이 출간된 해가 1947년이다. 다무라의 소설은 1950년, 1965년 두 차례에 걸쳐 영화로 만들어졌을 뿐만 아니라, 전후 일본에서는 참전했던 군인들의 일기, 책 등에서도 '위안부' 에 대한 언급이 심심찮게 등장했다.[1] 이 같은 사실들로 봐서, '위안부' 의 존재에 대한 대중적인 인식은 비교적 넓게 형성되어 있었다. 이후 오키나와로 끌려갔던 배봉기(1914~1991년)는 1975년 "빨간 기와집" 이라 불린 일본군 위안소에서의 비참한 삶을 증언한 바 있으며, 1942년 부산에서 '위안부' 로 납치된 후 태국에서 살 수밖에 없었던 노수복(1921~2011년)의 애절한 증언도 있었다. 그럼에도 불구하고, 국제적인 차원에서 보았을 때 '위안부' 문제는 몇몇 연구자들의 관심을 받았을 뿐 거의 40년 넘게 침묵을 강요당했다. '위안부' 에 관한 기억의 끈을 놓지 않기 위한 외로운 몸짓은 한국과 일본의 진보적인 지식인들과 활동가들에 의해서만 이루어졌을 뿐이다.[2] 특히, 태평양전쟁의 당사자인 미국에서

---

1 Yukiko Koshiro, *Imperial Eclipse: Japan's Strategic Thinking about Continental Asia before August 1945* (Ithaca, Cornell University Press, 2013), pp. 276-277; Bang-Soon L. Yoon, "Imperial Japan's Comfort Women from Korea: History & Politics of Silence-Breaking", *Journal of Northeast Asian History*, Vol. 7, No. 1 (2010), p. 5.

는 일본군 '위안부' 문제에 대한 무거운 침묵의 시간이 오랫동안 이어지고 있었다.

왜 미국에서는 '위안부'에 관한 목소리가 거의 들리지 않았을까? 혹은 왜 '위안부' 문제는 40년 이상 국제적으로 공론화될 수 없었을까? 이에 대한 설명은 두 가지로 제시될 수 있을 것이다. 첫째, 섹슈얼리티에 대한 한국의 가부장적인 민족주의 정치문화는 '위안부'를 수치스러운 존재로만 파악함으로써 '위안부' 문제의 공론화를 스스로 가로막았다. 아시아에서 여성운동이 성장하고 페미니즘 조직의 글로벌 연대가 이루어지기 이전의 이러한 정치문화는 아시아 각국의 비민주적인 정치 환경과 맞물리면서 '위안부' 문제를 둘러싼 불의와 부당함에 저항하려는 시민운동의 태동을 저해하고 있었다. 둘째, '위안부' 문제의 공론화를 좌절시킨 주범은 무엇보다도 냉전이었다. 제2차 세계대전 이후 국제질서의 새로운 문법으로 등장한 냉전이라는 상황에서 미국은 소련을 비롯한 공산주의 진영과의 경쟁 및 대치를 빌미로 아시아에서 일본을 친미 국가로 만들 필요가 있었다. 그 결과 냉전시기 미국은 '위안부'를 비롯한 일본의 전쟁 범죄에 대한 언급을 피함으로써 과거사가 뜨거운 감자가 될 수 있는 상황에 차가운 물을 끼얹고 말았다. 몇몇 양심적인 지식인들을 제외하고 '위안부' 문제의 책임 국가인 일본과 대다수의 일본인들이 1990년대 초반까지도 자신들의 범죄를 인정할 필요성을 심각

2 이런 점에서 1970년대 말부터 '위안부'에 관한 조사와 진상 규명을 시작한 이화여자대학교 영문과 교수 윤정옥의 노력은 선구적인 가치가 있다. 윤정옥은 1981년 『한국일보』에 게재한 「끌려간 사람들 - 도공과 정신대를 찾아가는 길」에서 일본군 '위안부'의 역사를 검토했으며, 1990년 1월 4일부터 4회에 걸쳐 『한겨레』 신문에 연재한 기사 「이화여대 윤정옥 교수 '정신대' 원혼 서린 발자취 취재기」를 통해 '위안부'의 슬픔과 한(恨)을 공론화의 장으로 끌어들였다.

하게 느끼지 못한 배경에는 바로 미국이 펼쳐준 냉전우산이 있었다.

일본군 '위안부'의 실상이 조금씩이나마 국제적으로 인식되기 시작한 것은 냉전이 종식되고 한국을 비롯한 아시아 여러 국가에 민주화의 봄바람이 불고 난 이후인 1990년대 초반이다. 미국의 주요 언론매체들이 '위안부'에 관한 보도를 시작한 것도 이 무렵이었다. 본 논문은 미국 언론매체의 '위안부' 표상에 관한 연구이다. 미국 언론의 '위안부' 보도를 분석한 연구로는 정용욱의 『언론의 역사분쟁 보도와 동아시아 평화』가 거의 유일하다. 정용욱은 2012년 12월부터 2016년 5월까지의 『뉴욕타임스』(*New York Times*), 『워싱턴포스트』(*Washington Post*), 『월스트리트저널』(*Wall Street Journal*)을 검토하면서, '위안부' 문제를 보는 시각의 초점이 여성 인권으로부터 안보 협력으로 이동하였음을 예리하게 규명하였다.[3] 하지만 정용욱의 연구는 다양한 '위안부' 담론들의 상이한 역사적 형성 조건 및 그것들의 고유한 정치적 효과와 한계에 대해 충분한 주의를 기울이지 않았다. 또한 연구 대상으로 설정한 시기도 고작 3년 반에 불과하거니와 잡지는 아예 분석 대상으로부터 제외되었다.

이러한 선행 연구의 공백을 메꾸기 위해 필자는 1989년부터 2018년까지의 30년을 연구 대상 시기로 설정하고 발행 부수가 높은 신문을 우선적으로 선택한 뒤,[4] 이를 다시 정치적 성향을 기준으로 분류하였다.

---

3 정용욱, 『언론의 역사분쟁 보도와 동아시아 평화』(경제인문사회연구회, 2016).

4 2010년 3월 31일을 기준으로 미국의 3대 신문 및 발행 부수는 다음과 같다. 『월스트리트저널』(2,092,523부), 『USA 투데이』(1,826,622부), 『뉴욕타임스』(951,063부). Suzanne M. Kirchhoff, *The U.S. Newspaper Industry in Transition* (Washington, DC, Congressional Research Service, 2010), p. 11. 정치적 성향에 따른 미국 언론매체 분류를 위해서는 클라크대학교(Clark College) 도서관에서 제공하는 "News, Media, and Bias: Liberal, Neutral, & Conservative Periodicals"을 참고할 수 있다.

이러한 과정을 거쳐 연구 대상으로 최종 선정된 일간지는 진보적이라고 알려진 『뉴욕타임스』, 중도적인 성향이 강한 『USA 투데이』(*USA Today*), 보수적인 언론매체를 대변하는 『월스트리트저널』이다. 잡지의 경우, 일간지에 비해 '위안부'를 다루는 기사가 상대적으로 적었다. 따라서 필자는 불가피하게 잡지의 미국 국내외 영향력을 감안하여 다음과 같은 6종의 잡지, 즉 『뉴요커』(*New Yorker*), 『포린폴리시』(*Foreign Policy*), 『애틀랜틱먼슬리』(*Atlantic Monthly*), 『포린어페어스』(*Foreign Affairs*), 『뉴스위크』(*Newsweek*), 『위클리스탠다드』(*Weekly Standard*)를 최종 연구 대상으로 선택하였다. 본 연구는 이상과 같은 미국의 주류 언론매체가 '위안부' 문제를 어떻게 인식하였는지, 언론매체의 '위안부' 담론 생태계는 어떠한 역사적 계기에 의해 형성되고 변화했는지를 분석하는 데 목적이 있다. 이와 동시에 본 연구는 미국 언론매체의 '위안부' 담론들 안에서 '위안부'는 자신의 경험에 대해 말할 수 있는 주체-위치를 지니고 있었는지, 아니면 스스로에 대해 말하고자 했으나 결국 말할 수 없었던 서발턴(subaltern)에 불과했는지를 규명하도록 하겠다.[5]

5 포스트식민주의에 의하면, 서발턴은 계급, 인종, 젠더, 카스트 등의 차원에서 이루어지는 종속을 의미한다. 인도의 역사가 라나지트 구하는 서발턴을 엘리트 정치로부터 분리된 영역에 존재하는 자율적인 주체로 파악하면서, 서발턴의 주체성을 복원하는 데 주력했다. 하지만 서발턴 연구가 포스트구조주의와 이론적 접점을 넓혀 가면서, 스피박과 같은 연구자들은 서발턴 주체를 엘리트 담론의 효과로 규정하기 시작했다. Gyan Prakash, "Subaltern Studies as Postcolonial Criticism", *American Historical Review*, Vol. 99, No. 5 (1994), pp. 1475-1490; Dipesh Chakrabarty, "Subaltern Studies and Postcolonial Historiography", *Nepantla: Views from South*, Vol. 1, No. 1 (2000), pp. 9-32.

일본군 '위안부'의 신체를 갈망하는 인권담론의 시선

일본군 '위안부'를 처음 언급한 언론매체 가운데 하나는 『뉴욕타임스』이다. 1991년 11월 10일자 신문에서 『뉴욕타임스』는 그해 출간된 재미 한인 작가 최숙렬의 자전적 소설 『떠나보낼 수 없는 세월』(*Year of Impossible Goodbyes*)에 대한 짧은 서평을 게재한 바 있는데, 아쉽게도 일본 군인들에게 "위안"(comfort)을 제공할 목적으로 조선의 젊은 여성들이 전선으로 보내졌다는 탈컨텍스트화된 건조한 사실을 매우 간략하게 이야기하는 것에 머물고 만다.[6] '위안부' 문제는 해가 바뀌어 1992년이 되고서야 이제 비로소 본격적인 보도의 대상으로 주목받기 시작하는데, 그 계기는 1992년 1월에 있었던 일본 총리 미야자와 기이치의 한국 방문이었다. 일본 고위급 정치인의 방한이야 예전에도 있었지만, 1992년 미야자와 총리의 방한은 남달랐다. 그 이유는 바로 총리의 방한 직전에 일본 츄오(中央)대학 교수인 요시미 요시아키가 방위성 자료실에서 일본 군대가 전쟁 당시 위안소를 설치했을 뿐만 아니라, '위안부' 모집을 감독했다는 사실을 입증하는 문서를 발견했기 때문이다.[7] 진보적인 경향의 『아사히신문』(朝日新聞)은 이를 즉각 보도했고, 그 결과 미야자와 총리는 방한을 전후로 모두 네 차례에 걸쳐 사과의 뜻을 표할 수밖에 없었다.[8]

2020년 4월 8일 현재 1,434차 시위라는 대기록을 갱신하고 있는 수요

---

6 Michael Shapiro, "Sookan Grows Up", *New York Times*, November 10, 1991.

7 이석구, 「일군 '정신대 비문' 발견/일 정부 간여 첫 입증 … 쟁점될 듯」, 『중앙일보』, 1992년 1월 11일.

8 강민진, 「일본 정부 위안부 첫 공식 사과, 그리고 26년이 흘렀다」, 『한겨레』, 2018년 1월 29일.

집회의 출범 배경으로도 작용했던 미야자와 총리의 방한과 사과 이후 미국 언론매체는 주로 인권이라는 시각으로 '위안부' 문제를 파악하였다. 그리고 '위안부' 문제에 관한 이러한 인권담론 생산의 주요 기지는 진보적 언론매체로 분류되는 『뉴욕타임스』였다. 『뉴욕타임스』는 '위안부' 문제가 언론매체에 언급되기 시작했던 1990년대 초반부터 일본 군대가 점령지의 수많은 여성을 강제로 '위안부'로 동원했다는 사실에 주목하고 있었다. 대부분의 미국 언론매체들이 '위안부'의 목소리를 기껏해야 간접적인 인용으로만 전달하고 있을 때, 『뉴욕타임스』의 아시아계 미국인 기자 제인 리는 미국으로 1979년 이민을 갔던 김씨라는 '위안부' 피해자와 뉴욕 퀸스에 있는 그녀의 작고 허름한 아파트에서 인터뷰를 하였으며, 울산에 살던 김씨가 1944년 16살의 어린 나이에 일본 관리들과 경찰에 의해 결국 강제로 끌려갈 수밖에 없었던 과정들을 선명하게 재구성하기도 했다.[9]

이와 같은 『뉴욕타임스』의 인권담론은 일본 정치인들이 과거사를 부정하고 역사 교과서 수정을 획책하던 2007년 절정에 이르렀다. 특히, 캘리포니아주 연방하원 의원 마이크 혼다가 발의한 연방의회 하원 결의안(House Resolution 121)은 이십만 명에 달하는 '위안부' 동원에 대해 일본 정부의 공식 사과를 요청한 바 있는데, 아베 총리를 비롯한 일본의 우익 정치인들이 '위안부' 동원의 강제성을 인정하지 않자 『뉴욕타임스』는 2007년 3월 6일 일본의 역사 부정은 연방하원에서 일본의 만행을 증언한 '위안부' 피해자 이용수를 거짓말쟁이로 만드는 것과 다름없다고 반박했으며,[10] 같은 날짜의 사설에서 진실을 왜곡함으로써 일본이

[9] Jane H. Lii, "Looking Back; The Memories of a Comfort Woman", *New York Times*, September 10, 1995.

얻게 되는 것은 결국 불명예일 뿐이라고 비판했다.[11] 또한 2007년 『뉴욕타임스』는 약 15년 전 일본 군대의 역할에 관한 자료를 발굴한 요시미 교수 및 매사추세츠공대(MIT)에서 일본사를 가르치는 저명한 역사가 존 다우어 교수와의 인터뷰를 통해 설령 위안소 설립에 군대가 관여했을지라도 '위안부' 동원의 강제성을 입증할 공식 자료가 존재하지 않기에 강제성은 있을 수 없다고 강변하는 일본 정부의 오만과 자기기만을 폭로했다.[12] 나아가 『뉴욕타임스』는 일본 정부가 단순히 '위안부'를 둘러싼 진실을 은폐하는 데 그치지 않고 역사 교과서에서 교묘하게 주어를 생략하거나 수동태 문장을 사용함으로써 오키나와 전투에서 수많은 민간인에게 자살을 강요했던 군대에 면죄부를 쥐여 주었다고 비판했다.[13]

물론 미국의 주류 언론매체가 한결같이 인권담론으로 '위안부' 문제를 이해했던 것은 아니다. 미국 전역에 걸쳐 널리 읽히고 있으나, '위안

---

10 Martin Fackler, "No Apology for Sex Slavery, Japan's Prime Minister Says", *New York Times*, March 6, 2007.

11 "No Comfort", *New York Times*, March 6, 2007.

12 Norimitsu Onishi, "In Japan, A Historian Stands by Proof of Wartime Sex Slavery", *New York Times*, March 31, 2007.

13 Norimitsu Onishi, "Japan's Textbooks Reflect Revised History", *New York Times*, April 1, 2007. 오키나와 전투는 태평양전쟁에서 가장 많은 희생자를 낳은 비극적인 사건이다. 1945년 6월 전투에서 패배할 것이 분명해지자 일본 군대는 오키나와 민간인들에게 곧 미군에 의해 도륙당하거나 강간당할 것이 분명하다고 말하면서 차라리 명예롭게 자살할 것을 강요했다. 오키나와 전투에 관한 연구를 위해서는 다음을 참고할 수 있다. Matthew Allen, "Okinawa, Ambivalence, Identity, and Japan", Michael Weiner, ed., *Japan's Minorities: The Illusion of Homogeneity* (New York, Routledge, 2009), pp. 188-205; David Cohen and Yuma Totani, *The Tokyo War Crimes Tribunal: Law, History, and Jurisprudence* (Cambridge, Cambridge University Press, 2018).

부' 문제에 대해 그다지 많은 관심을 보이지 않았던 『뉴스위크』는 '위안부' 에 관한 인권담론의 생산 및 유통이 한창이던 2007년 일본의 극우 인사 카세 히데아키의 글을 게재하기도 했다. 오노 요코와 사촌인 것으로도 알려진 카세는 보수적인 성향의 외교 평론가로서 일본의 역사 수정주의를 이끌고 있는 주요 인물이다. 『뉴스위크』는 이러한 카세를 심지어 "역사가"로 소개하면서 아래와 같은 주장을 한 그에게, 지성사가 T. P. 와이즈먼의 비유를 빌어 말하자면,[14] 역사의 여신 "클리오의 화장품"을 발라준다.

> 예컨대, 도쿄와의 관계를 정상화했던 1965년에 서울은 위안부 문제를 제기하지도 않았다. 1980년대 이 문제를 끄집어낸 것은 일본의 좌파들이었다. 위안소(brothels)가 상업적 시설이었다는 것은 사실이다. 미군 기록은 위안부가 매춘부였으며, 일본의 군 당국에 의해 "납치"된 사례는 발견되지 않았다는 점을 명백히 선언하고 있다.[15]

카세의 글은 곧 독자들로부터 비난을 받을 수밖에 없었다. 이에 『뉴스위크』는 결국 2007년 8월 여러 편의 짧은 항의성 투고를 내보냈다. 예를 들자면, 시애틀에 사는 중국계 미국인 비키 리우는 『뉴스위크』에게 보다 신중할 것을 주문했다.[16] 하지만 이러한 독자들의 항의에 대해 『뉴스위크』가 별도의 사과문을 내지는 않은 것으로 보인다. 카세와 『뉴스

---

14 와이즈먼은 그리스-로마 시기 역사서술을 연구한 영국의 지성사가이다. T. P. Wiseman, *Clio's Cosmetics: Three Studies in Greco-Roman Literature* (Leicester, Leicester University Press, 1979).

15 Hideaki Kase, "The Use and Abuse of the Past", *Newsweek*, April 2, 2007.

16 "Mail Call", *Newsweek*, August 13, 2007.

위크』 사건은 자칫 논쟁거리로 비화될 수도 있었지만, 당시 '위안부' 문제를 인권을 통해 파악하고 있던 미국 주류 언론매체의 일반적인 보도 경향에서 발생했던 작은 일탈이라고 치부할 수 있다. 왜냐하면 보수적인 신문을 대표하는 『월스트리트저널』조차도 『뉴욕타임스』와 마찬가지로 '위안부' 문제는 곧 인권의 문제라는 인식을 갖고 있었기 때문이다. 예컨대, 『월스트리트저널』은 일본 정부의 책임 회피야말로 '위안부'로 끌려갔던 여성들에게 계속해서 고통을 안겨주는 것이라고 주장한 석지영(하바드대학교 법대 한인 교수)과 노아 펠드먼(뉴욕대학교 법대 교수)의 공동 기고문을 게재했으며,[17] 나아가 사설을 통해 일본인들은 자신들의 국가가 어떠한 잔혹한 일을 했는지 제대로 알아야 하고 또한 정치인들은 그러한 과거를 결코 부인해서는 안 된다는 경고를 보내기도 했다.[18]

왜 『뉴욕타임스』뿐만 아니라 보수적인 『월스트리트저널』까지도 인권이라는 프리즘으로 '위안부' 문제를 파악했을까? 미국의 언론매체가 원래부터 인권에 관심이 많았기 때문일까? 절대 그렇지 않을 것이다. 필자는 일차적으로 미국 국내외 정치적, 경제적 환경의 변화에서 이에 대한 답을 찾아야 한다고 생각한다. 미국과 일본은 냉전질서에 의해 외교와 안보 측면에서 상호의존적인 관계를 유지할 수밖에 없었지만, 잘 알려져 있다시피 경제적인 차원에서는 1980년대 악화된 무역 불균형 때문에 갈등을 경험하고 있었다. 미국 정부의 통계 조사에 따르면, 1980년 미국은 일본과의 무역에서 100억 달러의 적자를 보고 있었으나 그

17 Jeannie Suk and Noah Feldman, "Japan's Uncomfortable History", *Wall Street Journal*, March 13, 2007.

18 "Words of Comfort", *Wall Street Journal*, March 28, 2007.

규모가 1990년 무려 400억 달러 이상으로 증가했다.[19] 이와 같은 무역 불균형은 미국에서 반(反)일본 정서가 기승을 부리게 되는 원인으로 작용했다. 반일 정서는 대중들에게까지 널리 퍼져, 1982년 6월, 결혼식을 앞둔 중국계 미국인 빈센트 친이 일본인으로 오인을 받아 야구방망이를 휘두르는 백인 노동자 두 명에 의해 처참하게 살해당하는 사건이 발생하기도 했다.

일부 유명인들은 혐오의 언어를 통해 이러한 반일 정서에 휘발유를 끼얹기도 했다. 예컨대, 도널드 트럼프는 1987년 『뉴욕타임스』에 실은 유료 기고문에서 일본이 미국을 이용하고 있다고 주장했으며,[20] 크라이슬러 회장 베넷 비드웰은 무역 불균형을 고칠 수 있는 최선의 방법은 히로시마에 원자폭탄을 떨어뜨린 폭격기 에놀라 게이(Enola Gay)를 이용하는 것이라는 망언을 서슴지 않고 내뱉었다.[21] 숀 코넬리와 웨슬리 스나입스가 출연하고 필립 카우프만이 감독을 맡은 1993년 영화 『떠오르는 태양』(*Rising Sun*)도 일본 자본으로 상징되는 황화(yellow peril)를 잘 보여주고 있다는 점에서 반일 정서에 기여한 측면이 없지 않다. 이러한 반일 정서는 때때로 비등점을 넘어 위험한 상황을 낳기도 했으나, 1980년대 후반까지는 대체로 외교와 안보 논리에 의해 억제될 수 있었는데, 여기에서 제어판 역할을 했던 것이 바로 냉전이었다. 하지만 탈냉전이

---

19 U.S. Bureau of the Census, *Statistical Brief: Trade with the Pacific Rim* (Washington, DC, U.S. Department of Commerce, Economics and Statistics Administration, 1991: Report Number SB/91-12), p. 4.

20 Peter Bergen, *Trump and His Generals: The Cost of Chaos* (New York, Penguin, 2019), p. 10.

21 Andrew Sung Park, *Racial Conflict and Healing: An Asian-American Theological Perspective* (Eugene, Wipf & Stock, 1996), p. 17.

라는 새로운 국면이 전개되면서 이러한 반일 정서의 발화를 제한하는 브레이크는 사라지고 말았다. 일본의 전쟁 범죄에 대해 오랫동안 침묵으로 일관하다시피 했던 미국 언론매체들이 이제 '위안부' 문제를 둘러싼 일본의 역사 부정과 망언 등에 대해 인권이라는 인도주의적인 보도(寶刀)를 휘둘렀던 것은 바로 이와 같은 탈냉전의 산물이다.

일본군 '위안부'에 관한 인권담론이 최고치에 달한 시점은 2007년이라고 할 수 있는데, 이것 역시 미국과 일본 사이의 긴장을 반영한다. 이미 미국과 일본을 축으로 하는 기존의 공조 모드에는 1990년대 후반 아시아를 휩쓸었던 국제금융위기를 계기로 작은 틈이 생겼다. 아시아의 여러 국가에서 외환위기가 발생하자 엔화 국제화를 추진해왔던 일본은 1997년 아시아통화기금(Asian Monetary Fund)을 창설하려 했으나, 이 지역에서의 헤게모니 상실과 미국 중심적이었던 국제통화기금(IMF)의 기능 약화를 우려했던 미국의 반대로 좌절되었기 때문이다.[22] 미국과 일본의 긴장은 2007년 다시 한번 불거졌다. 진원은 북한이었다. 당시 북핵 문제 해결을 위한 방안을 강구하고 있던 미국으로서는 일본의 협조가 필요했다. 하지만 일본인 납치 문제를 거론함으로써 정치적 자산을 축적하는 데 재미를 톡톡히 봤던 아베 신조 총리는 납치 문제가 해결되기 전까지 2007년 6자 회담에서 결정한 2·13 합의 이행에 참여하지 않겠다고 고집을 부림으로써 미국의 입장을 난처하게 만들었던 것이다.[23] 미국의 언론매체가 인권담론이라는 제법 날카로운 칼끝을 사무라이 후

---

22 Mark T. Berger, *The Battle for Asia: From Decolonization to Globalization* (New York, Routledge, 2004), p. 269; Glenn D. Hook, Julie Gilson, Christopher W. Hughes, and Hugo Dobson, *Japan's International Relations: Politics, Economics, and Security* (New York, Routledge, 2001), p. 204.

23 김준섭, 「북핵문제와 일본의 대응」, 『국제평화』 4(2007), 141-171쪽.

예들에게 들이댈 수 있었던 배경에는 이처럼 냉전시기라면 쉽사리 봉합될 수 있었던 문제들이 야기한 틈들이 있었다.

탈냉전이라는 공간에서, 그리고 미국과 일본 관계의 부분적인 균열들을 뚫고 태어났던 인권담론은 '위안부'의 비참한 실상을 알리는 데 상당히 효과적이었지만, 이는 마치 양날의 검과도 같았다. 무엇보다도 인권이라는 통념 자체는 선험적, 보편적으로 주어진 자명한 것이 아니라 하나의 사회적 구성물이었다. 사람들이 자신들의 정부를 상실했을 때 그 어떠한 권위와 기구도 그들을 보호해주려 하지 않았음을 양차 세계대전을 겪으면서 직접 목격한 아렌트가 1950년대 초반 역설하였듯이, 인권은 다른 권리들로 환원되는 것도 아니며 또한 이와 동시에 다른 권리들로부터 추론되는 것도 아니라고 간주되곤 하지만, 사실상 그것은 주권을 지니고 있는 국가의 시민이 아닌 사람들에게는 적용될 수 없는 성질의 것이었다.[24] 달리 말하자면, 흔히 인권은 국민국가의 구성원이 지니고 있는 시민권에 앞서며 이를 결정하는 것으로 생각하기 십상이지만, 아렌트가 주장하듯이, 인권은 시민권에 의존하는 개념인 것이다. 또한 아렌트 사유를 계승하고 있는 아감벤이 자신의 책 『호모 사케르』에서 논증하듯이, 인권이라는 개념은 국민국가라는 컨텍스트에서만 의미를 지닐 뿐만 아니라, 국민국가에서 배제되는 비(非)시민, 정치적, 법적 대표성을 거절당한 비(非)인간, 즉 벌거벗은 생명(bare life)인 호모 사케르를 생산함으로써 국민국가의 주권을 강화하는 데 일조하기도 했다.[25]

24 Hannah Arendt, *The Origins of Totalitarianism* (Cleveland, Meridian Books, 1962), pp. 291-292.

25 Giorgio Agamben, *Homo Sacer: Sovereign Power and Bare Life* (Stanford, Stanford

사회적 구성물로서의 인권은 나아가 서구와 제3세계 사이의 권력관계를 내포하기 마련이며, 이와 같은 인권담론 안에서 '위안부' 가 스스로에 대해 말할 수 있는 주체-위치를 차지하기란 애당초 불가능했다. 서구에서 인권담론이 본격적으로 대두하기 시작한 것은 1970년대 후반이다. 마르크스주의적 혁명의 실패, 좌파의 쇠퇴, 조직화된 노동운동의 좌절, 자유주의 이데올로기의 확산 등을 배경으로 인권 및 인권에 기반한 인도주의적 정치가 지배적인 정치적 실천으로 부각하였다. 그런데 1970년대 이후 프랑스를 중심으로 널리 퍼졌던 이른바 신철학자들(New Philosophers), 즉 앙드레 글룩스만, 모리스 클라벨, 크리스티앙 장베, 베르나르-앙리 레비 등과 그들의 인권철학에 대해 가장 날카로운 비판을 한 것으로 유명한 바디우에 따르면, 인권의 언어는 제3세계에 대한 서구의 "자기만족적인 이기주의" 에 가깝다.[26] 왜냐하면 인권과 인도주의적 정치의 대상이 되는 제3세계의 불행은 그곳의 "무능"과 "어리석음", 요컨대 제3세계에 내재되어 있는 "열등한 인간성"(*subhumanity*)이 낳은 결과라고 가정되기 때문이다.[27]

'위안부' 에 관한 미국 주류 언론매체의 표상도 바디우가 지적한 서

University Press, 1998), pp. 75-79. 인권에 대한 아감벤의 비판을 위해서는 다음 연구를 참고할 수 있다. Ayten Gündoğdu, "Potentialities of Human Rights: Agamben and the Narrative of Fated Necessity", *Contemporary Political Theory*, Vol. 11 (2012), pp. 2-22; Nick Vaughan-Williams, "The Generalised Bio-political Border? Re-conceptualising the Limits of Sovereign Power", *Review of International Studies*, Vol. 35 (2009), pp. 729-749; Anthony Downey, "Zones of Indistinction: Giorgio Agamben's 'Bare Life' and the Politics of Aesthetics", *Third Text*, Vol. 23, Issue 2 (2009), pp. 109-125.

26 Alain Badiou, *Ethics: An Essay on the Understanding of Evil* (London and New York, Verso, 2001), p. 7.

27 Badiou, *Ethics*, p. 13.

구의 자기만족, 보다 정확히 말하자면 자기기만을 위한 오리엔탈리즘을 크게 벗어나지 않는다. 그리고 이와 같은 제3세계의 인간 이하로서의 측면 혹은 동물적인 본성은 가해자인 일본뿐만 아니라 피해자인 한국도 동일하게 지니고 있는 특징으로 묘사된다. 예컨대, 중국의 천안문 사건에 관한 보도로 1990년 퓰리처상을 받은 바 있으며, 평소 인권에 대해 많은 관심을 보였던 진보적인 언론인 니콜라스 크리스토프는 1997년 기사에서 전쟁 당시 중국 젖먹이의 가슴을 총검으로 찔렀을 뿐만 아니라 16세 중국 소년의 인육을 먹었다고 증언한 일본인 호리 신자부로의 일화를 소개한다.[28] 비록 크리스토프의 글이 일본 군대의 잔혹함을 강조하기 위한 것이지만, 그의 기사에 등장하는 일본인은 인간이라기보다는 동물에 가깝다고 할 것이다. 한국인에 대한 표상도 마찬가지다. 이케다 유키히코 일본 외무상이 1996년 독도는 일본의 영토라고 주장했을 때, 한국에서는 그의 망언에 항의하는 집단적인 시위가 있었다. 당시 『월스트리트저널』은 칼럼을 통해 칼을 들고 있는 한국인들이 '위안부' 생존자들과 함께 이케다 인형을 찢는 행위를 했을 뿐만 아니라, 태권도 발차기를 하는 젊은이들이 이케다 인형을 수차례 가격했다면서 한국의 대응을 저속하다고 질책한 바 있다. 같은 칼럼에서 『월스트리트저널』은 한국인을 "허세와 분노로 가득 찬 작은 자"로 낮춰 보았는데,[29] 여기에서 알 수 있듯이, 한국인은 인간성을 결여한 혹은 기껏해야 유아적인 존재로만 파악될 뿐이다.

그렇다면, 이러한 오리엔탈리즘적인 인권담론의 정치적 효과는 무엇

28 Nicholas Kristof, "A Japanese Generation Haunted by Its Past", *New York Times*, January 22, 1997.

29 "Reef Madness", *Wall Street Journal*, February 15, 1996.

일까? 그것은 크게 보아 네 가지로 설명될 수 있다. 첫째, 인권담론은 서구를 덕의 모범으로 묘사한다. 서구의 역할은 폭력의 피해자들을 구원하는 것이 된다. 둘째, 인권담론은 제3세계를 악의 장소로 표상함으로써, 서구 사회 내부에 존재하는 정치적 문제들의 존재를 은폐한다. 셋째, 인권담론은 제국주의와 식민주의가 수행했던 원인 유발자로서의 역할을 외면함으로써, 제3세계가 당면한 문제들을 낳는 데 서구가 공모했다는 사실을 숨긴다. 넷째, 인권담론은 불의로 말미암아 고통을 겪는 제3세계 사람들을 서구 자선의 수혜자로 묘사함으로써 그들로부터 정치적 능동성을 빼앗는다.[30]

인권담론은 또한 관음증적인 포르노그래피 텍스트를 제시함으로써 '위안부'가 말할 수 있는 주체-위치를 심각하게 훼손하였다. 이를 위해 미국 주류 언론매체가 즐겨 사용하는 보도 전략은 탈컨텍스트화와 리얼리즘 코드의 활용을 통한 성적인 판타지 생산이다. 언론매체는 진리를 발견하기 위해 외적인 사건들에 대한 정확한 관찰을 강조하곤 한다. 언론매체 리얼리즘의 토대를 이루는 것은 만약 어떠한 진술이 실제 세계에서의 대상을 정확하게 묘사하고 있다면 그것이 참이라는 생각이다.[31] 따라서 이러한 사실주의적인 묘사에는 상상과 판타지가 끼어들

30 Daniel McLoughlin, "Post-Marxism and the Politics of Human Rights: Lefort, Badiou, Agamben, Rancière", *Law Critique*, Vol. 27 (2016), p. 310. 필자가 인권이라는 통념에 대해 비판하더라도, 인권정치의 가능성 자체를 부인하는 것은 아니다. 인권정치의 급진성을 위해서는 다음 연구들을 참고할 수 있다. Etienne Balibar, "On the Politics of Human Rights", *Constellations*, Vol. 20, No. 1 (2013), pp. 18-26; Jacques Rancière, "Who is the Subject of the Rights of Man?", *South Atlantic Quarterly*, Vol. 103, No. 2/3 (2004), pp. 297-309.

31 Stephen J. A. Ward, "Truth and Objectivity", Lee Wilkins and Clifford G. Christians, eds., *The Handbook of Mass Media Ethics* (New York, Routledge, 2009), p. 74.

여지가 없는 것으로 간주된다. 하지만 어느 한 문학평론가가 주장하듯이, 판타지는 리얼리즘의 외부가 아니라 내부에 존재하는 타자라고 할 수 있다.[32] 이러한 측면은 다큐멘터리도 마찬가지다. 다큐멘터리는 "지시적 지위(referential status)를 주장"하기 위해 리얼리즘을 적극 활용하는 것으로 알려져 있다.[33] 그렇지만 영화학을 연구하고 있는 워드에 따르면, 다큐멘터리는 사실주의적인 표상의 공간일 뿐만 아니라 주관성과 판타지의 영역일 수도 있다.[34]

일본군 '위안부'에 관한 미국 언론매체의 보도 역시 미세한 측면에 주의를 기울임으로써 리얼리즘이라는 지위를 확보하는 데 성공하는 듯 보이지만, 이처럼 사실주의적인 묘사는 '위안부' 역사라는 컨텍스트로부터 분리되면서 종종 성적인 판타지와 관음증을 자아낸다.[35] 몇 가지 예를 들어 보자. 미국 일간지 가운데 두 번째로 많은 발행 부수를 자랑하는 『USA 투데이』는 고작 열네 살에 불과한 소녀가 매일 십여 명의 군인과 성관계를 맺어야만 했다는 기사를 내보냈으며,[36] 『뉴욕타임스』는 '위안부'와의 섹스를 위해 지급해야 하는 금액("중국 여성과는 1엔, 한

---

32 Maximillian E. Novak, *Transformations, Ideology, and the Real in Defoe's Robinson Crusoe and Other Narratives* (Newark, University of Delaware Press, 2015), pp. 159-160.

33 Jane Roscoe and Craig Hight, *Faking It: Mock-Documentary and the Subversion of Factuality* (Manchester, Manchester University Press, 2001), p. 12.

34 Paul Ward, *Documentary: The Margins of Reality* (New York, Columbia University Press, 2005), p. 83.

35 영화 평론가 고팰런이 주장하듯이, 관음증은 리얼리즘 코드에 의존하는 경우가 많다. Lalitha Gopalan, "Indian Cinema", Jill Nelmes, ed., *An Introduction to Film Studies* (New York, Routledge, 2003), p. 369.

36 Marilyn Greene, "'Comfort Women' Get Apology from Japan", *USA Today*, August 5, 1993.

국 여성과는 1.5엔, 일본 여성과는 2엔")까지 소상히 밝히기도 했다.[37] 또한 필리핀 '위안부' 마리아 로사 헨슨에 대한 『뉴욕타임스』 기사에서 세스 마이던스 기자는 1996년 그녀가 출간한 자서전에서 다음과 같은 구절을 인용한다. "목욕탕에는 심지어 문도 없었기에 군인들이 우리를 쳐다볼 수 있었다. 우리는 모두 옷을 걸치지 않은 알몸이었고 그들은 우리를 보고 비웃었다."[38] 여기서 벌거벗은 채 서 있는 '위안부'의 몸을 욕망하는 시선의 주체는 누구일까? 그것은 일본 군인들이자 관음증적인 남성 독자일 것이다. 이런 식으로 구체적인 정보의 불필요한 과잉 속에서 '위안부'는 성적인 판타지와 관음증적인 시선의 대상으로 전락하였으며, 그 결과 그녀는 듣는 이에게 자신의 경험을 유의미한 방식으로 전달할 수 있는 위치를 차지할 수 없는 서발턴으로 남게 된다.

아무런 책임도 없다는 듯한 중간자의 시선

미국 주류 언론매체는 동아시아 민족주의적 갈등이라는 컨텍스트에서 '위안부' 문제를 파악하기도 했다. 이는 미국 언론매체가 과거의 잘

---

37 David E. Sanger, "Japan Admits It Set Up Army Brothels", *New York Times*, July 7, 1992.

38 Seth Mydans, "Inside a Wartime Brothel: The Avenger's Story", *New York Times*, November 12, 1996. 헨슨이 사망하던 해, 마이던스는 그녀의 부고를 알리는 기사에서 다시 한번 자서전의 한 구절("나는 마치 아이를 출산할 때처럼 침대에 누워 무릎을 들고 발을 매트에 댄 채로 있었다")을 인용한다. Seth Mydans, "Maria Rosa Henson, 69, Dies; Victim of Japanese Brothels", *New York Times*, August 27, 1997. 물론 기자의 의도를 의심하는 것은 결코 아니지만, 이 기사의 내용은 일본의 극우 평론가 고바야시 요시노리가 그린 만화의 한 장면을 연상시킨다고 해도 과언이 아니다.

못을 인정하지 않으려는 일본의 우경화를 비판하는 데서 잘 드러난다. 널리 알려져 있다시피, 일본의 우경화는 동아시아 국제질서의 변화, 장기간의 경기침체와 이에 따른 사회적 불안이 빚어낸 현상으로서 전쟁의 포기와 군대 보유 금지를 핵심으로 하는 1946년 평화헌법을 개정하여 전쟁을 수행할 수 있는 국가로 일본을 탈바꿈시키려는 움직임이다. 정상국가로의 복권을 위해 일본 우파 정치인들은 도쿄전범재판(Tokyo War Crimes Tribunal)에서 처벌받은 도조 히데키 등의 A급 전범 14명이 합사되어 있는 야스쿠니 신사 참배를 정당화했을 뿐만 아니라, 식민지배와 '위안부' 등에 관해 이미 충분히 검증된 사실을 있는 그대로 가르치는 역사를 자학사관이라 폄훼하고 교과서의 내용까지도 자신들의 입맛에 맞춰 왜곡함으로써 침략의 역사를 미화하는 데 머뭇거림이 없었다. 미국 언론매체의 입장에서 이처럼 민족주의적 색채가 짙은 일본의 우경화는 좀처럼 받아들이기 어려웠을 것이다. 특히, 제국주의 시기 일본의 군대가 "잔인한 식민자라기보다는 아시아의 숭고한 해방 세력"이었다는 왜곡, "일본의 전쟁에는 정의가 존재한다, 우리는 우리 조부의 유산을 보호해야 한다"와 같은 망상, "미국은 일본을 꾀어 전쟁에 빠지게 했다"와 같은 허언은 태평양전쟁 당사자인 미국의 입장에서 보자면 일본의 극우 세력이 보여주는 병리적 현상에 지나지 않았을 것이다.[39] 일본의 우경화에 대한 비판은 고이즈미 준이치로 총리에 대한 평가에서도 분명하게 드러난다. 예컨대, 『뉴욕타임스』는 고이즈미 내각이 추진했던 헌법과 교과서 수정에 대해 민족주의적 시도라고 비판했으며,[40]

39 Howard W. French, "Japan's Resurgent Far Right Tinkers With History", *New York Times*, March 25, 2001.

40 Howard W. French, "Japan's Refusal to Revise Textbooks Angers Its Neighbors",

나아가 이전까지는 비주류였던 우파 민족주의적 세력들이 고이즈미 시기에 와서 비로소 일본 정치의 주류로 편입하는 데 성공했다고 아래와 같이 진단한다.

> 일본의 군국주의적 과거를 숨기려는 민족주의적 정치인들과 학자들은 고이즈미가 집권하자 발전을 위한 토양을 확보하면서 주류가 되기 시작했다. 일본 정부가 승인하는 학교 교과서들은 일본이 한국과 만주를 점령하고 있던 당시 노예 노동 및 "위안부"를 착취했다는 것 혹은 십만 명에서 삼십만 명에 달하는 중국인들을 난징에서 학살했다는 것과 같은 사실들을 점점 일본의 전쟁사에서 삭제하고 있다.[41]

미국의 언론매체는 일본의 민족주의에 대해서만 비판적인 태도를 보였을까? 결코 그렇지 않다. 총리에 취임하기 전부터 자민당의 기반인 보수층 규합을 위해 야스쿠니 신사 참배를 약속했던 고이즈미는 종전기념일을 이틀 앞둔 2001년 8월 13일 자신의 공약을 강행했다. 고이즈미의 신사 참배가 한국과 중국으로부터 반발을 불러오리라는 것은 누구나 쉽게 예측할 수 있는 일이었다. 실제로 중국은 고이즈미의 신사 참배는 아시아 국가들에 대한 "도전 행위"라고 격분했으며,[42] 한국의 여당이었던 새천년민주당 대변인은 이를 두고 "일본 제국주의의 악령"이라고 규탄했다.[43] '위안부' 피해자 할머니들과 대학생들도 고이즈미의

New York Times, July 10, 2001.

41 Norimitsu Onishi, "Departing Japanese Leader Shook Up Politics as Usual", *New York Times*, September 19, 2006.

42 이종환, 「中 "야스쿠니 신사 참배는 아시아 국가에 도전 행위"」, 『동아일보』, 2001년 8월 13일.

신사 참배에 대해 분노하긴 매한가지였다. 특히, 대학생들은 서울의 독립문 앞에서 항의 집회를 개최했는데, 『뉴욕타임스』가 주목한 것은 "구국결사대" 소속이라고 밝힌 이십여 명의 청년들이 손가락 끝을 잘라 그것들을 함께 모아 태극기로 감싸는 장면이었다. 이러한 의식은 원래 조직폭력배들이 보스에게 충성을 맹세하는 방법들 가운데 하나였다고 설명하는 『뉴욕타임스』의 기사에서 '위안부'라는 기호의 의미는 이제 일본과 주변 국가 사이의 민족주의적 갈등이라는 컨텍스트에 의해 결정될 뿐이다.[44] '위안부'의 목소리는 자해 행위까지도 서슴지 않는 한국인들의 그로테스크한 민족주의적 절규에 가려져 들을 수 없기 때문이다. 2002년 월드컵이 개최되었을 때에도 미국 언론매체는 가장 뜨거운 경쟁은 한국과 일본 사이에서 벌어지고 있다면서 식민지배로 인해 한국인들이 일본에 대해 갖고 있는 불신과 적대감을 상세히 묘사한 바 있는데, 여기에서도 '위안부'는 민족주의 정서의 과잉을 상징하는 것으로만 표상된다.[45]

인권담론이 한창이던 2007년 『뉴스위크』는 템플대학교 일본 캠퍼스 교수인 필 딘스의 기고문을 게재하였다. 그는 자신의 글에서 일본도 자국의 이익을 위해 역사를 이용하지만, 이러한 점은 한국도 마찬가지라면서 양쪽을 모두 질책하였다.[46] 딘스의 양비론은 '위안부' 문제에 대한 미국 언론매체의 입장을 잘 보여준다. 미국은 인권담론으로 '위안

---

43 부형권 · 윤종구, 「정부, 日총리 참배 강행 비난 … 여야도 일제히 규탄」, 『동아일보』, 2001년 8월 13일.

44 Don Kirk, "Koreans Slice Their Fingers in Anti-Japan Rite", *New York Times*, August 14, 2001.

45 Eric Johnston, "Co-hosts More Like Rivals", *USA Today*, May 31, 2002.

46 Phil Deans, "Asia's Glass Houses", *Newsweek*, April 30, 2007.

부' 문제를 파악하려 했지만, 이와 동시에 이를 민족주의적 갈등의 사안으로 취급하면서 스스로의 위치를 중간자(middleman)로 규정하려 했다. 냉전을 빌미로 일본의 전쟁 범죄에 대해 가림막을 제공했던 미국이 이제 와서 한국과 일본 사이에서 벌어지고 있는 민족주의적 대결과 역사적으로 아무런 연관이 없는 듯한 중간자 위치에 서서 팔짱을 낀 채 두 국가의 다툼을 바라보며 조용하고 낮은 목소리로 양쪽을 모두 나무라는 모습은 공리(鞏俐)가 출연했던 영화 『홍등』(장이머우 감독, 1991)의 남자 주인공 첸(마징우 역)을 연상시킨다. 열아홉 살 송리안(공리 역)을 세 번째 첩으로 삼은 쉰 살의 첸은 거의 화를 내는 법이 없다. 영화에서 관객은 첸의 얼굴조차 보기 어렵다. 1920~30년대를 배경으로 그려진 이 영화의 줄거리는 부유한 상인과 결혼한 한 명의 아내와 세 명의 첩들이 "밀실 공포증을 느끼게 할 정도로 벽들로 에워싸인 대저택의 공간" 안에서 벌이는 암투를 중심으로 구성되어 있다.[47] 첸은 단지 중간에 서서 여인들에게 서로 다투지 말 것을 조용히 타이르는 역할만 수행할 뿐이다. 마치 한국과 일본의 민족주의적 갈등을 질타하는 미국처럼 말이다.

"위험한 여성"으로 호명하는 안보담론의 시선

만약 영화에서 여인들 사이의 시기와 질투 및 갈등이 첸 가문의 전통

47 Sheldon Hsiao-peng Lu, "National Cinema, Cultural Critique, Transnational Capital: The Films of Zhang Yimou", Sheldon Hsiao-peng Lu, ed., *Transnational Chinese Cinemas: Identity, Nationhood, Gender* (Honolulu, University of Hawaii Press, 1997), p. 116.

과 첸이 누리고 있던 가부장적 지위를 위협할 수준으로 악화되었다면, 어떠한 일이 벌어졌을까? 이에 대한 답은 한국과 일본 사이의 민족주의적 갈등이 격화되자 미국의 언론매체가 본격적으로 강화하기 시작한 보도 전략에서 찾을 수 있을 것이다. '위안부' 문제의 요체는 민족주의적 갈등이라고 파악했던 미국의 주요 언론매체는 두 국가 사이의 갈등이 파국으로 치달아 자칫 미국의 이익까지 위협할 지경이 되자, 안보담론을 통해 상황을 통제하고 관리하고자 했다. 사실 인권담론에 가려져 부각되지 않았을 뿐이지, '위안부' 문제를 안보담론으로 이해하려는 시도는 이미 1990년대 초반부터 존재했었다. 다른 어떤 매체보다도 『월스트리트저널』은 이러한 안보담론을 개발하고 전파하는 데 있어 선두주자였다. 예컨대, 미국에서 '위안부' 공론화가 시작되었던 1990년대 초반 『월스트리트저널』은 미군의 아시아 철수와 중국의 성장으로 말미암아 미국의 우방인 일본이 아시아 지역에서 정치적 영향력을 확장하는 것이 급선무임에도 불구하고, 그동안 일본이 '위안부' 문제에 관한 진실을 자꾸만 "망설이며 만지작거린다"고 꼬집은 바 있었다.[48] 1993~1997년 사이에도 『월스트리트저널』은 일본이 아시아 지역에서 외교적 영향력을 확대하기를 원한다면 반드시 '위안부' 등 과거사에 대해 사과를 해야 한다는 주장을 최소한 네 차례 이상 제기했으며,[49] 2001년에는 일본이 아시아에서 정치적 리더십을 확보하기 위해서는 제대로 된

---

48 "Tokyo's Mostly True Confessions", *Wall Street Journal*, July 8, 1992.

49 Jacob M. Schlesinger, "Japan's Bid for World Leadership Haunted by War Past", *Wall Street Journal*, May 25, 1993; Jacob M. Schlesinger, "Japan Says Troops Forced Women Into Prostitution", *Wall Street Journal*, August 5, 1993; "Japan Apologizes", *Wall Street Journal*, August 30, 1993; Hal Gold, "Japan's Battle to Rewrite Its War History", *Wall Street Journal*, May 16, 1997.

사과가 필요하다는 프랜시스 후쿠야마의 기고문을 게재하기도 했다.[50] 국제관계 평론지로 유명한 『포린어페어스』도 『월스트리트저널』의 안보담론을 이어받아 '위안부' 문제를 동아시아의 안보 및 미국의 이익과 연관시켜 파악함으로써 '위안부'에게 스스로의 경험에 대해 말할 수 있는 주체-위치를 허락하지 않았다.[51] 심지어 『포린어페어스』는 전쟁 범죄에 대해 일본은 사과를 하면 안 된다고 주장한 다트머스 칼리지 교수 제니퍼 린드를 위해 많은 지면을 할애하기도 했는데, 이러한 주장의 배경에 놓여 있었던 것 역시 일본이 사과를 하면 일본 민족주의 세력이 강화되면서 결국 동아시아의 안정이 위태롭게 될 수 있다는 안보담론 도미노였다.[52]

인권담론이 지배적이었던 2007년에도 안보담론은 보수적인 언론매체를 중심으로 꾸준히 이어졌으나,[53] 일본군 '위안부' 문제에 관한 담론들의 지형이 동아시아 안보를 중심으로 전면적으로 재영토화(reterritorialize)되기 시작한 것은 한일관계가 더욱 틀어지면서 심지어 미국의 이해관계까지 방해하는 장애물로 인식되면서부터다. 늘 존재했던 한국

---

50 Francis Fukuyama, "A Sorry Situation", *Wall Street Journal*, February 28, 2001.

51 Nicholas Kristof, "The Problem of Memory", *Foreign Affairs*, Vol. 77, Issue 6 (1998), pp. 37-49.

52 Jennifer Lind, "The Perils of Apology", *Foreign Affairs*, Vol. 88, Issue 3 (2009), pp. 132-146. 린드의 도미노 이론에 대한 비판을 위해서는 다음 연구들을 참고할 수 있다. Charles L. Glaser, et al., "Roundtable Discussion of Jennifer Lind's *Sorry States: Apologies in International Politics*", *Journal of East Asian Studies*, Vol. 9, No. 3 (2009), pp. 337-368; Jost Dülffer, "Contrition and Reconciliation in International Relations: A New Field of Historical Research?", Review of *Sorry States: Apologies in International Politics* by Jennifer M. Lind, H-Net Reviews, 2009.

53 Duncan Currie, "The Unquiet Prime Minister", *Weekly Standard*, Vol. 12, Issue 31 (2007), pp. 18-19.

과 일본 사이의 긴장관계가 새삼스레 악화된 주요 계기는 오바마 행정부가 등장하면서 내놓은 새로운 외교 및 안보 전략에서 찾을 수 있다. 제2차 세계대전 이후 미국의 아시아 안보 전략은 일종의 축-바큇살 구조(hub-spokes structure) 모양을 하고 있었다. 냉전시기에도 유지되었던 이 같은 안보 전략에 따라 축 역할을 맡고 있던 미국은 바큇살에 해당하는 한국 및 일본과 개별적인 양자 군사 동맹을 체결하였다. 하지만 한국과 일본 사이에는 별도의 군사적 연대의 고리가 형성되어 있지는 않았다.[54] 오바마는 2011년 오스트레일리아 의회에서의 연설을 통해 기존의 전략을 대폭 수정하였다. "아시아로의 회귀"(Pivot to Asia) 혹은 "아시아 재균형"(Rebalancing to Asia)으로도 알려진 오바마 행정부의 새로운 전략의 기저에는 미국이 아시아 태평양 지역에 포함된다는 생각이 있었다. 아시아에 대한 강조를 "전략적"인 결정이었다고 묘사한 오바마는 한편으로는 아프가니스탄과 이라크에서 미국이 치렀던 전쟁들이 서서히 마무리됨에 따라, 다른 한편으로는 아시아 태평양 지역의 중요성이 점점 커짐에 따라 이제 미국이 태평양 국가의 일원으로서 아시아 지역의 안보와 번영을 위해 주도적인 역할을 일임해야 한다고 강조한 것이다.[55]

오바마 행정부의 아시아 전략에 가장 크게 반발한 국가는 당연히 중국이었다. 중국은 미국의 전략이 자신을 봉쇄하고 아시아 태평양 지역

---

54 Chien Liu, "Obama's Pivot to Asia and Its Failed Japan-South Korea Historical Reconciliation", *East Asia*, No. 35 (2018), p. 303.

55 U.S.-China Economic and Security Review Commission, *2016 Report to Congress of the U.S.-China Economic and Security Review Commission, One Hundred Fourteenth Congress, Second Session, November 2016* (Washington, DC, U.S. Government Printing Office, 2016), p. 475.

에서의 미국 헤게모니를 강화하는 데 목적이 있다고 주장하면서, 이로 말미암아 중국과 미국이 신냉전 혹은 유사냉전의 국면에 빠지게 되었다고 비난했다.[56] 중국은 아시아로의 중심축 이동 전략에 왜 이처럼 민감하게 반응했을까? 원인 가운데 하나는 오바마 행정부의 안보 전략이 더 이상 축-바퀴살 모델을 따르지 않고 한국과 일본 사이에 안보 및 군사 협력을 위한 채널을 마련함으로써 한국-미국-일본으로 이루어진 다자간 동맹을 추구했다는 점에 있을 것이다. 그렇다면, 왜 이러한 삼각동맹을 핵심으로 하는 "아시아로의 회귀" 전략이 한일관계까지 악화시켰을까? 이에 대한 해답은 미국이 중심축 이동이라는 전략을 통해 중국의 팽창에 제동을 걸고자 했으나, 국방 예산 증가를 부담스럽게 느낀 나머지 일본의 군사력 강화를 기꺼이 용인하려 했다는 점에 있다.[57] 실제로 미국의 새로운 동아시아 전략에 대해 가장 적극적인 지지를 보낸 국가는 미국의 안보 파트너로 선정된 일본이었다. 전쟁을 수행할 수 있는 정상국가로의 회귀를 꿈꾸었을 뿐만 아니라, 동중국해(East China Sea)에서 중국과 영토 분쟁을 겪고 있었던 일본으로서는 미국의 새로운 전략이 반갑지 않을 리 만무했다. 오바마는 2014년 4월에 일본을 방문했을 때, 일본이 중국과 분쟁을 벌이고 있는 센카쿠/댜오위다오 지역에 미국의 일본 방위 의무를 명시한 미일안보조약 제5조를 적용하는 게 가능하다

---

56 Feng Zhang, "Challenge Accepted: China's Response to the US Rebalance to the Asia-Pacific", *Security Challenges*, Vol. 12, No. 3 (2016), p. 3; Mathieu Duchatel and Emmanuel Puig, "Chinese Reactions to the US Rebalance toward Asia: Strategic Distrust and Pragmatic Adaptation", Hugo Meijer, ed., *Origins and Evolution of the US Rebalance toward Asia: Diplomatic, Military, and Economic Dimensions* (New York, Palgrave, 2015), p. 128.

57 유신모, 「'아시아 재균형' 에서 멀어지는 미국」, 『경향신문』, 2015년 12월 7일; 윤정호 · 안용현, 「日 '전쟁할 권리' 선포」, 『조선일보』, 2014년 7월 2일.

고 선언함으로써 일본의 손을 들어 주기도 했다.[58] 미국의 이와 같은 일본 중심적인 축 이동 전략은 식민지 경험을 토대로 일본의 군국주의 강화를 우려해왔던 한국인들을 자극함으로써 한일관계가 더한층 악화될 수 있는 가능성을 열어놓고 말았다.

한국과 일본의 협력을 통해 아시아 안보를 구축하고자 했던 미국의 계획을 위협하는 데 한국과 일본 사이의 더욱 잦아진 샅바 싸움도 한몫했다. 예컨대, 2012년 8월 10일 집권 말기의 권력누수 현상을 민족주의 정서로 틀어막기 위해 한국의 이명박 대통령은 독도를 방문하였으나, 이는 오히려 독도에 관한 문제는 "해결되지 않음에 의해 해결되었다"고[59] 합의한 이른바 1965년 독도 밀약을 "사멸" 시킴으로써 한일관계에 먹구름을 드리웠다.[60] 미국의 일부 언론매체는 미국과의 안보를 중시하는 박근혜가 이명박을 이어 대통령에 당선되면 한일관계가 개선되리라고 기대했다.[61] 하지만 아버지 박정희의 친일 행적이 콤플렉스로 작용한 탓인지 박근혜는 취임 이후 3년 반 가까이 일본과 정상회담을 갖지 않았다. 『한국경제』의 우익 평론가 정규재조차 걱정할 정도로 박근혜는 일본에 대해 적대적인 모습을 보였던 것이다.[62] 이에 질세라 일본도 한일관계 악화에 기름을 퍼부었다. 2013년 5월, 오사카 시장 하시모토

58 Murray Hiebert, "Analyzing the US Rebalance to Asia", CPPR-Centre for Strategic Studies, ed., *The U.S. Rebalance and the Asia Pacific Region* (Kochi, CPPR-Centre for Strategic Studies, 2016), p. 22.

59 Asahi Shimbun Company, *Media, Propaganda and Politics in 20th-Century Japan* (London, Bloomsbury Academic, 2010), p. 208.

60 길윤형, 「'독도 밀약' 이명박 독도 방문으로 사멸」, 『한겨레』, 2015년 6월 2일.

61 Joseph A. Bosco, "The Ally of My Ally", *Weekly Standard*, Vol. 18, Issue 18 (2013), pp. 16-17.

62 정규재, 「박근혜 정부 친중 노선의 귀착」, 『한국경제』, 2016년 8월 8일.

도루는 일본 군인들의 사기를 진작시키기 위해서라도 "위안부는 필요했다"는 망언을 했으며,[63] 조 바이든 미국 부통령의 만류에도 불구하고 아베는 2013년 12월에 야스쿠니 신사 참배를 강행하였다. 당시 주일 미국대사관은 신사 참배에 대해 "실망스럽다"라는 외교상 매우 강한 단어를 사용하여 불만을 표출하기도 했다.[64] 이듬해 1월에는 NHK 회장으로 새롭게 부임한 모미이 가쓰토가 '위안부'는 매춘부나 마찬가지라면서, "전쟁을 했던 어떤 나라에도 위안부는 있었다"는 망발을 서슴지 않았다.[65] 나아가 일본은 '위안부' 모집에 일본 군대가 개입했음을 스스로 인정했던 1993년 고노담화(河野談話)의 신빙성을 의심하면서 검증팀을 구성하겠다고 으름장으로 놓음으로써 한일관계의 이른바 "마지막 안전판"까지 제거하려 했다.[66]

"아시아로의 회귀" 전략의 성공을 위해 한국과 일본의 협력을 필요로 했으나 막상 두 나라가 서로 대화도 하지 않은 채 파국을 향해 마주보고 달리자, 미국의 주요 언론매체들은 진보와 보수를 가리지 않고 앞다퉈 안보담론을 쏟아 냈다. 특히, 안보담론이 주요 쟁점으로 주시한 것은 다름 아닌 '위안부' 문제였다. 대부분의 언론매체들이 견지했던 보

---

63 정남구, 「위안부 할머니 "망언철회 없는 하시모토 안 만난다"」, 『한겨레』, 2013년 5월 23일.

64 Mayumi Itoh, *The Making of China's Peace with Japan: What Xi Jinping Should Learn from Zhou Enlai* (Singapore, Palgrave, 2017), p. 199; Brad Glosserman and Scott A. Snyder, *The Japan-South Korea Identity Clash: East Asian Security and the United States* (New York, Columbia University Press, 2015), p. 108.

65 서승욱, 「NHK 회장 "위안부, 어느 나라에도 있었다" 망언」, 『중앙일보』, 2014년 1월 27일.

66 길윤형, 「일 정부 "고노담화 검증팀 만들겠다"… 한일관계 '격랑'」, 『한겨레』, 2014년 2월 28일.

도 전략은 '위안부' 문제로 한일관계 및 양국 사이의 공조가 흔들리거나 동아시아 국제질서에 균열이 초래돼선 안 된다는 것이었다. 예컨대, 『뉴욕타임스』는 일본의 고노담화 수정 시도에 대한 한국의 반발을 보도하면서, '위안부' 문제가 "아시아에서 가장 중요한 [미국의] 두 동맹국"인 한국과 일본 사이에 분열을 야기할 수도 있다는 우려를 잊지 않고 전했다.[67]

만약 안보담론이란 텍스트의 완성을 위해 미국의 주요 언론매체들이 공유한 하위 텍스트(sub-text)가 있다면, 그것은 바로 중국책임론이었다. 일본의 우경화로 말미암아 아시아 정세가 불안하게 되었다는 분석도 없진 않았으나,[68] 대부분의 언론매체들은 위기의 원인을 중국에서 찾기 시작한 것이다. 특히, 『월스트리트저널』은 예일대학교 사학과 교수를 역임한 바 있는 마이클 오슬린의 칼럼을 게재하기도 했는데, 오슬린은 자신의 글에서 중국이 한국의 독립운동 영웅인 안중근을 기념하기 위한 건축물을 하얼빈에 세움으로써 한국인들의 민족주의적 정서를 의도적으로 자극한 점에서 알 수 있듯이, 한국과 일본 사이에 민족주의적 쐐기를 박은 것은 중국이라고 비판했다.[69] 미국의 "아시아로의 회귀" 전략이 한일관계 악화의 배경으로 작용했음에도 불구하고, 『월스트리트저널』은 오히려 중국에 책임을 묻고 한국과 가까워지려는 중국의 의도를 의심하였다.[70] 심지어 『위클리스탠다드』는 박근혜가 중국어에 능통

67 Martin Fackler, "Japan: Wartime Apology to Stand", *New York Times*, March 11, 2014.

68 Alexander Martin, "Japan LDP Candidates Adopt Nationalist Tone", *Wall Street Journal*, September 26, 2012.

69 Michael Auslin, "China' s Diplomatic Hate Machine", *Wall Street Journal*, March 28, 2014.

하다는 확인되지 않은 정보를 거론함으로써 박근혜의 친중국적인 행보의 원인을 찾고자 했다.[71] 이와 같이 중국책임론을 하위 전략(sub-strategy)으로 활용한 안보담론은 결국 한편으로는 동아시아 위기의 책임으로부터 미국을 면제시키고, 이와 동시에 한국과 일본에게 군사 및 외교 협력을 강제함으로써 미국의 이익을 공고화하는 데 목적이 있었다. 이러한 안보담론에 의하면, '위안부'는 자칫 중국에 의해 악용되기 쉬운 "위험한 여성"일 따름이었으며, '위안부' 문제는 한국과 일본 사이에 위기를 증폭시킴으로써 미국의 아시아 태평양 전략을 물거품으로 만들 수도 있는 뇌관일 뿐이었다. 중국을 견제하고 태평양 시대를 개척하기 위해서라도 한국과 일본의 협력이 절실히 필요했던 미국에게 있어, '위안부'의 슬픔과 고통이란 아시아 지역에서의 패권을 유지하고 확대하기 위해 임시적으로라도 반드시 봉합해야만 하는 안보적인 골칫거리로 전락한 것이다.

'위안부' 문제에 대한 "최종적이고 불가역적인 합의"라고 홍보되었던 2015년 한일 '위안부' 합의는 미국의 필요에 의해 탄생했다.[72] 물론

---

70 Alastair Gale and Jonathan Cheng, "China 'Charm Offensive' Aims at Seoul's Japan, U.S. Ties", *Wall Street Journal*, July 5, 2014.

71 Dennis P. Halpin, "Which Way Will Seoul Go?", *Weekly Standard*, Vol. 20, Issue 3 (2014), pp. 20-21.

72 "불가역적"이라는 문구는 2015년 합의 이후 많은 논란을 낳았다. 2017년에 결성된 '한 · 일 일본군위안부 피해자 문제 합의 검토 태스크포스'의 조사에 따르면, 한국은 그동안 일본이 사죄를 번복하는 일이 제법 많았기에 이번에는 "되돌릴 수 없는 사죄"를 해야 한다는 취지에서 "불가역적"이라는 용어를 제안했다. 하지만 어이없게 한일 외교부 차원의 협의 과정에서 일본의 요구에 의해 사죄의 불가역성이 "'해결'의 불가역성"을 뜻하는 것으로 둔갑하고 말았다. 한 · 일 일본군위안부 피해자 문제 합의 검토 태스크포스, 『한 · 일 일본군 위안부 피해자 문제 합의(2015.12.28) 검토 결과 보고서』(대한민국 외교부, 2017), p. 17.

합의의 당사자는 한국과 일본이지만, 오바마 행정부는 "아시아로의 회귀" 전략을 성공시키고자 한국과 일본에 대해 "노골적인 압력"을 행사하는 데 주저하지 않았다.[73] 2015년 4월 아베의 방미 이후 미국과 일본 사이의 관계가 핑크빛을 띠게 되고,[74] 설상가상으로 2013년 12월 아베의 야스쿠니 신사 방문 이후 꽤 오랫동안 이어졌던 냉각기를 깨고 자신과 비교적 가까웠던 시진핑 주석까지 아베와 회담을 갖자, 박근혜에게는 미국의 압력이 더욱 크게 느껴질 수밖에 없었을 것이다. 아베 역시 중국과의 영토 분쟁에 맞서기 위해서는 미국의 도움이 반드시 필요했기에 '위안부' 문제를 해결하라는 워싱턴의 요구를 거절하기 힘들었다.

안보담론을 통해 2015년 '위안부' 합의를 낳는 데 산파 역할을 맡았던 미국의 언론매체들이 자국의 승리를 축하하기 위해 팡파르를 연주한 것은 어떻게 보면 당연했다. 『뉴욕타임스』는 일본이 인정한 책임이 법적인 것인지 도덕적인 것인지 아직 모호하다고 분석하면서도,[75] 기본적으로 2015년 '위안부' 합의는 아시아의 안정을 위해 필요한 "기념비적" 결정이었다고 평가했다.[76] 『뉴욕타임스』는 훗날 2015년 '위안부' 합의는 피해자들의 목소리를 제대로 반영하는 데 실패했다는 '한 · 일 일본군위안부 피해자 문제 합의 검토 태스크포스'의 판단을 기사화함

73 Simon Tisdall, "Korean Comfort Women Agreement Is A Triumph for Japan and the US", *Guardian*, December 28, 2015; Gideon Rachman, *Easternisation: War and Peace in the Asian Century* (London, Bodley Head, 2016), p. 94.

74 Larry A. Niksch, "The Challenge for Park's Summit with Obama after Abe's Summit", Asan Forum: The US Perspective, October 12, 2015.

75 Sang-Hun Choe, "Apology, If Not Closure, for 'Comfort Women'", *New York Times*, December 29, 2015.

76 Jonathan Soble and Sang-Hun Choe, "'Comfort Women' Deal Angers Some", *New York Times*, December 30, 2015.

으로써 '위안부' 합의에 대한 재평가의 필요성을 열어놓았지만,[77] 2015년 당시에는 합의에 반대하는 세력들을 민족주의자들로 쉽게 규정하고 말았다.[78] 『월스트리트저널』은 『뉴욕타임스』보다 한 걸음 더 나아갔다. 『월스트리트저널』은 과거사 문제에 대해 강경했던 박근혜와 아베가 합의에 도달한 것을 1972년 닉슨의 중국 방문에 비유한 빅터 차(조지 W. 부시 행정부에서 백악관 국가안전보장회의 아시아 담당 국장을 역임)의 평가를 인용함으로써 2015년 합의의 역사적 의의를 부각시키려 했다.[79] 나아가 『월스트리트저널』은 '위안부' 합의에 대한 중국의 냉소적인 반응을 소개하면서, 공산주의자들은 오래전부터 자신들의 정통성을 지키고자 민족주의라는 카드를 즐겨 사용했다고 혹평함으로써 안보담론에 붉은 매카시즘까지 덧씌웠다.[80]

여전히 들리지 않는 '위안부'의 목소리

일본계 미국인 감독 미키 데자키의 2018년 다큐멘터리 『주전장』(*Shusenjo: The Main Battleground of the Comfort Women Issue*)은 한일 양국으로부터 비상한 관심을 받았다. 한국에서 데자키 감독의 다큐멘터리

---

77 Sang-Hun Choe, "South Korea Panel Faults 'Comfort Women' Deal", *New York Times*, December 28, 2017.

78 Jonathan Soble and Sang-Hun Choe, " 'Comfort Women' Deal Angers Some."

79 Jonathan Cheng, "Analysis: Tokyo, Seoul Still Have Differences", *Wall Street Journal*, December 29, 2015.

80 Chun Han Wong, "China Scorns 'Comfort Women' Deal", *Wall Street Journal*, December 30, 2015.

는 "일본군 '위안부' 문제를 대하는 일본 우익의 민낯을 낱낱이" 폭로했다는 평가를 받았다.[81] 그렇지만 '위안부' 문제를 계기로 드러난 일본인들의 인종차별적 편견과 여성 혐오를 카메라 렌즈에 담은 데자키 감독을 다큐멘터리에 등장하는 다섯 명의 일본 우익 인사들이 명예훼손 혐의로 고발한 사실에서 알 수 있듯이, 『주전장』에 대한 일본의 반응은 사뭇 달랐다. 『주전장』은 '위안부' 문제에 대한 한국과 일본의 인식이 어떻게 다른지를 객관적인 입장에서 영상으로 표현한 훌륭한 다큐멘터리이다. 특히, "일본 우익은 미국의 시각을 바꾸면 전 세계의 시각을 바꿀 수 있다고 믿죠"라는 감독의 말에서 알 수 있듯이,[82] 『주전장』은 일본이 '위안부' 문제에 관한 전선을 확장시켜 미국이 주전장이 될 수밖에 없었던 과정을 잘 보여준다. 실제로 하원 결의안 121 채택을 저지하기 위해 일본의 우익 단체 '역사사실위원회'는 『워싱턴포스트』에 「사실들」이라는 제목의 유료 광고를 실어 미국의 여론을 자신들에게 유리하게 바꾸고자 했다. 또한 미국 로스앤젤레스 북동부에 위치한 글렌데일시가 '위안부' 결의안 통과 5주년을 기념하기 위해 2012년 7월 30일을 '위안부'의 날로 정하고 이듬해 '위안부' 평화비를 설치하려 하자, '역사사실위원회'는 뉴저지에서 발간되는 일간지 『스타-레저』(*Star-Ledger*)에 5년 전과 유사한 내용의 유료 광고를 게재하여 '위안부' 모집의 강제성을 부인하려 했다. 심지어, 한국의 '탐사저널리즘센터' 보도에 따르면, 일본은 엄청난 액수를 지불하는 로비를 동원해 '위안부' 문제와 관련된 미국의 주요 의사 결정권자들에게 영향력을 행사하

81 이나영, 「'주전장'과 '영화 김복동'」, 『경향신문』, 2019년 7월 28일.

82 유선희, 「위안부 다큐 '주전장' 감독 "일 우익, 미국 움직여 전 세계 인식 바꾸려 해"」, 『한겨레』, 2019년 7월 22일.

고자 했다.[83]

그렇다면, 데자키 감독이 주장하듯이, 일본만 과연 미국을 상대로 '위안부' 전선을 확장시켰을까? 결코 그렇지는 않다. 한국 역시 미국을 '위안부' 문제의 공론화 장으로 끌어들였다. 위에서 보았듯이, 재미 한인들은 미국의 주요 도시에 '위안부' 동상들을 설치함으로써 일본의 만행을 고발하고자 했다.[84] 또한 '위안부' 문제 해결을 위해 한국의 시민단체 소속 활동가들은 트랜스내셔널 네트워크를 구축함으로써 일본에 압박을 가하고자 했는데, 미국은 이러한 네트워크의 핵심 국가였다.[85] 한편, 『주전장』이 놓치고 있는 또 하나의 더욱 중요한 주제가 있다면, 그것은 바로 '위안부' 문제에 대한 미국의 인식과 대응이다. 데자키 감독의 설명에 따르자면, 미국은 일본이 (그리고 마찬가지로 한국이) 상대방과의 양보할 수 없는 싸움에서 승기를 잡기 위해 자기편으로 만들어야 하는 수동적인 대상으로 표상된다. 하지만 미국은 처음부터 '위안부' 문제에 깊숙이 개입하고 있었다. 미국은 '위안부' 문제에 대해 단

83 뉴스타파-단비뉴스 공동취재팀(김지윤, 임보영, 이명주, 염선문), 「일본의 집요한 '위안부' 대미 로비 … 이슈마다 대응, 천만 달러 투입」, 『뉴스타파』, 2019년 7월 18일.

84 '위안부' 문제 해결을 위한 미주 한인들의 활동을 위해서는 다음 연구들을 참고할 수 있다. Linda Hasunuma and Mary M. McCarthy, "Creating a Collective Memory of the Comfort Women in the USA", *International Journal of Politics, Culture, and Society*, Vol. 32 (2019), pp. 145-162; Mary M. McCarthy and Linda Hasunuma, "Coalition Building and Mobilization: Case Studies of the Comfort Women Memorials in the United States", *Politics, Groups, and Identities*, Vol. 6, Issue 3 (2018), pp. 411-434.

85 트랜스내셔널 네트워크를 구축함으로써 일본군 '위안부' 문제를 해결하고자 했던 한국 활동가들의 노력을 위해서는 다음 연구를 참고할 수 있다. Mohita Roman, "Framing the Korean 'Comfort Women' Movement: Domestic Constraints and Transnational Alignments", Ph.D. dissertation, Monash University, Australia, 2011.

순한 방관자적 입장을 취하지도 않았거니와, 제3자의 입장에서 한국과 일본 사이의 과거사 분쟁을 조정하는 데 만족하지도 않았다. 오히려 미국과 미국의 주요 언론매체들은 '위안부'에 관한 고정되지 않은 의미들의 흐름을 정하고 '위안부' 논쟁의 경계를 설정함으로써 '위안부'에 관한 담론들의 구조와 윤곽을 주도적으로 구축하였다. 태평양전쟁이 종결되기 이전에 이미 미국은 일본군이 식민지 여성들을 성노예로 만들었음을 인지하고 있었음에도 불구하고,[86] 냉전을 구실로 오랫동안 그들의 범죄를 문제 삼지 않았다. 1990년대 초반 '위안부' 문제가 공론화된 이후에도 미국은 수동적인 입장에 머무르지 않았다. 본 연구가 규명하였듯이, 미국의 주요 언론매체들은 탈냉전시기가 도래하자 인권이라는 이름으로 일본을 단죄하였다. 인권담론은 '위안부'가 겪어야만 했던 참혹한 실상을 드러낸다는 미덕도 분명 지니고 있었으나, 서구와 제3세계 사이의 권력관계를 반영할 뿐만 아니라 관음증을 유발하는 포르노그래피적 상상에 의해 코드화되기 일쑤였다. 또한 미국의 신문과 잡지는, 마치 미국이 '위안부' 문제의 역사에 아무런 책임도 없다는 듯, '위안부' 문제를 한국과 일본 사이에서 벌어지는 민족주의적 갈등의 상징으로 보면서 중간자의 위치에서 두 나라 모두를 준엄하게 질책하기도 했다. 나아가 오바마 행정부가 "아시아로의 회귀" 전략을 천명한 이후 미국의 언론매체들은 '위안부' 문제를 아시아 안보를 교란시키고 미국의 이익을 위협할 수 있는 화약고로 파악함으로써 한국과 일본에게 문제 해결을 강압적으로 요구하기도 했다.

제2차 세계대전 이후 1990년대 초반까지 미국의 주요 언론매체들은

---

86 방선주, 「美國 資料에 나타난 韓人 '從軍慰安婦'의 考察」, 『국사관논총』 37(1992), 221-255쪽.

'위안부' 문제에 대해 침묵으로 일본과 공모했다. 그들의 오랜 침묵으로 말미암아 '위안부'는 그야말로 목소리도 들리지 않고 비가시적인 비(非)존재(non-being)일 수밖에 없었다. 이후 미국의 언론매체들은 인권담론, 민족주의적 갈등담론, 안보담론을 통해 '위안부'를 주체로 호명하는 모습을 보였다. 일본군 '위안부'는 이제 자신의 목소리를 전달할 수 있는 가시적인 존재로 바뀌는 듯했다. 하지만 이처럼 주체로 호명된 '위안부'는 "불가능한 주체"(impossible subject),[87] 즉 서발턴에 불과했다. '위안부' 피해자들은 자신들에 관한 신문 및 잡지의 텍스트 안에서도 독자에게 스스로의 이야기를 전달할 수 있는 주체-위치를 갖지 못하였으며, 설령 그들의 경험과 기억이 기사화되더라도 이내 탈컨텍스트화되면서 의미화 과정의 굴절과 파열을 피할 수 없었기 때문이다. '위안부'의 목소리와 그들의 경험은 무엇보다도 그들을 서발턴으로 구성한 언론매체 담론들의 "권력/지식관계를 바꾸지 않고서는" 우리에게 제대로 된 의미로 전달될 수 없었다.[88] 스피박이 주장하듯이, "말하기와 듣기는 발화 행위를 완성한다." 하지만 일본군 '위안부' 피해자들은 자신들의 목소리를 "들리게 할 수 없었"던 것이다."[89]

---

87 George Hartley, *The Abyss of Representation: Marxism and the Postmodern Sublime* (Durham and London, Duke University Press, 2003), p. 235.

88 John Beverly, *Subalternity and Representation: Arguments in Cultural Theory* (Durham and London, Duke University Press, 1999), p. 29.

89 Gayatri Chakravorty Spivak, "Subaltern Talk: Interview with the Editors", Donna Landry and Gerald MacLean, eds., *The Spivak Reader: Selected Works of Gayatri Chakravorty Spivak* (New York, Routledge, 1996), p. 292.

■참고 문헌

Auslin, Michael, "China's Diplomatic Hate Machine", *Wall Street Journal*, March 28, 2014.

Bosco, Joseph A., "The Ally of My Ally", *Weekly Standard*, Vol. 18, Issue 18 (2013).

Cheng, Jonathan, "Analysis: Tokyo, Seoul Still Have Differences", *Wall Street Journal*, December 29, 2015.

Choe, Sang-Hun, "South Korea Panel Faults 'Comfort Women' Deal", *New York Times*, December 28, 2017.

Choe, Sang-Hun, "Apology, If Not Closure, for 'Comfort Women'", *New York Times*, December 29, 2015.

Currie, Duncan, "The Unquiet Prime Minister", *Weekly Standard*, Vol. 12, Issue 31 (2007).

Deans, Phil, "Asia's Glass Houses", *Newsweek*, April 30, 2007.

Fackler, Martin, "Japan: Wartime Apology to Stand", *New York Times*, March 11, 2014.

Fackler, Martin, "No Apology for Sex Slavery, Japan's Prime Minister Says", *New York Times*, March 6, 2007.

French, Howard W., "Japan's Refusal to Revise Textbooks Angers Its Neighbors", *New York Times*, July 10, 2001.

French, Howard W., "Japan's Resurgent Far Right Tinkers With History", *New York Times*, March 25, 2001.

Fukuyama, Francis, "A Sorry Situation", *Wall Street Journal*, February 28, 2001.

Gale, Alastair and Jonathan Cheng, "China 'Charm Offensive' Aims at Seoul's Japan, U.S. Ties", *Wall Street Journal*, July 5, 2014.

Gold, Hal, "Japan's Battle to Rewrite Its War History", *Wall Street Journal*, May 16, 1997.

Greene, Marilyn, "'Comfort Women' Get Apology from Japan", *USA Today*, August 5, 1993.

Halpin, Dennis P., "Which Way Will Seoul Go?", *Weekly Standard*, Vol. 20, Issue 3 (2014).

"Japan Apologizes", *Wall Street Journal*, August 30, 1993.

Johnston, Eric, "Co-hosts More Like Rivals", *USA Today*, May 31, 2002.

Kase, Hideaki, "The Use and Abuse of the Past", *Newsweek*, April 2, 2007.

Kirk, Don, "Koreans Slice Their Fingers in Anti-Japan Rite", *New York Times*, August 14, 2001.

Kristof, Nicholas, "The Problem of Memory", *Foreign Affairs*, Vol. 77, Issue 6 (1998).

Kristof, Nicholas, "A Japanese Generation Haunted by Its Past", *New York Times*, January 22, 1997.

Lii, Jane H., "Looking Back; The Memories of a Comfort Woman", *New York Times*, September 10, 1995.

Lind, Jennifer, "The Perils of Apology", *Foreign Affairs*, Vol. 88, Issue 3 (2009).

"Mail Call", *Newsweek*, August 13, 2007.

Martin, Alexander, "Japan LDP Candidates Adopt Nationalist Tone", *Wall Street Journal*, September 26, 2012.

Mydans, Seth, "Maria Rosa Henson, 69, Dies; Victim of Japanese Brothels", *New York Times*, August 27, 1997.

Mydans, Seth, "Inside a Wartime Brothel: The Avenger's Story", *New York Times*, November 12, 1996.

"No Comfort", *New York Times*, March 6, 2007.

Onishi, Norimitsu, "Japan's Textbooks Reflect Revised History", *New York Times*, April 1, 2007.

Onishi, Norimitsu, "In Japan, A Historian Stands by Proof of Wartime Sex Slavery", *New York Times*, March 31, 2007.

Onishi, Norimitsu, "Departing Japanese Leader Shook Up Politics as Usual", *New York Times*, September 19, 2006.

"Reef Madness", *Wall Street Journal*, February 15, 1996.

Sanger, David E., "Japan Admits It Set Up Army Brothels", *New York Times*, July 7, 1992.

Schlesinger, Jacob M., "Japan Says Troops Forced Women Into Prostitution", *Wall Street Journal*, August 5, 1993.

Schlesinger, Jacob M., "Japan's Bid for World Leadership Haunted by War Past", *Wall Street Journal*, May 25, 1993.

Shapiro, Michael, "Sookan Grows Up", *New York Times*, November 10, 1991.

Soble, Jonathan and Sang-Hun Choe, "'Comfort Women' Deal Angers Some", *New York Times*, December 30, 2015.

Suk, Jeannie and Noah Feldman, "Japan's Uncomfortable History", *Wall Street Journal*, March 13, 2007.

"Tokyo's Mostly True Confessions", *Wall Street Journal*, July 8, 1992.

Wong, Chun Han, "China Scorns 'Comfort Women' Deal", *Wall Street Journal*, December 30, 2015.

"Words of Comfort", *Wall Street Journal*, March 28, 2007.

강민진,「일본 정부 위안부 첫 공식 사과, 그리고 26년이 흘렀다」,『한겨레』, 2018년 1월 29일.

길윤형,「'독도 밀약' 이명박 독도 방문으로 사멸」,『한겨레』, 2015년 6월 2일.

길윤형,「일 정부 "고노담화 검증팀 만들겠다"… 한일관계 '격랑'」,『한겨레』, 2014년 2월 28일.

뉴스타파-단비뉴스 공동취재팀(김지윤, 임보영, 이명주, 염선문),「일본의 집요한 '위안부' 대미 로비 … 이슈마다 대응, 천만 달러 투입」,『뉴스타파』, 2019년 7월 18일.

부형권 · 윤종구,「정부, 日총리 참배 강행 비난 … 여야도 일제히 규탄」,『동아일보』, 2001년 8월 13일.

서승욱,「NHK 회장 "위안부, 어느 나라에도 있었다" 망언」,『중앙일보』, 2014년 1월 27일.

유선희,「위안부 다큐 '주전장' 감독 "일 우익, 미국 움직여 전 세계 인식 바꾸려 해"」,『한겨레』, 2019년 7월 22일.

유신모,「'아시아 재균형' 에서 멀어지는 미국」,『경향신문』, 2015년 12월 7일.

윤정호 · 안용현,「日 '전쟁할 권리' 선포」,『조선일보』, 2014년 7월 2일.

이나영,「'주전장' 과 '영화 김복동'」,『경향신문』, 2019년 7월 28일.

이석구,「일군 '정신대 비문' 발견/일 정부 간여 첫 입증… 쟁점될 듯」,『중앙일보』, 1992년 1월 11일.

이종환,「中 "야스쿠니 신사 참배는 아시아 국가에 도전 행위"」,『동아일보』, 2001년 8월 13일.

정규재,「박근혜 정부 친중 노선의 귀착」,『한국경제』, 2016년 8월 8일.

정남구,「위안부 할머니 "망언철회 없는 하시모토 안 만난다"」,『한겨레』, 2013년 5월 23일.

Agamben, Giorgio, *Homo Sacer: Sovereign Power and Bare Life* (Stanford, Stanford University Press, 1998).

Allen, Matthew, "Okinawa, Ambivalence, Identity, and Japan", Michael Weiner, ed., *Japan's Minorities: The Illusion of Homogeneity* (New York, Routledge, 2009).

Arendt, Hannah, *The Origins of Totalitarianism* (Cleveland, Meridian Books, 1962).

Asahi Shimbun Company, *Media, Propaganda and Politics in 20th-Century Japan* (London, Bloomsbury Academic, 2010).

Badiou, Alain, *Ethics: An Essay on the Understanding of Evil* (London and New York, Verso, 2001).

Balibar, Etienne, "On the Politics of Human Rights", *Constellations*, Vol. 20, No. 1 (2013).

Bergen, Peter, *Trump and His Generals: The Cost of Chaos* (New York, Penguin, 2019).

Berger, Mark T., *The Battle for Asia: From Decolonization to Globalization* (New York, Routledge, 2004).

Beverly, John, *Subalternity and Representation: Arguments in Cultural Theory* (Durham and London, Duke University Press, 1999).

Chakrabarty, Dipesh, "Subaltern Studies and Postcolonial Historiography", *Nepantla: Views from South*, Vol. 1, No. 1 (2000).

Cohen, David and Yuma Totani, *The Tokyo War Crimes Tribunal: Law, History, and Jurisprudence* (Cambridge, Cambridge University Press, 2018).

Downey, Anthony, "Zones of Indistinction: Giorgio Agamben's 'Bare Life' and the Politics of Aesthetics", *Third Text*, Vol. 23, Issue 2 (2009).

Duchatel, Mathieu and Emmanuel Puig, "Chinese Reactions to the US Rebalance toward Asia: Strategic Distrust and Pragmatic Adaptation", Hugo Meijer, ed., *Origins and Evolution of the US Rebalance toward Asia: Diplomatic, Military, and Economic Dimensions* (New York, Palgrave, 2015).

Dülffer, Jost, "Contrition and Reconciliation in International Relations: A New Field of Historical Research?", Review of *Sorry States: Apologies in International Politics* by Jennifer M. Lind, H-Net Reviews, 2009.

Glaser, Charles L., et al., "Roundtable Discussion of Jennifer Lind's *Sorry States: Apologies in International Politics*", *Journal of East Asian Studies*, Vol. 9, No. 3 (2009).

Glosserman, Brad and Scott A. Snyder, *The Japan-South Korea Identity Clash: East Asian Security and the United States* (New York, Columbia University Press, 2015).

Gopalan, Lalitha, "Indian Cinema", Jill Nelmes, ed., *An Introduction to Film Studies* (New York, Routledge, 2003).

Gündoğdu, Ayten, "Potentialities of Human Rights: Agamben and the Narrative of Fated Necessity", *Contemporary Political Theory*, Vol. 11 (2012).

Hartley, George, *The Abyss of Representation: Marxism and the Postmodern Sublime* (Durham and London, Duke University Press, 2003).

Hasunuma, Linda and Mary M. McCarthy, "Creating a Collective Memory of the Comfort Women in the USA", *International Journal of Politics, Culture, and Society*, Vol. 32 (2019).

Hiebert, Murray, "Analyzing the US Rebalance to Asia", CPPR-Centre for Strategic Studies, ed., *The U.S. Rebalance and the Asia Pacific Region* (Kochi, CPPR-Centre for Strategic Studies, 2016).

Hook, Glenn D., Julie Gilson, Christopher W. Hughes, and Hugo Dobson, *Japan's International Relations: Politics, Economics, and Security* (New York, Routledge, 2001).

Itoh, Mayumi, *The Making of China's Peace with Japan: What Xi Jinping Should Learn from Zhou Enlai* (Singapore, Palgrave, 2017).

Kirchhoff, Suzanne M., *The U.S. Newspaper Industry in Transition* (Washington, DC, Congressional Research Service, 2010).

Koshiro, Yukiko, *Imperial Eclipse: Japan's Strategic Thinking about Continental Asia before August 1945* (Ithaca, Cornell University Press, 2013).

Liu, Chien, "Obama's Pivot to Asia and Its Failed Japan-South Korea Historical Reconciliation", *East Asia*, No. 35 (2018).

Lu, Sheldon Hsiao-peng, "National Cinema, Cultural Critique, Transnational Capital: The Films of Zhang Yimou", Sheldon Hsiao-peng Lu, ed., *Transnational Chinese Cinemas: Identity, Nationhood, Gender* (Honolulu, University of Hawaii Press, 1997).

McCarthy, Mary M. and Linda Hasunuma, "Coalition Building and Mobilization: Case Studies of the Comfort Women Memorials in the United States", *Politics, Groups, and Identities*, Vol. 6, Issue 3 (2018).

McLoughlin, Daniel, "Post-Marxism and the Politics of Human Rights: Lefort, Badiou, Agamben, Rancière", *Law Critique*, Vol. 27 (2016).

Niksch, Larry A., "The Challenge for Park's Summit with Obama after Abe's Summit", Asan Forum: The US Perspective, October 12, 2015.

Novak, Maximillian E., *Transformations, Ideology, and the Real in Defoe's Robinson Crusoe and Other Narratives* (Newark, University of Delaware Press, 2015).

Park, Andrew Sung, *Racial Conflict and Healing: An Asian-American Theological Perspective* (Eugene, Wipf & Stock, 1996).

Prakash, Gyan, "Subaltern Studies as Postcolonial Criticism", *American Historical Review*, Vol. 99, No. 5 (1994).

Rachman, Gideon, *Easternisation: War and Peace in the Asian Century* (London, Bodley Head, 2016).

Rancière, Jacques, "Who is the Subject of the Rights of Man?", *South Atlantic Quarterly*, Vol. 103, No. 2/3 (2004).

Roman, Mohita, "Framing the Korean 'Comfort Women' Movement: Domestic Constraints and Transnational Alignments", Ph.D. dissertation, Monash University, Australia, 2011.

Roscoe, Jane and Craig Hight, *Faking It: Mock-Documentary and the Subversion of Factuality* (Manchester, Manchester University Press, 2001).

Spivak, Gayatri Chakravorty, "Subaltern Talk: Interview with the Editors", Donna Landry and Gerald MacLean, eds., *The Spivak Reader: Selected Works of Gayatri Chakravorty Spivak* (New York, Routledge, 1996).

Tisdall, Simon, "Korean Comfort Women Agreement Is A Triumph for Japan and the US", *Guardian*, December 28, 2015.

U.S. Bureau of the Census, *Statistical Brief: Trade with the Pacific Rim* (Washington, DC, U.S. Department of Commerce, Economics and Statistics Administration, 1991: Report Number SB/91-12).

U.S.-China Economic and Security Review Commission, *2016 Report to Congress of the U.S.-China Economic and Security Review Commission, One Hundred Fourteenth Congress, Second Session, November 2016* (Washington, DC, U.S. Government Printing Office, 2016).

Vaughan-Williams, Nick, "The Generalised Bio-political Border? Re-conceptualising the Limits of Sovereign Power", *Review of International Studies*, Vol. 35 (2009).

Ward, Paul, *Documentary: The Margins of Reality* (New York, Columbia University Press, 2005).

Ward, Stephen J. A., "Truth and Objectivity", Lee Wilkins and Clifford G. Christians, eds., *The Handbook of Mass Media Ethics* (New York, Routledge, 2009).

Wiseman, T. P., *Clio's Cosmetics: Three Studies in Greco-Roman Literature* (Leicester, Leicester University Press, 1979).

Yoon, Bang-Soon L., "Imperial Japan's Comfort Women from Korea: History & Politics of Silence-Breaking", *Journal of Northeast Asian History*, Vol. 7, No. 1 (2010).

Zhang, Feng, "Challenge Accepted: China's Response to the US Rebalance to the Asia-Pacific", *Security Challenges*, Vol. 12, No. 3 (2016).

김준섭, 「북핵문제와 일본의 대응」, 『국제평화』 4(2007).

방선주, 「美國 資料에 나타난 韓人 '從軍慰安婦'의 考察」, 『국사관논총』 37(1992).

정용욱, 『언론의 역사분쟁 보도와 동아시아 평화』(경제인문사회연구회, 2016).

한·일 일본군위안부 피해자 문제 합의 검토 태스크포스, 『한·일 일본군위안부 피해자 문제 합의(2015.12.28) 검토 결과 보고서』(대한민국 외교부, 2017).

3장

인권과 민주주의를 위한 '나비효과'

프랑스의 '위안부' 문제 인식

민유기(경희대)

일본군 '위안부' 문제에 대한 관심 증가

프랑스에서 일본군 '위안부'는 학술적으로 익숙한 주제가 아니다. 학계의 관심사를 알아보기 위해 2020년 3월 초에 프랑스의 온라인 학술 논문 사이트들을 검색해보니 직접적으로 이 주제를 다룬 7편, 간접적으로 다룬 3편 총 10편의 학술논문만이 확인되었다.[1] 최초의 논문은 2003년에 발표되었다. 여성주의 작가이기도 한 파리 7대학 교수가 한국 최초의 '위안부' 피해자 다큐 영화로 1995년 4월에 개봉되었던 〈낮은 목소리〉의 변영주 감독과 했던 인터뷰를 논문으로 발표하면서 여성 인권 문제의 중요성을 강조한 것이었다.[2] 이후 여성에 대한 전시폭력을 비판한 레비(C. Lévy)의 논문, 같은 연구자가 2000년에 도쿄에서 개최된 '여성국제전범법정'을 국제적 여성운동의 성과로 고찰한 논문과 같은 주제를 비슷한 시각에서 고찰한 니시노(R. Nishino)의 논문, 이 법정의 법학적 의미를 다룬 몽다봉(C. Montavon)의 논문이 발표되었다.[3] 일본군

---

1 2020년 3월 6일 다음 세 사이트를 검색 조사한 결과이다. http://www.cairn.into, https://persee.fr, https://journals.openedition.org.

2 Young-Joo Byun & Helene Cixous, "A propos de l'affaire des 'femmes de reconfort' de l'armee japonaise", *Clio. Histoire, femmes et societes*, n.17 (2003), pp. 187-202.

3 Christine Lévy, "'Femmes de reconfort' de l'armee imperiale japonaise: enjeux politiques et genre de la memoire". *Online Encyclopedia of Mass Violence.*

성노예제에 대한 일본의 국가적 책임성을 제기한 논문, 2015년 한일 위안부 합의가 피해자들의 의견을 반영하지 않아 인권 차원의 문제 해결에 장애물을 만들었다는 논문도 발표되었다.[4] 간접적으로 이 문제를 다루는 논문들은 1990년대 이후 일본 평화운동의 흐름 소속에 '위안부' 문제를 다룬 논문, 1998년 일본의 국제형사재판소 로마조약 가입이 '위안부' 문제에 미칠 영향을 분석한 논문, 일본의 포스트식민 민족주의 담론 속에서 젠더 문제를 분석한 논문이 있다.[5]

프랑스어로 쓰인 연구 서적은 찾아보기 어려웠다. 프랑스 대학도서관들의 모든 소장 자료를 검색 가능한 웹사이트인 SUDOC에서 '위안부' 의 프랑스어 표기인 *femmes de réconfort*, 그리고 성노예제의 표기인 *esclaves sexuelles*를 검색하여 일본군 '위안부' 문제와 직접 관련되

---

https://hal.archives-ouvertes.fr/hal-01648090/ (last modified March 14, 2012). Christine Lévy, "Le Tribunal international des femmes de Tokyo en 2000. Une réponse féministe au révisionnisme?". *Clio. Femmes, Genre, Histoire*, n.39, (2014), pp. 129-150. Rumiko Nishino, "Le tribunal d'opinion de Tôkyô pour les 'femmes de réconfort' ", *Droit et Cultures Revue internationale interdisciplinaire*, n.58 (2009) pp. 75-84. Camille Montavon, "Le tribunal d'opinion de Tokyo pour les femmes de réconfort (2000): du silence à la (re)connaissance". *Revue interdisciplinaire d'études juridiques*, n.82 (2019), pp. 121-143.

4 Annie Jisun Bae, "De la responsabilite historique des Etats: le cas des 'femmes de reconfort' ". *Nouvelles Questions Feministes*, n.36 (2017), pp. 100-113. Jérémie Kouzmine, "Accord entre le Japon et la Corée du Sud concernant les ≪femmes de réconfort≫, une reconnaissance faisant obstacle aux reparations". *La Revue des droits de l'homme* (2016).

5 Jennifer Chan, "Le Mouvement Pacifiste Japonais depuis les années 1900", *Critique internationale*, n.37 (2007), pp. 51-69. Eric Seizelet, "Le Japon et la Cour pénale internationale: enjeux politiques et mémoriels", *Droit et cultures*, n.58 (2009), pp. 85-108. Naoki Sakai, "Le genre, enjeu politique et langage du nationalisme postcolonial japonais", *Cahiers du Genre*, n.50 (2011), pp. 41-64.

는 것을 정리하면 2020년 3월 말에 67권이 확인되는데, 한국어, 중국어, 일본어, 영어 연구서와 자료집이 대부분이고 독일어 연구서도 1권 존재한다. 하지만 프랑스어의 책은 영어로 쓰인 연구서의 번역본 1권, 한국에서 나온 만화 번역서 2권, 프랑스 소설가의 소설 1권,[6] 스위스 UNESCO 위원회가 발간한 무력분쟁과 젠더 문제 보고서 1권 총 5권이 전부였다.

비록 학술적 차원의 관심은 크지 않을지라도, 현대사의 중요한 문제로써 일본군 '위안부' 문제에 대한 관심은 프랑스에서 점점 증가했다. 2016년 8월 나탕(Nathan) 출판사에서 발간한 고등학교 2학년용 역사 교과서는, 제2차 세계대전을 다루는 장에서 아시아에서의 민간인 희생을 소개하며 난징 학살, 전시 징용에 이어 '위안부' 문제를 다음과 같이 소개하였다. "주로 한국 출신인 '위안부' 라고 불린 수만 명의 여성이 강제 매춘에 내몰렸다."[7] 프랑스에서 가장 인기가 있는 대중적 역사 잡지로 1978년에 창간된 월간지 『역사(*L'Histoire*)』는 2016년 6월호에 '위안부' 에 관한 논평을 실었다. 이 논평은 2015년 한일 위안부 합의의 실현이 피해 당사자들의 거부로 '정지된' 것으로 보인다는 문장으로 시작하며, 이 문제의 역사와 이로 인한 한일 갈등의 전개 과정을 소개한다.[8] 한편 '위안부' 피해자 이옥선의 증인을 기초로 김금숙 작가가 2017년 한국어로 출판한 만화책이 2018년 가을 프랑스에서 번역 출판되어 호

---

6 작가가 1995년 서울에서 만난 한국인 '위안부' 피해자의 증언을 기반으로 한 소설이다. Juliette Morillot, *Les Orchidées rouges de Shanghaï* (Paris, Presses de la Cité, 2001).

7 Guillaume Le Quintrec, ed., *L'Histoire 1re* (Paris, Nathan, 2016), p. 144.

8 Pierre-Francois Souyri, "Les femmes de reconfort: un esclavage d'etat?", *L'Histoire*, n.424 (2016), pp. 13-19.

평을 받았다.[9] 프랑스의 저명한 역사가로 프랑스혁명사 전공의 파리 1대학교 교수인 세르나(P. Serna)는 프랑스 일간지 『뤼마니테(*L'Humanité*)』에 이 만화책의 서평을 실어 "젠더, 인종, 식민화에 대한 성찰을 동반하는" 역사적 논쟁에 대한 하나의 최고의 답변이라며 독서를 권유했다.[10]

1931년 만주사변을 시작점으로 1945년 태평양전쟁 종결까지 소위 '15년 전쟁' 에서 일본 제국군이 직간접으로 관여한 성노예제 문제에는 젠더, 섹슈얼리티, 인종, 민족, 식민주의, 포스트식민주의, 집단기억과 역사 등과 관련된 복합적인 논쟁과 인식, 비판과 성찰이 교차한다. 이 문제에 대한 이해와 인식은 민족주의 서사를 넘어서, 글로컬 문제에 대한 세계 시민 의식의 수준을 측정할 수 있게 해준다. 프랑스는 계몽사상에 기초하여 대혁명 시기에 인류 최초의 '인간과 시민의 권리 선언' 을 공포한 나라로, 현대 세계에서 인권 문제를 중시하는 주요 국가들 가운데 하나이다. 따라서 프랑스 사회가 일본군 '위안부' 문제를 어떻게 이해하고 있는지 살펴보는 것은 해당 문제에 대한 글로벌 시각을 이해라는 데 큰 도움이 될 것이다.

프랑스 사회는 '위안부' 문제를 어떻게 인식할까? 이 질문에 답하기 위해서 여론 형성에 큰 영향을 미치는 일간지와 주간지에서 이 문제를 어떤 시각에서 분석하거나 평가하고 있는지 확인해 보고자 한다. 프랑

---

9 2017년 한국에서 출판된 『풀』은 2018년 *Grass*로 영어로 번역 출판되었고 같은 해 프랑스어로는 잡초를 뜻하는 *Les Mauvaises Herbes*로 번역 출판되었다. 이 책은 프랑스 일간지 『뤼마니테(*L'Humanité*)』가 2019년에 제정한 제1회 뤼마니테 만화상에서 심사위원 특별상을 수상했다.

10 Pierre Serna, "Bande dessinée. On les appelait les 'femmes de réconfort' ", *L'Humanité*, 15 Novembre 2018.

스의 전국적 일간지는 8개인데, 스포츠, 경제, 종교 전문지와 주로 국내 소식을 전하는 신문 1개를 제외한 『르피가로(*Le Figaro*)』, 『르몽드(*Le Monde*)』, 『리베라시옹(*Libération*)』, 『뤼마니테』 4종, 주간지 『렉스프레스(*L'Express*)』, 『롭스(*L'Obs*)』, 『르포앙(*Le Point*)』 3종의 온라인 아카이브에서 '위안부' 문제가 공론화된 1990년부터 2019년까지 약 30년 동안 관련 기사 288건 기사를 발견했다. 그 현황은 〈표 1〉과 같다. 일간지 기사에는 언론사의 일본이나 한국 통신원들의 흥미로운 기사들이 상당히 많다. 주간지는 온라인 아카이브에서 모두 2010년 발간 잡지부터 검색할 수 있었는데, 프랑스의 세계적 통신사인 AFP의 단신을 활용한 기사가 다수지만, 동아시아 전문가나 통신원이 쓴 흥미로운 분석 기사도 존재한다.

프랑스 일간지나 시사 주간지는 성향이 우파건 좌파건 상관없이 일본군 성노예 제도에 대한 일본의 책임과 사과 표명 및 배상 문제를 비판적 시각에서 인식하고 있다. 이 문제가 기본적으로 보편적 인권의 문제라고 파악하기 때문이다. 한국에서건 일본에서건 이 문제를 민족주의 시각에서 접근하는 것에 비판적이며, 피해자들의 정의 요구를 이해하

〈표 1〉 프랑스 주요 일간지와 주간지의 일본군 '위안부' 기사 통계

	매체명	성향	창간	보도 시기 기사 수	보도 시기
일간	르 피가로	중도우파	1826	31	2006~2019
	르몽드	중도좌파	1944	92	1992~2019
	리베라시옹	중도좌파	1973	38	
	뤼마니테	좌파	1904	20	
주간	르포앙	중도우파	1972	31	2010~2019
	롭스	중도좌파	1964	45	
	렉스프레스	중도좌파	1953	31	

고 이들을 옹호하는 시민운동에 긍정적이다. 좌파 언론의 경우 미국이 제2차 세계대전 직후 일본의 전쟁 범죄 처벌을 제대로 하지 못했기에 일본의 우파가 어두운 과거사를 미화할 수 있었다며 일본 우경화와 이의 원인 제공자 미국을 강하게 비판한다.

프랑스 언론의 일본군 성노예 관련 기사들은 크게 여성 인권 강화, 일본 정치의 우경화와 역사 수정주의 비판, 민주주의의 척도라는 세 가지 주요 담론을 생산했다. 아래에서는 이러한 세 가지 담론에 관련된 프랑스 언론 보도 내용을 검토하고, 동아시아 민주주의 미래를 위한 리트머스 시험지로써 일본군 '위안부' 문제의 역사적 의미를 분석하고자 한다.

여성 인권 신장에의 기여

1991년 8월 14일 피해자 김학순의 공개 증언으로 일본군 '위안부' 문제는 오랜 망각의 상태를 벗어났다. 1990년 11월에 설립된 한국정신대문제대책협의회(정대협)은 일본 총리의 방한을 앞둔 1992년 1월 8일 수요일 서울의 일본 대사관 앞에서 '일본군 위안부 문제 해결을 위한 정기 수요집회(수요집회)'를 시작했다. 프랑스 언론은 일본 총리의 방문 소식을 전하며 『르몽드』가 1992년 1월 17일자에 처음 이 문제를 기사화했다. 이 신문은 이어 7월 일본 정부가 '위안부' 문제를 조사해 발표한 결과가 불충분하다고 전하며, "감춰진 역사의 상흔이 비 온 뒤 대나무처

11 "Le Japon rattrapé par son passé. L'enquête sur le drame des quelque 200,000 femmes contraintes par l'armée impériale à se prostituer pendant la dernière guerre embarrasse le gouvernement", *Le Monde*, 5 Septembre 1992.

럼 커지고 있다"라고 보도했다.[11]

일본군 성노예제 피해자에는 다수의 한국인뿐 아니라 중국인, 필리핀인, 인도네시아인, 동남아시아 거류 유럽인 여성도 포함된다. 한국에서 시작된 일본군 성노예제 희생자들의 폭로는 구르는 눈덩이처럼 더욱 커져갔다. 1992년 여름에 『르몽드』는 인도네시아 거주 네덜란드 여성 35명이 일본군에 의해 1944년에 자바(Java)섬의 위안소로 보내졌다는 기사를 내보냈다.[12] 그러나 프랑스 언론에서 한국의 '위안부' 관련 기사들에 비해서 네덜란드인은 물론 필리핀인, 타이완인, 중국인 '위안부' 피해자에 관한 기사는 아주 가끔만 보도되었는데, 주로 일본의 관련 발언이나 행동에 대한 한국의 비판적 반응을 소개하는 기사 이후에 다른 나라의 '위안부' 피해자 상황 보도가 추가로 나왔다.

일본군 성노예 문제는 한 국가의 문제가 아니라 세계적인 보편적 인권 침해 문제였기에, 1990년대부터 피해자들의 정의와 문제 해결의 요구는 '글로벌 대의'가 되었으며, 이 문제의 해결은 여성 인권 운동을 위한 '결정적 발걸음'이 될 것이었다.[13] 그런데 다른 나라 피해자들은 한국에 비해 덜 조직적이고, 국제적 지지를 비옥하게 만들기에는 일본에 대한 항의와 국제사회에 대한 연대지지 호소의 강도도 약했다. 중국에서는 2016년 10월 상하이 사범대학 캠퍼스 내에 중국인 '위안부' 역사박물관이 개관하였는데, 이는 전적으로 중국 역사가 수질량(Su Zhiliang)의 개인적 노력 덕분이었다. 이를 보도한 프랑스 주간지는 중국공산당이 국제무대에서 일본을 약화하려는 수단으로만 '위안부' 문제를 다룬

---

12 "Pendant la dernière guerre, en Indonésie L'armée japonaise a contraint de jeunes Néerlandaises à se prostituer", *Le Monde*, 30 juillet 1992.

13 *L'Obs*, 21 Novembre 2016.

다는 규슈대학교 소속 영국인 연구자 에드워드 빅커(Edward Vickers)의 말을 인용했다.[14] 그의 인식이 일본의 시각을 일부 반영하고 있을지라도, 일본군 성노예제 문제에 대한 중국 정부나 시민사회의 대응이 한국 정부나 시민사회에 비해 적극적이지 않은 것은 어느 정도 사실이다.

따라서 1990년대 이래 '위안부' 문제를 국제사회에 널리 알리며 글로벌 여성 인권 운동에 크게 기여한 것은 한국의 시민사회 운동이었다. 1993년 4월 14일 수요집회에서 정대협 공동대표 중 한 명이었던 이효재가 당시 유고슬라비아 전쟁에서 광범위하게 자행되던 여성 강간을 비판하며 이 같은 범죄가 더 이상 발생하지 않도록 일본군 '위안부' 문제를 세상에 널리 알려야 하고, 책임자가 사과해야 한다고 발언한 것이 프랑스 신문에 보도되었다.[15]

일간지 『리베라시옹』은 2007년 3월 특파원을 보내 700회 수요집회에 참가한 일본군 성노예 피해자 인터뷰 내용을 포함하는 기사를 냈고, 주간지 『롭스』는 2011년 12월 천 번째 수요집회에 참가한 서울 거주 프랑스 작가이자 언론인 스테판 모(Stéphane Mot)의 기사를 실었다. 이 기사는 천 번째 수요집회에 세계 각지의 시민과 모든 연령대 활동가들이 참가했다고 전하며, 정의를 위해 피해자들이 일본 정부에 요구하는 7개 사항인 일본의 전쟁범죄 인정, 성노예제 진상 규명, 일본의 공식 사죄, 법적 배상, 책임자 처벌, 역사 교과서에 성노예제 범죄 서술, 피해자 위령탑 및 관련 역사사료관 건립을 소개했다.[16]

---

14 "A Shanghaï, la mémoire des 'femmes de réconfort' en ruines", *L'Obs*, 8 Mars 2017.

15 *Le Monde*, 16 Avril 1993.

16 Stéphane Mot, "A Séoul, les 'femmes de réconfort' de l'armée japonaise réclament justice", *L'Obs*, 15 décembre 2011.

1991년 8월 김학순의 증언 이후 일본 정부는 '위안부' 문제에 대한 조사에 나서 1993년 8월 4일 '위안부 관계 조사결과 발표에 관한 고노 내각관방장관 담화', 이른바 '고노담화'를 발표해 이 문제에 대한 책임을 처음으로 인정하였다. 일본의 보수 세력인 자민당은 1993년 7월 18일 총선에서 패배해 8월 9일 비자민당 연립정권이 수립되었는데, 자민당이 정부를 구성하지 못한 건 1955년 이후 처음이었다. 1994년 6월에는 사회당의 무라야마 도미이치(村山 富市)가 총리직에 올라 1996년 1월까지 재임했다. 그의 재임 시기였던 1995년 7월 일본에서는 '위안부' 생존자 지원을 위한 '아시아여성기금(AWF)'이 민간의 모금으로 설립되었다. 프랑스 한 신문은 이를 소개하면서 미약한 경제적 지원이 일본 국가의 책임성을 면제하는 경향이 있다는 희생자들의 인식과, 희생자 대부분이 일본의 국가적 책임성에 대한 공식 인정이 없는 민간 차원의 기금 지원에 반대했다는 것을 보도했다.[17] 일본의 대표적 여성운동 활동가 우에노 치즈코(上野 千鶴子)는 저서에서, 시민은 '지원'과 '연대'를 하지만 국가를 대신해 '사죄'와 '보상'을 할 수는 없기에, 이 기금으로 시민의 책임을 표현하는 것과는 별도로, 국가가 책임을 보이도록 압박해야 했었는데 일본 여성운동의 역량 부족으로 그러지 못했다고 평가했다.[18]

국가의 책임성을 압박하지는 못했지만 일본의 시민운동 단체들은 1998년 일본 VAWW-NET를 설립해 한국의 정대협 등 국제 여성운동 그룹들과 연대하며 '위안부' 희생자들의 명예와 정의 회복을 위해 노력

17 *Libération*, 15 Août 1996; 16 Août 1996.

18 Ueno Chizuko, 이선이 옮김, 『위안부를 둘러싼 기억의 정치학: 다시 쓰는 내셔널리즘과 역사』(서울: 현실문화, 2014), 268쪽.

했다. 그 결과 2000년 12월 도쿄에서 여성국제전범법정을 개최했다. 프랑스 언론들은 이 법정이 사법적 차원에서 실제적인 효력은 없지만, 전시의 여성 강간이 '필요악'이 아니라 '반인도적 범죄'임을 규정했고, 당시 일본 천황 히로히토(裕仁)를 포함하는 피고 10명에게 유죄를 판결했음을 알렸다. 그리고 이 법정이 "보스니아, 코소보, 르완다, 티모르, 체첸 분쟁들에서 여성에 가해진 모든 폭력에 참고가 될 것"이라는 일본인 인권운동가 콜린 고바야시(Kolin Kobayashi)의 발언을 소개했다.[19]

한국의 '위안부' 피해자들은 2011년 3월 수요집회에서 "인간의 고통과 슬픔을 누구보다 더 잘 안다며" 일본 도호쿠(東北) 지진 쓰나미 피해자들을 돕는 모금을 했고, 이는 프랑스 언론인에게 인도적 차원에서 이웃 나라의 재난 피해자를 돕고자 하는 "가장 감동적인 자발적 행동"으로 평가되었다.[20] 2013년 5월 극우파인 오사카 시장이 전쟁에서 '위안부'가 필요했으며, 오키나와 미국기지의 미군도 사창가를 방문하기에 성폭력이 줄어든다고 발언해 논란을 일으켰다. 이에 오키나와 여성단체들은 전시건 아니건, 여성을 남성의 성적 욕망을 위한 도구로 이용하는 생각을 참을 수 없다며 항의했다.[21] 일본의 '위안부' 문제 전문 역사가인 요시미 요시아키(吉見義明)는 1982년부터 1987년까지 일본 총리였던 나카소네 야스히로(中曾根 康弘)가 1978년에 출간한 태평양전쟁 기간의 해군 장교 복무 회고록에서 병사들에게 성 서비스를 하는 '위안소'를 설치했다고 언급했을 때는 논란거리가 아니었으나, 지금이라면 분

---

19 Dominique Bari, "Tokyo. Ouverture aujourd'hui du Tribunal international des crimes de guerre contre les femmes", *L'Humanité*, 7 décembre 2000.

20 Philippe Mesmer, "La Coree du Sud se mobilise pour venir en aide a son voisin japonais", *Le Monde*, 21 Mars 2011.

21 *Le Figaro*, 16 Mai 2013.

명 논란이 된다고 2007년에 한 프랑스 언론인에게 얘기했다.[22] 1990년대 초부터 정의를 요구한 한국의 '위안부' 피해자들의 외침은 분명 글로컬 차원에서 성 인식과 젠더 인식, 그리고 무엇보다 인권 인식의 개선에 기여했다.

일본의 불충분한 책임성 인정과 사과, 배상 거부는 지속적으로 한일 관계를 악화시킨 주요 요인들 중 하나였다. 태평양전쟁 종전 70주년이자 한일 국교 정상화 50주년인 2015년 연말에 발표된 한일 위안부 합의 소식은 대부분의 프랑스 신문과 주간지에서 다루어졌는데, 합의 발표일인 12월 28일부터 30일까지 연이은 기사들은 '역사적 합의'라는 표현을 쓰면서도 한국과 일본에서의 비판과 우려를 전했다.[23] 관련 기사들은 협상에서 피해자가 배제되었기에 정의보다는 정치적 의미를 지닌 합의라는 국제 엠네스티(Amnesty International) 일본인 전문가의 발언, 한국 '위안부' 피해자나 시민사회 활동가 발언을 자주 인용하면서, 합의에 대한 한국인들의 비판 이유를 다음과 같이 소개했다. 첫째, 희생자 뜻이 반영되지 않은 정치적 외교적 합의에 불과하다. 둘째, 일본 정부가 피해자의 존엄성과 인권 회복을 위한 완전한 법적 책임을 지지 않았다. 생존 '위안부' 피해자를 위한 경제적 지원이 공식 배상이 아니라 단순 지원금이다.

몇 년 뒤 프랑스 한 신문은 2015년 합의가 서명된 문서도 없고, 두 나라 언어 표현에 논란이 일 경우 객관으로 정확한 의미를 파악하게 해 줄 영어 번역도 없이, 피해자를 배제한 채 "논란을 종식시킨다는 불가능한

22 *Le Figaro*, 26 Mars 2007.

23 『르몽드』는 12월 28일, 29일, 30일, 『리베라시옹』과 『르피가로』는 각각 12월 29일과 30일 관련 기사를 게재했다.

목적을 미비한 보상과 함께 이루려 했다"고 평가했다.[24] 2015년 합의 이후 일본은 2011년 12월 천 번째 수요집회에서 시민단체가 일본 대사관 앞에 성노예제 피해자의 상징으로 건립한 '평화의 소녀상'을 철거하라고 요구했다. 일본은 한국 정부와 동상 이전을 합의했다고 주장했는데, 한국 정부는 동상의 이전 문제를 관련 시민단체와 협의하겠다는 것이 양국의 합의 내용이라고 밝혔고 프랑스 언론은 두 입장을 동시에 소개했다.[25] 일본의 성노예 피해자를 기리는 동상 철거 요구는 샌프란시스코에서도 논란이 되었다. 이에 코네티컷(Connecticut) 대학교의 역사학 교수 알렉시스 더든(Alexis Dudden)은 『르피가로』에 일본이 세계 각지에서 '위안부'를 기억하는 동상의 설치를 반대하는 것을 다음과 같이 비판했다.

> 몇몇은 역사적 인물들이 저지른 과오 때문에 그들의 동상을 해체해야 한다고 주장하지만, 일본은 희생자들의 동상 파괴를 요구하는 유일한 나라다. 어떤 선진국도 이처럼 정부 차원에서 역사적인 부정을 강요하지 않는다.[26]

일본이 철거를 요구한 샌프란시스코의 '위안부' 피해자 추모 동상은 시민 단체들의 요청을 시장 에드윈 리(Edwin Lee)가 수용하여 2017년 9월에 세워졌다. 샌프란시스코 시는 해당 동상이 "성노예와 인신매매의 끔찍한 상황을 견뎌야 했던 모든 여성들이 직면했던 투쟁의 상징"이라며

---

24 Régis Arnaud, "La Corée du Sud et le Japon s'écharpent sur la question des femmes de réconfort", *Le Figaro*, 17 janvier 2018.

25 "Femmes de réconfort: une statue, objet de contentieux entre Séoul et Tokyo malgré l'accord", *L'Obs*, 6 janvier 2016.

26 *Le Figaro*, 17 Janvier 2018.

일본의 철거 요청을 수용하지 않았고,[27] 이에 오사카 시는 1957년부터 맺어온 자매도시 관계를 종식한다고 샌프란시스코 시에 통보했다.

1994년 국제법학자위원회(International Commission of Jurists)는 '위안부' 보고서에서 피해자에 대한 일본의 법적 도덕적 의무를 환기시켰다. 유엔 인권위원회는 1996년 쿠마라스와리(R. Coomaraswamy) 보고서와 1998년 맥두걸(G. McDougall) 보고서를 통해서 일본군 성노예에 대한 일본의 책임을 강조해왔다. 유엔 인종차별철폐위원회는 2018년 8월에, 희생자 중심의 접근 방식으로 '위안부' 문제에 대한 지속적인 해결책을 보장할 것과 여성의 인권 침해에 대한 책임을 수용할 것을 일본 정부에 권고했다. 국제기구의 이런 입장은 프랑스 언론에 지속적으로 보도되었다. 1990년대 최초의 증언자들 중 한 명으로 1993년 오스트리아 빈에서 열린 유엔인권위원회 회의에서 일본군 성노예 피해 사실을 증언한 김복동이 2019년 2월, 92세로 사망하자 많은 매체가 이를 보도했다. 그 중 한 신문은 그녀가 돈이 아니라 명예를 위해 일본의 진정한 사과와 배상을 요구하며 싸웠다며, 그녀를 여성인권 투사로 표현했다.[28] 일본의 여성 언론인 이토 시오리(伊藤 詩織)는 자신의 강간 피해 경험을 쓴 2007년의 책이 2009년 프랑스어로 번역 출판되어 프랑스 언론과 인터뷰를 할 때, 한국인 '위안부' 피해자를 만나 자신의 드라우마를 처음 세상에 얘기할 수 있었던 것이 인생의 가장 중요한 순간이었다고 말했다.[29]

---

27 Philippe Mesmer, "L'hommage aux 'femmes de réconfort' hérisse les nationalistes japonais", *Le Monde*, 12 Octobre 2018.

28 *Le Monde*, 6 Février 2019.

29 *L'Obs*, 12 Mai 2019.

일본의 역사 수정주의

'위안부' 피해자들의 투쟁은 여성인권 향상에 기여했을 뿐 아니라, 일본의 전쟁 범죄들을 세상에 널리 알렸다. 1993년 8월 4일 고노담화는 일본 정부의 조사 결과를 발표하면서 일본의 책임을 인정하고 '사과와 반성의 마음'을 표현했다. 고노담화가 발표되자 프랑스 언론은 긍정과 동시에 우려를 제기했다.[30] 문제 해결을 위한 "작은 한 걸음"을 옮긴 것이고, 일본 정부가 '위안부'의 존재를 더 이상 부정하지는 않지만 일본 정부가 "여전히 모든 것을 인정하기를 원치 않는다"고 파악했기 때문이다.[31] 일본군 '위안부' 피해자들은 고노담화 이후 진정한 사과와 아시아여성기금(AWF)의 민간 지원이 아닌 정부의 배상을 원했으나, 일본의 후속 행동은 없었다. 오히려 전후 세대로 2006년 9월에 자민당 대표

30 고노담화의 주요 내용은 다음과 같다. 장기간에, 또한 광범한 지역에 걸쳐 위안소가 설치되어 수많은 위안부가 존재했다는 것이 인정되었다. 위안소는 당시의 군 당국의 요청에 의해 설영된 것이며, 위안소의 설치, 관리 및 위안부의 이송에 관해서는 구 일본군이 직접 혹은 간접적으로 이에 관여하였다. 위안부의 모집에 대해서는, 군의 요청을 받은 업자가 주로 이를 맡았으나, 그 경우에도 감언, 강압에 의하는 등, 본인들의 의사에 반하여 모집된 사례가 많이 있으며, 더욱이 관헌 등이 직접 이에 가담하였다는 것이 명확하게 되었다. 또한, 위안소에서의 생활은 강제적인 상태에서의 참혹한 것이었다. 또한, 전장에 이송된 위안부의 출신지는, 일본을 제외하면 조선반도가 큰 비중을 차지하고 있었으나, 당시의 조선반도는 일본의 통치하에 있어, 그 모집, 이송, 관리 등도, 감언, 강압에 의하는 등, 대체로 본인들의 의사에 반해 행하여졌다. 결국, 본 건은 당시 군의 관여하에서, 다수의 여성의 명예와 존엄에 깊은 상처를 준 문제이다. 정부는 이 기회에, 다시금 그 출신지의 여하를 묻지 않고, 이른바 종군위안부로서 허다한 고통을 당하고, 심신에 걸쳐 씻기 어려운 상처를 입은 모든 분들께 사과와 반성의 마음을 올린다.

31 Dominique Bari, "200.000 femmes prostituées de force pendant la guerre", *L'Humanité*, 6 Août 1993.

와 총리가 된 우파 아베 신조(安倍 晋三)는 2007년 3월 고노담화가 "너무 멀리 나갔다"며 '위안부' 모집에 강제성의 증거가 없다고 발언했다.[32] 이때는 일본군 성노예에 대한 일본의 인정, 사과, 역사적 책임 수용을 요구하는 미국 연방합동의회의 '위안부' 결의안(HR121)이 논의되던 때였다. '위안부' 피해자 이용수는 당시 미국 의회의 청문회에 출석해 '내가 살아있는 증거다' 고 외쳤고, 도쿄 주재 미국 대사도 '위안부' 는 강제 매춘부였다고 발언했다.[33] 아베 총리는 결국 고노담화를 수정하지는 않겠다고 발표했지만, 피해자에게 "새로운 공식 사과"를 하지 않았으며 HR121의 호소를 "무시했다."[34]

건강 문제로 2007년 9월에 총리에서 물러난 아베는 2012년 9월 다시 자민당 대표로, 12월에는 다시 총리로 선출되었다. 첫 번째 집권 때와 마찬가지로 아베 내각은 2014년 2월 다시 '위안부' 증언에 대한 재검증과 고노담화의 수정 가능성을 언급했고, 우익을 대변하는 『산케이(産經) 신문』도 이를 적극 동조하자 프랑스의 한 신문은 일본이 "아시아에서 증오를 증가시키는 기억 전쟁을 새로 시작"했다고 비판했다.[35] 고노담화의 수정은 이뤄지지 않았지만, 이 담화가 나왔을 때부터 더 진정한 사과와 후속 행동을 요구한 피해자들과 이들을 지원하는 시민단체는 일본 정부가 책임을 인정한 첫걸음조차 계속해서 부인하려 한다고 생각하게 되었다.

일본군 성노예 문제 공론화는 식민지배와 15년 전쟁에 관한 '판도라

32 *Le Monde*, 6 Mars 2007.

33 *Libération*, 20 Mars 2007.

34 *Le Monde*, 26 Mars 2007; *Le Monde*, 29 Juin 2007.

35 *L'Humanité*, 25 Février 2014.

의 상자' 를 여는 것이었다.[36] 1994년 6월에 총리에 선출된 사회당의 무라야마 도미이치는 1995년 8월 15일 '식민지배와 침략' 으로 아시아인에게 손해와 고통을 주었다며, 반성과 사죄를 표명하는 종전 50주년 담화를 발표했다. 『르몽드』는 이를 보도하면서 독일과는 다르게 무라야마담화가 "여전히 역사와 집단기억에 대한 심층적인 연구에 수반되지 않고 있으며, 따라서 이는 구세대와 신세대들에게 과거사에 대한 명확하고 일관성 없는 시각" 을 제공하는 것이라고 문제점을 지적했다.[37]

그런데 무라야마의 뒤를 이어 1996년 1월 총리가 된 자민당의 하시모토 류타로(橋本 龍太郎)는 이런 문제점을 해소하는 것과는 반대로 어두운 과거사를 회개하기 위한 활동을 질식시켰다. 그는 1996년 7월 태평양전쟁의 전범 유해가 안치된 야스쿠니(靖國) 신사를 방문했다. 일본의 총리가 이곳을 마지막으로 방문한 이후 11년 만이었다. 이 방문은 프랑스 언론인에게 '위안부' 에 대한 공식 사과의 '지속적인 회피' 를 상징하는 것으로 인식되었다.[38] 이후에도 2006년에 고이즈미 준이치로(小泉 純一郎) 총리는 다른 날도 아닌 일본 제국주의로부터 아시아가 해방된 날인 8월 15일을 의도적으로 선택해 야스쿠니 신사를 방문했다. 2013년 12월에는 아베 총리가 야스쿠니 신사를 방문하는 등 매년 되풀이되는 일본 정치인들의 전범 참배를 전하는 기사들에는 이러한 방문이 난징학살과 '위안부' 를 부정하는 행동으로 보인다는 설명과 중국과 한국의 반발을 소개하였다.[39]

---

36 *Le Monde*, 12 Août 1993.

37 *Le Monde*, 18 Août 1995.

38 Philippe Pons, "Nouvelle controverse entre Tokyo et ses voisins à propos du passé militariste nippon", *Le Monde*, 31 Juillet 1996.

일본의 보수주의 우파는 중학교 역사 교과서들에 '위안부' 서술이 등장하자 1996년 말에 '새로운 역사 교과서를 만드는 모임'(새역모)을 결성해 역사 교과서에서 '위안부' 서술을 삭제하고 식민지배와 전쟁범죄를 축소하거나 미화하는 활동을 전개했다. 1997년 8월 정부의 역사 교과서 검열에 맞서 싸워온 역사가 이에나가 사부로(家永 三郞)가 국가의 교과서 검열을 비판하며 제기한 소송에 대한 일본 최고 재판소의 최종 판결이 나왔다. 이 판결은 난징 학살, 전시 성범죄, 인체를 대상으로 생화학 무기 실험을 한 731부대 서술을 검열한 것이 위헌적이며 문부성의 일부 재량권 남용임을 인정했다. 이 소송 결과를 보도한 프랑스 신문은 사법부의 판결이 정부의 공식적 역사 부정주의에 하나의 틈을 냈다고 평가했다.[40] 2001년 새역모가 만든 역사 교과서가 일선 학교에서 거의 채택되지 못하자, 공적 지원을 받는 공립 장애인 학교에 배포하려는 구상을 1994년의 노벨문학상 수상자 오에 겐자부로(大江 健三郞)가 비판했다는 소식이 프랑스 신문 보도를 통해 프랑스 사회에 알려졌다.[41]

새역모가 만든 역사 교과서는 2005년에도 논란을 야기했다. 이를 소개한 기사는 일본에서는 "때때로 진실을 대면하기가 힘들다"며 성노예 문제에 침묵하는 역사 교과서를 비판했고, 일본 우파가 공개적으로 '부끄러운 민족주의'를 드러낸다고 분석했다.[42] 일본 우파와 극우파는 자학사관을 탈피하고 '민족적 자긍심'을 강화하도록 역사를 재해석하고 다시 쓰자는 역사 수정주의를 확산시켰다. 이는 전쟁범죄를 부정하는

---

39 예를 들어 2006년 8월15일 고이즈미 준이치로 총리 야스쿠니 신사 방문 기사 *Libération*, 18 Août 2006. 2013년 12월 아베 총리 방문 기사 *L'Obs*, 9 Janvier 2014.

40 *Le Monde*. 31 Août 1997.

41 *Libération*, 9 Août 2001.

42 Dominique Bari, "Les trous de memoire du Japon", *L'Humanite*, 7 Avril 2005.

역사 부정주의 혹은 부인주의와 동전의 양면이었고 일본의 보수주의 세력에게 환영받았다.

프랑스 언론은 일본 정치의 우경화에 대해 매우 비판적 입장을 보였다. 프랑스인들의 상식적 차원에서 민족주의에 경도되어 자국이 저지른 전쟁범죄를 부인하거나 침략의 역사를 수정하려는 우파는 합리적인 우파가 아니라 유사 파시스트 집단으로 인식되기 때문이다. 또한 프랑스 언론은 일본의 우경화에 대해서 미국에 책임이 있다며 지속적으로 미국을 비판했다. 일본이 원자폭탄의 희생자라고 스스로 강조하는 것이 역사 수정주의를 가능하게 만든 한 요인이지만, 근본적으로는 미국이 아시아에서의 반공산주의를 일본의 민주화보다 우선시해서 전범인 기시 노부스케(岸 信介)가 1950년대 말에 총리가 되는 등 전쟁범죄 청산에 실패했기 때문이라고 분석한다.[43]

냉전을 구실로 미국은 제2차 세계대전이 종식되고 1946년부터 1948년까지 열린 극동국제군사재판 혹은 도쿄 전범재판에서 주요 전범들을 석방했고 성노예와 731부대 문제를 "완전히 무시했다."[44] 나치를 단죄한 뉘른베르크 전범재판과 달리 도쿄 전범재판은 히로히토 천황에 면죄부를 주어 "정의를 부정"했고 "일본의 기억상실증"의 시작점이 되었다.[45] 냉전이 끝난 이후 미국은 국제무대에서 일본의 군사적 역할을 요구했다. 일본 자위대는 1991년 페르시아만에 파병되었다. 일본은 1992년에 유엔평화유지 활동 참가를 허용하는 법을 만들었으며, 2001년 9.11테러 이후에 미국의 대테러전쟁을 지원하기 위해 아프가니스탄과

---

43 *Le Monde*, 8 Juin 1995.

44 *L'Humanité*, 1 Décembre 2000.

45 Philippe Pons, "Hirohito et l'amnésie japonaise", *Le Monde*, 11 Janvier 2001.

이라크에 파병했다. 『뤼마니테』는 반복적으로 난징학살, 성노예, 731부대를 부인해온 일본의 군사적 팽창을 비판적 시각에서 소개했다.[46]

2010년 일본의 한국 강점 100주년을 맞아 민주당 일본 총리 간 나오토(菅 直人)는 식민지배에 대해 반성과 사과를 표명한 담화를 발표했지만, 강제 병합의 불법성 인정이나 '위안부' 문제는 직접적으로 언급 하지 않았다. 이에 시드니 대학의 교수 리오넬 바비츠(Lionel Babicz)는 『르몽드』를 통해 이 담화가 "놓쳐버린 기회의 쓰디쓴 뒤 맛"을 남길 거라며, 일본이 "여전히 생생한 상처들"을 숨기려 한다고 평가했다.[47] 일본에서 2009년부터 2012년까지는 민주당이 집권했기에, 그나마 한국 강제 병합에 대한 반성과 사과가 가능했을 수도 있다. 2012년 말 자민당의 선거 승리로 아베 신조가 다시 총리가 되었다. 프랑스 언론은 태평양전쟁의 전범이었던 기시 노부스케가 아베의 외할아버지라는 사실을 자주 언급하며 아베 총리의 극우적 배경을 분석했다. 『리베라시옹』의 쿄토 통신원은 일본의 민족주의 우파가 권력자를 친구로 두었으며, 일본은 "그들의 과거를 대면하도록 압박받은 적이 없다"며 독일에 비해 과거를 대면하는 방식에서 "분명히 뒤쳐진 자리에" 머무른다고 비판했다.[48]

일본 공영방송국인 NHK 회장은 2014년 '위안부'가 전쟁 중의 모든 나라에 일반적이었다며, 1년 전 오사카 시장과 같은 망언을 했다. 이를 소개한 프랑스 신문의 기사는 극우파의 도발적 발언들이 2012년 아베

---

46 *L'Humanité*, 6 Août 2005.

47 *Le Monde*, 15 Septembre 2010.

48 Arnaud Vaulerin, "Au Japon, 'la droite nationaliste sait qu'elle a un ami au pouvoir'", *Libération*, 27 Février 2014.

의 재집권 이후 자유로워진 것 같다고 우려를 표했다.[49] 일본의 한 역사학자는 프랑스 신문과의 인터뷰를 통해 일본의 우파 정치가들은 독일과 달리 과거사의 과오에 대해 사과를 표현했더라도 과거를 직시하지는 않는다고 말했다.[50] 프랑스의 기자는 일본 지도층의 역사 수정주의 야심을 반영하는 '위안부' 에 관한 되풀이되는 망언은 기존에 표명한 반성이 '진정한 것이 아니다' 는 한국인들의 의심을 커지게 했다고 분석했다.[51]

미국의 중요한 두 동맹인 한국과 일본 사이 갈등의 심화는 중국의 부상을 견제하기 위해 상호 안보 동맹을 강화하려던 버락 오바마(Barack Obama) 대통령의 동아시아 전략 구상에 장애가 되었다.[52] 북한의 핵 위협에 맞서 한미일 사이 '굳건한 3자 협력' 이 유지되어야 한다는 오바마 행정부의 존 케리(John Kerry) 국무장관의 발언을 소개한 프랑스 신문은, 미국이 동아시아에서 "역사의 무게를 과소평가했다" 라는 연세대 교수 존 델루리(John Delury)의 발언을 인용하며 동아시아 역사분쟁에 대한 미국의 올바른 이해 필요성을 환기시켰다.[53] 2014년 4월 한국을 방문한 미국의 오바마 대통령은 기자회견에서 '위안부' 피해자들이 "끔찍하고 비참한 인권 침해" 를 당했음을 누구라도 인정해야 한다고 발언했고, 이를 소개한 『르몽드』 기사는 일본은 역사에서 정치와 안보 문제를 분리하기를 원하지만 주변국들과 미국은 그렇지 않다고 분석했다.[54]

---

49 *L'Humanité*, 5 Février 2014.

50 *Libération*, 22 Mai 2013.

51 *L'Obs*, 10 Mars 2014.

52 *Le Monde*, 23 Avril 2014.

53 Sébastien Falletti, "Les tensions entre Tokyo et Seoul fragilisent le 'pivot' d'Obama vers l'Asie", *Le Figaro*, 15 Février 2014.

그런데 일본의 미군정 시기에 미군이 일본에서 '위안부'와 유사한 시스템을 이용했기에 이 문제에 대해 미국은 일본을 강하게 압박할 수 없다고 『르몽드』는 지적한다.[55] 미국은 2015년 4월 아베에게 일본 총리로는 처음으로 상하원 합동회의에 연설할 기회를 제공했다. 아베의 '위안부' 문제에 대한 수정주의적 인식을 비판하며 연설 기회 제공에 반대한 일부 미국 의원들은 연설 장소에 '위안부' 피해자 이용수를 초청했다. 아베는 연설에서 제2차 세계대전에 대해서는 '깊은 반성'을, 미국 희생자에게는 '깊은 유감'을 표명했지만, '위안부'는 언급도 하지 않았다. 이에 2007년에 HR121을 주도한 마이크 혼다(Mike Honda) 하원의원은 "충격적이고 수치스럽다"고 그의 연설을 평가했다. 아베의 연설은 주로 미국과의 경제와 군사 협력에 초점을 맞추었는데, 프랑스에서의 관련 보도들에는 성노예 문제를 지속적으로 무시하거나 최소화하려는 일본 정부에 대해 '위안부' 생존자들이 명예와 존엄성의 이름으로 정의를 요구한다고 내용도 포함되었다.[56] 프랑스의 한 분석 기사는 아베 총리가 일본의 제국주의 과거에 대해서 진정으로 사과하지 않은 채 단지 '말장난'을 했다고 조롱했다.[57]

제2차 세계대전 종식 70주년의 해인 2015년 3월 독일의 앙겔라 메르켈(Angela Merkel) 총리는 일본을 방문해 독일은 역사를 직시해왔다며 일본도 자신이 과거를 진실로 대면해야 한다고 언급했다. 5월에는 유럽

---

54 Bruno Philip et Philippe Pons, "Le délicat 'rééquilibrage' de la politique d'Obama en Asie", *Le Monde*, 1 Mai 2014.

55 *Le Monde*, 29 Juin 2007.

56 *Le Point*, 29 Avril 2015. *Libération*, 30 Avril 2015.

57 Philippe Mesmer, "Face au passé impérial, Shinzo Abe joue sur les mots", *Le Monde*, 4 Juin 2015.

의 역사학자를 일부 포함하고 대부분이 미국인인 역사학자 200명 이상이 아베 총리에게 보낸 공개서한에서 '말과 행동'으로 과거 억압적이었던 식민주의 역사에 대한 책임을 보이라고 요구했다. 일본에서도 역사학자, 법조인, 언론인, 인권운동 활동가들이 이에 동조했다. 1993년에 '위안부' 문제에 대한 일본의 책임을 처음 인정한 담화를 발표했던 고노는 1995년에 식민지배에 대해 사과한 무라야마 전 총리와 2015년에 공동 기자회견을 통해 아베 총리에게 "진실을 인정"할 것을 조언하며, "의심의 여지가 없는 일어났던 일들을 부인하는 것은 일본의 명예를 더럽히는 것이다"고 발언했다.[58] 이를 전한 기사는 일본인 73%가 한국을, 한국인 85%가 일본을 신뢰하지 않는다고 응답한 『한국일보』와 『요미우리(讀賣) 신문』의 공동 여론조사 결과도 언급했다. 『르몽드』 도쿄 통신원 역시 역사 수정주의로 비난받을만한 과거를 미화하는 것이 일본의 이미지를 손상시켰다며, 일본이 추구해온 평화주의에 신뢰를 주는 것이 일본의 명예를 위한 것이라고 강조했다.[59] 이 신문은 8월 16일 사설에서 1970년 바르샤바에서 무릎을 꿇고 사죄한 독일 총리 빌리 브란트(Willy Brandt)를 언급하며, 제국의 군대가 저지른 범죄로 인해서 비난을 받는 국가의 존엄성을 회복하기 위해 역사를 종속하는 것은 좋은 방법이 아니라고 조언했다.[60]

서구 역사가들의 호소와 이에 대한 일본 지식인들의 지지에도 불구하고 2015년 8월 아베 총리의 종전 70주년 담화는 과거사에 대한 진정

58 *L'Obs*, 9 Juin 2015.

59 Philippe Pons, "Le révisionnisme de Shinzo Abe suscite des critiques à l'étranger", *Le Monde*, 25 Juin 2015.

60 *Le Monde*, 16 Août 2015.

한 책임을 보여주지 못했다. 미국은 한미일 삼각동맹의 강화를 위해 한일 갈등을 해소하라며 한국의 박근혜 대통령과 일본 총리 아베 신조 모두에게 압력을 행사했다. 미국의 이런 움직임은 한일 위안부 합의가 발표된 2015년 12월 29일 며칠 전부터, 그리고 합의 이후에도 프랑스 언론에서 계속 언급되었다. 한국에서는 '위안부' 피해자를 설득하기 어렵고, 일본에서는 극단적 민족주의자를 만족시키기 어려운 이 합의는 미국의 동아시아 전략 때문에 가능했다는 것이 좌파 성향 신문뿐 아니라 보수적 신문인 『르피가로』의 분석이기도 했다.[61] 미국의 압력 하에서 서둘러 도출한 한일 위안부 합의를 통해 아베 총리는 고통스런 역사를 상기시키는 문제를 최종 해결한 지도자라는 국민의 평가를 받길 원했고, 박근혜 대통령은 아버지 박정희 대통령이 1965년 한일 국교 정상화를 하면서 논의도 못한 '위안부' 문제를 해결했다는 평가를 원했다며, "잘못 설정된 국가적 자부심에 역사를 인질로 잡혀있도록 정치화한" 두 나라 정치 지도자들을 비판하는 분석도 존재했다.[62]

판도라의 상자에 남은 것: 민주주의를 위한 희망

1990년대 초, 일본군 성노예 피해자의 증언과 일본의 책임을 인정한 고노담화가 연 판도라의 상자는 일본의 억압적 식민지배와 전쟁범죄 등을 세상에 널리 알렸다. 일본의 우경화된 정치와 극우 민족주의자들

---

61 *Le Figaro*, 29 Décember 2015.

62 Philippe Pons, "Japon: le Negationnisme de Shinzo Abe a l'epreuve des interets economiques et securitaires", *Le Monde*, 29 Décember 2015.

의 역사 수정주의와 부인주의는 희망을 남긴 채 판도라 상자를 덮어 버리는 것이었다. '위안부' 문제는 동아시아 민주주의의 질적 수준을 보여준다. 프랑스 언론은 한국 언론의 최초 기사와 피해자의 최초 증언을 통한 문제의 공론화가 1987년 한국의 민주화 덕이라고 인식했다.[63]

한국의 가부장적 사회에서 성노예 피해를 숨겨야만 했기에 전쟁 종식 이후에도 '위안부'는 두 번째 고통을 당했으나,[64] 민주화된 사회에서 그녀들은 침묵의 벽을 깨기 시작했다. 일본 제국주의의 피해자인 '위안부'들이 피해 사실을 폭로하며 일본에 맞서 싸우기 시작하면서 민족주의자들에게 '한국의 잔다르크'로 표상되고 이전까지 사람들이 등을 돌리는 '민족적 수치'에서 벗어났다며, 변영주 영화감독이 한국의 민족주의 시각에 대해 설명한 것을 소개한 1996년 프랑스 신문 기사는 일본군 성노예 문제를 민족주의 시각에서만 바라볼 때 한계가 존재함을 암시했다.[65] 2001년 일본의 역사 교과서 왜곡 파동을 보도한 프랑스 언론은 '위안부' 문제에 일본이 "거대한 책임"이 있지만, 한국의 역사 교과서는 '위안부' 모집에 관여한 한국인 친일 협력자 서술을 하지 않고, 이승만 체제에서 친일 협력자 청산에 실패했다며 "자기 집 앞 청소"를 잊고 있다고 주장한다.[66] 이 기사의 작성자는 4년 뒤 노무현 대통령의 제주 4 · 3사건 진상조사와 대통령 직속 위원회인 친일반민족행위진상규명위원회 활동을 높게 평가했다.[67]

2015년 일본의 한 잡지는 베트남전쟁에서 한국군이 저지른 강간을

63 *Le Monde*, 5 Septembre 1992.
64 *Libération*, 20 Avril 2018.
65 *Le Monde*, 30 Mai 1996.
66 *Le Monde*, 15 Août 2001
67 *Le Monde*, 13 Avril 2005.

보도하며 일본군 성노예 문제를 상대화했다. 2017년 2월 한국과 베트남 간의 과거 문제를 보도한 『뤼마니테』는 김대중 대통령이 1998년 하노이 방문에서 유감을 표현했고, 한국인들은 스스로 사과한다며 시민단체들이 한국군에게 피해를 입은 마을에 의료지원을 하고, '위안부' 피해자는 "한국인으로써 피해를 입은 베트남인들에게 사과한다" 고 발언한다고 전했다.[68] 하지만 같은 기사는 보수적 박근혜 정부가 전쟁범죄 언급 없이 베트남 파병을 정당화하는 역사 교과서를 편찬했다고 비판했다.

일본의 우경화에 비판적이던 프랑스 중도좌파 성향 신문은 박근혜 정부에 대해서 비판적이었다. 특히 한국 정부가 역사 교과서에서 과거 독재 정권에 대한 부정적 서술을 축소하려는 것이 표현의 자유를 제한함과 동시에 아베 정부의 역사 수정주의를 비판하던 한국의 도덕적 우위를 상실하게 한다고 지적했다.[69] 프랑스 언론은 2016년 4월 한국 총선에서 보수파가 패배한 것과, 같은 해 10월부터 시작된 대중의 광범위한 '촛불 항쟁' 의 원인으로 박근혜 대통령 측근의 정치적 스캔들뿐만 아니라 피해자 의견이 무시된 2015년 한일 위안부 합의도 언급했다.[70] '촛불 항쟁' 은 부패한 박근혜 대통령의 탄핵과 2017년 5월 대선에서 상대적으로 진보적인 문재인의 대통령 당선으로 이어졌다.

민주주의를 재강화한 한국 정부는 한일 위안부 합의 과정을 재검토한 후 12월에 결과를 발표해, 의견이 배제된 피해자들에게 상처를 주었

68 Lina Sankari, "Vietnam-Corée. La guerre sans fin des mémoire", *L'Humanité*, 6 Février 2017.

69 *Le Monde*, 17 Mars 2016.

70 *Le Monde*, 6 Décembre 2016.

다고 사과했다. 한국 정부는 이 합의가 정부 간 공식약속이었으니 부인하지 않고 재협상도 요구하지 않지만, 이 합의로 '위안부' 문제가 해결될 수는 없다고 밝혔다. 이에 따라 2015년 합의로 설립된 한일 공동기금 재단을 해체했다. 이를 보도한 프랑스 신문은 일본이 법적 책임을 지지 않고 저렴한 돈으로 '위안부' 문제를 해결하려 했다는 한국의 여론을 소개했다.[71] 2015년 합의는 '위안부' 문제를 '최종적이고 불가역적으로' 해결했다고 규정했기에, 한국 정부의 재검토나 공동기금 재단 해체에 일본이 반발한다는 소식도 전했으나, 한국의 입장을 비판하는 프랑스 언론 보도는 존재하지 않았다. 이미 2015년 합의를 보도할 때부터 피해자들의 입장이 배제된 정치적 외교적 타협에 불과하다고 인식했기 때문으로 보인다.

프랑스 언론의 '위안부' 문제 보도에서 중국의 입장은 일본 정치가의 야스쿠니 신사 참배나 역사 교과서 왜곡 논란에 대한 항의 소식 외에는 거의 다뤄지지 않는다. 프랑스 언론은 '위안부' 문제와 관련해서 중국이 역사를 "체제의 목적을 위해서 활용"하고,[72] 일본과 마찬가지로 "민족주의의 불장난"을 한다고 인식한다.[73] 한국에 대해서는 보수주의 세력의 역사 수정주의적 교과서 편찬 시도를 바로잡은 대중적 저항을 역동적인 민주주의 성장으로 높게 평가한다. 일본의 민주주의는 극우파의 성장과 정치적 영향력 증가로 인해 위협받고 있다는 것이 프랑스 언론의 일반적 인식이다.

앞에서 이미 언급한 것처럼, 냉전 때문에 미국은 도쿄 전범재판에서

---

71 *Le Figaro*, 5 Juillet 2019.

72 *Le Monde*, 15 Août 2001.

73 *L'Obs*, 18 Novembre 2016.

일본의 민주주의를 성장시킬 정의 실현에 실패했고, 일본은 '민족적 응집' 을 위해 기억보다 망각을 요구했기에 민주주의가 후퇴하는 결과를 낳았다.[74] 보수정당인 자민당은 극우파를 만족시키기 위해 공영방송 NHK에 압력을 행사해 2001년 '위안부' 문제를 포함한 전쟁범죄 관련 다큐 방송 내용을 축소하고 변형시켰다.[75] 2014년 1월에 세계적으로 유명한 프랑스의 앙굴렘(Angoulême) 만화 축제에 한국 작가들의 '위안부' 만화가 전시되자, 프랑스 주재 일본 대사가 유감을 표시하며 해당 전시의 취소를 요구했으나 축제 조직위는 작가들의 표현의 자유를 존중한다며 이 요구를 거절했다.[76] 2015년 1월 일본 정부가 성노예 문제를 다룬 미국 고등학교 역사 교과서에 수정을 요구했으나, 출판사가 사실에 기반하고 있다며 이를 거부했다는 것이 알려졌다.[77] 일본 정부는 외교부 예산에 포함된 '국제 소통' 비용으로 일본의 공식적 역사관을 확산시키며, 외교관들이 이 역사관에 어긋나는 것에 항의하는 활동을 한다고 프랑스 한 신문은 보도했다.[78]

극우파가 제국의 과거 영광에 집착하는 일본에서 성노예는 일종의 터부로 여겨졌기에, 2012년 5월 도쿄에서 열린 한국인 작가의 '위안부' 사진 전시회는 방해를 받았다.[79] 2017년 1월에 일본의 APA 체인 호텔

---

74 *Le Monde*, 16 Août 1995.

75 *Libération*, 2 Février 2005.

76 *L' Obs*, 30 Janvier 2014.

77 관련 소식은 미국 언론에도 보도되었다. Alexander Martin, "U.S. Publisher Rebuffs Japan on 'Comfort Women' Revision", *Wall Street Journal*, January 15, 2015. 해당 도서는 다음과 같다. Jrry Bentley, Herbert Ziegler, Heather S. Salter, *Traditions & Encounters: A Global Perspective on the Past*, Vol.2 (McGraw-Hill, 2014).

78 *Le Figaro*, 8 Avril 2015.

79 *Le Figaro*, 7 Juillet 2012.

방에 일본군 성노예제와 난징학살을 부정하는 책이 배치되었다는 소식을 전한 기사는, 난징학살 기록물이 2015년에 유네스코 세계기록유산에 등록되자 일본 정부가 유네스코 재정 지원의 중단을 발표했다는 소식을 함께 전했다.[80] 다른 관련 기사는 일본 정부가 APA 호텔과 같은 행동을 간접적으로 장려해왔다고 비판했다.[81] 2019년 8월 일본의 나고야에서는, 예술제에서 전시 중이던 '위안부'를 표상하는 동상이 공적 논란을 야기한다는 이유로, 해당 도시 시장의 개입으로 전시에서 갑자기 제외되었다. 이를 소개한 기사는 '최악의 검열'이라며 일본 민주주의 후퇴를 우려했다.[82]

2014년 12월 일본 총선에서 자민당의 승리를 전한 기사는, 평화헌법을 개정하길 원하고 유엔의 성노예 보고서에 항의하는 우파 보수주의자들이 많은 표를 얻은 것은 민주주의의 깊은 위기를 보여준다고 평가했다.[83] 프랑스 언론은 2000년대 초에 미국 대통령 조지 부시 주니어(George Bush Jr.) 주변에 결집한 신보수주의자 집단과 유사하게 아베 신조에 영향을 미치는 극우 로비집단 '일본회의(日本會議: Nippon Kaigi)'가 일본 정치의 우경화와 민주주의 후퇴의 원인이라고 파악했다. 이 집단은 1995년 사회당의 무라야마 총리의 식민지배 사과 발언인 전후 50주년 담화에 대한 반발로 과거 제국군대 장교들과 신도(神道)주의자들이 1997년에 창립했다고 보도했다.[84]

『롭스』는 일본의 역사 수정주의를 비판하는 2013년 온라인 기사를

---

80 *L'Humanité*, 19 Janvier 2017.

81 *Le Point*, 1 Août 2018.

82 *Le Figaro*, 5 Août 2019.

83 *Libération*, 15 Décembre 2014.

84 *Libération*, 8 Mai 2015. *L'Obs*, 21 Mai 2015.

2016년에 다시 게재했다. 아베를 "일본 민주주의 최악의 적"이라고 표현한 이 기사의 주요 내용은 다음과 같다.[85] 독일 총리가 나치의 범죄를 부정하는 역사 수정주의 단체를 지지한다고 상상조차 할 수 없지만, 일본 총리 주변에는 민주주의 일본을 파괴하고 제국주의 일본으로 되돌아가기를 원하는 이들이 많다. 프랑스라면 법에 따라 처벌받아야 하는 역사 부정주의의 근원은 미국 민주주의의 가장 비열한 순간인 도쿄 전범재판이다. 미국이 냉전을 구실로 전쟁 범죄자 다수를 처벌하지 않았던 정의의 부재는 현대 일본이 시작할 때부터 민주주의 부패를 허용했다.

또한 『롭스』는 극우 로비집단에 의한 일본 민주주의의 후퇴를 비판하는 2014년 온라인 기사를 2016년에 다시 게재하기도 했다. 이 기사의 주요 내용은 다음과 같다.[86] 미국이 천황에 면죄부를 주어 천황 제도를 존속하자, 일본은 평화헌법 외에 사법이나 교육에 민주적 요소를 도입하지 않고 이전 제국 체제를 그대로 유지해왔는데, 역사 수정주의는 이처럼 연약한 일본 민주주의와 평화주의마저 파괴하려 한다. 수정주의자들은 "난징학살은 조작이고, 위안부는 자발적 매춘이고, 아시아 침략은 서구 열강으로부터 아시아의 해방이며, 도쿄 전범재판은 애국자를 부정의하게 처벌한 불법적인 정복자의 사법권 남용"이라고 판단한다. 극우파가 후퇴시킨 일본의 민주주의를 회복하려면 수동적인 일본인에게 국제사회가 도움을 주어야 한다. 한국과 중국의 민족주의적 반응은 핑퐁처럼 일본 민족주의자를 자극하는 위험성을 지닌다. 대결 구도는

85 Stephane Mot, "Le Japon prisonnier de son extreme droite revisionniste", *L'Obs*, 18 Novembre 2016, (original online publication, 13 Mai 2013).

86 Stephane Mot, "En finir avec Nippon Kaigi, le lobby revisionniste japonais", *L'Obs*, 21 Novembre 2016 (original online publication, 2 Novembre 2014).

일본에 대항하는 한국, 일본에 대항하는 중국이 아니라, "제국 일본에 대항하는 민주적 평화적 일본"이다. 동아시아에서 신뢰를 회복하는 핵심은 이미 세계적 대의가 된 '위안부' 문제의 바람직한 해결이다. 비록 유럽이 완전하지는 않을지라도, 인권의 가치를 위해 이 문제의 해결을 도와야 한다. 유럽의 지도자들이 아베에 반대하는 목소리를 내는 건 일본을 공격하는 것이 아니라 일본을 구하는 것이고, 일본이 민주주의 및 평화주의와 결합된 친구가 되게끔 행동하는 것이다.

나비 효과

2019년 2월 초, '위안부' 피해자로 1993년 유엔 인권위원회에서 공개 증언했던 김복동의 장례 행렬에 참여한 이들은 노란 나비 형상의 큰 카드를 들고 있었다. 그녀는 다른 '위안부' 희생자와 2012년 '나비기금'이란 명칭의 전 세계 전시 성폭력 피해자 및 각종 폭력에 고통 받는 여성들을 위한 기부 기금을 만들었다. 나비는 낯선 타국의 전쟁터에서 인권을 침해당한 '위안부'가 자유롭게 날아서 고향으로 돌아가기를 염원하는 상징이었다. 나비의 작은 날갯짓은 커다란 파장을 일으키는 나비효과를 낳는다. 1990년대 초에 일본군 성노예 피해자들의 증언은 30여 년 동안 세계적으로 여성인권 향상에 기여했으며, 동아시아 지역에서는 민주주의 수준을 확인하는 리트머스 테스트 기준이 되면서 나비효과를 발생시켰다.

2018년 6월 싱가포르에서 한국전쟁 이후 처음으로 북미정상회담이 개최될 때 적극적 역할을 수행한 한국과 달리 일본은 소외되었다. 지정학적 이유로 일본은 동아시아 안보 시스템에서 일정한 역할을 요구받는데, '위안부' 와 같은 여전히 생생한 상처를 남긴 한국의 식민화 역사가 이런 역할을 제대로 수행하기 어렵게 만든다.[87] '최종적이고 불가역적 해결' 을 천명한 2015년 한일 위안부 합의 이후에도 프랑스 언론은 이 문제가 완전히 해결되지 못한 것으로 인식하는 한국인들의 생각을 어느 정도 이해하는 것처럼 보인다. 일본이 세계적 경제대국의 위상에 부응하는 역할을 국제무대에서 발휘하려면 과거를 부정하거나 수정하려 하지 말고 직시하며 역사에 책임을 지는 진정한 태도를 보여야 한다. 여기에 일본의 미래가 달려있다.

'위안부' 문제는 일본에서 가해자 대부분이 무덤까지 가져갈 터부였다. 그런데 일본군에 의해 오키나와에 끌려온 한국인 '위안부' 에 관한 책을 1987년에 출간한 작가 후미코 가와타(川田 文子)는 그녀들의 이야기들이 인간으로써 충격이었다며, 이 문제의 해결에 일본의 미래가 달려있다고 발언했다.[88] 그녀의 말처럼, 일본군 '위안부' 문제의 바람직한 해결은 여성의 인권이 존중되는, 역사적 사실을 정치적 이해관계 때문에 수정하거나 부인하지 않는, 어두운 역사를 감추려고 언론을 통제하고 예술가의 창작의 자유를 침해하지 않는 일본의 바람직한 미래를 만들기 위해서도 중요하다.

---

87 *Le Monde*, 13 Juin 2018.

88 *L'Obs*, 25 Janvier 2017.

■참고 문헌

Arnaud, Régis, "La Corée du Sud et le Japon s'écharpent sur la question des femmes de réconfort", *Le Figaro*, 17 janvier 2018.

Arnaud, Régis, "Le Japon annule une exposition sur les femmes de réconfort", *Le Figaro*, 5 Août 2019.

Bari, Dominique, "200.000 femmes prostituées de force pendant la guerre", *L'Humanité*, 6 Août 1993.

Bari, Dominique, "Japon. L'archipel face à ses crimes de guerre", *L'Humanité*, 1 Décembre 2000.

Bari, Dominique, "Tokyo. Ouverture aujourd'hui du Tribunal international des crimes de guerre contre les femmes", *L' Humanité*, 7 décembre 2000.

Bari, Dominique, "Les trous de memoire du Japon", *L'Humanite*, 7 Avril 2005.

Brillaud, Rafaële, "Femmes de réconfort: 《Nous "servions" quinze soldats japonais par jour》", *Libération*, 20 Avril 2018.

Descotes-Toyosaki, Alissa, "Japon: la mémoire impossible des 《femmes de réconfort》", *L'Obs*, 25 Janvier 2017.

Falletti, Sébastien, "L'ultime combat des 'femmes de réconfort' coréennes", *Le Figaro*, 7 Juillet 2012.

Falletti, Sébastien, "Les tensions entre Tokyo et Seoul fragilisent le 'pivot' d'Obama vers l'Asie", *Le Figaro*, 15 Février 2014.

Jauvert, Vincent, "Japon: la face cachée de Shinzo Abe", *L'Obs*, 21 Mai 2015.

Martin, Alexander, "U.S. Publisher Rebuffs Japan on 'Comfort Women' Revision", *Wall Street Journal*, January 15, 2015.

Mesmer, Philippe, "La Coree du Sud se mobilise pour venir en aide a son voisin japonais", *Le Monde*, 21 Mars 2011.

Mesmer, Philippe, "Face au passé impérial, Shinzo Abe joue sur les mots", *Le Monde*, 4 Juin 2015.

Mesmer, Philippe, "L'hommage aux 'femmes de réconfort' hérisse les nationalistes japonais", *Le Monde*, 12 Octobre 2018.

Mesmer, Philippe, "Kim Bok-dong, Coréenne esclave sexuelle des soldats japonais pendant la seconde guerre mondiale, est morte", *Le Monde*, 6 Février 2018.

Mot, Stéphane, "A Séoul, les 'femmes de réconfort' de l'armée japonaise réclament justice", *L'Obs*, 15 décembre 2011.

Mot, Stéphane, "Le Japon prisonnier de son extreme droite revisionniste", *L'Obs*, 18 Novembre 2016, (original online publication, 13 Mai 2013).

Mot, Stéphane, "En finir avec Nippon Kaigi, le lobby revisionniste japonais", *L'Obs*, 21 Novembre 2016 (original online publication, 2 Novembre 2014).

Philip, Bruno et Pons, Philippe, "Le délicat 'rééquilibrage' de la politique d'Obama en Asie", *Le Monde*, 1 Mai 2014.

Pons, Philippe, "Des difficultés de Tokyo à exorciser le passé", *Le Monde*, 16 Août 1995.

Pons, Philippe, "Nouvelle controverse entre Tokyo et ses voisins à propos du passé militariste nippon", *Le Monde*, 31 Juillet 1996.

Pons, Philippe, "Hirohito et l' amnésie japonaise", *Le Monde*, 11 Janvier 2001.

Pons, Philippe, "Tokyo ignore l'appel à des excuses pour les 'femmes de réconfort' ", *Le Monde*, 29 Juin 2007.

Pons, Philippe, "Les tensions entre Tokyo et Séoul pilluent la relation avec Washington", *Le Monde*, 23 Avril 2014.

Pons, Philippe, "Le révisionnisme de Shinzo Abe suscite des critiques à l'étranger", *Le Monde*, 25 Juin 2015.

Pons, Philippe, "Japon: le Negationnisme de Shinzo Abe a l'epreuve des interets economiques et securitaires", *Le Monde*, 29 Décember 2015.

Prazan, Michaël, "Dérive négationniste au Japon", *Libération*, 18 Août 2006.

Sankari, Lina, "Au Japon, le négationnisme ne rend pas l'antenne", *L'Humanité*, 5 Février 2014.

Sankari, Lina, "Vietnam-Corée. La guerre sans fin des mémoire", *L'Humanité*, 6 Février 2017.

Serna, Pierre, "Bande dessinée. On les appelait les 'femmes de réconfort' ", *L'Humanité*, 15 Novembre 2018.

Temman, Michel, "La télévision publique japonaise accussée de censure", *Libération*, 2 Février 2005.

Vaulerin, Arnaud, "Au Japon, 'la droite nationaliste sait qu'elle a un ami au pouvoir' ", *Libération*, 27 Février 2014.

Vaulerin, Arnaud, "《Le Japon traverse une profonde crise de la démocratie》", *Libération*, 15 Décembre 2014.

"A Shanghaï, la mémoire des 'femmes de réconfort' en ruines", *L'Obs*, 8 Mars 2017.

"Femmes de réconfort: une statue, objet de contentieux entre Séoul et Tokyo malgré l'accord", *L'Obs*, 6 Janvier 2016.

"Le Japon rattrapé par son passé. L'enque sur le drame des quelque 200,000 femmes contraintes par l'armée impériale à se prostituer pendant la dernière guerre embarrasse le gouvernement", *Le Monde*, 5 Septembre 1992.

"Pendant la dernière guerre, en Indonésie L'armée japonaise a contraint de jeunes Néerlandaises à se prostituer", *Le Monde*, 30 Juillet 1992.

Bae, Annie Jisun, "De la responsabilité historique des Etats: le cas des 'femmes de réconfort' ", *Nouvelles Questions Féministes*, n. 36 (2017).

Bentley, Jerry, et al., *Traditions & Encounters: A Global Perspective on the Past*, 2 vols (New York, McGraw-Hill, 2014).

Byun, Young-Joo, et Cixous, Helene, "A propos de l'affaire des 'femmes de réconfort' de l'armée japonaise", *Clio. Histoire femmes et sociétés*, n. 17 (2003).

Chan, Jennifer, "Le Mouvement Pacifiste Japonais depuis les années 1900", *Critique internationale*, n.37 (2007),

Chizuko, Ueno, 이선이 옮김, 『위안부를 둘러싼 기억의 정치학: 다시 쓰는 내셔널리즘과 역사』 (서울, 현실문화, 2014).

Kouzmine, Jérémie, "Accord entre le Japon et la Corée du Sud concernant les 《femmes de réconfort》, une reconnaissance faisant obstacle aux reparations", *La Revue des droits de l'homme* (2016).

Le Quintrec, Guillaume, ed., *L'Histoire 1re* (Paris, Nathan, 2016).

Levy, Christine, " 'Femmes de réconfort' de l'armée impériale japonaise: enjeux politiques et genre de la mémoire", *Online Encyclopedia of Mass Violence* (2012), https://hal.archives-ouvertes.fr/hal-01648090/ (last modified March 14, 2012).

Levy, Christin, "Le Tribunal international des femmes de Tokyo en 2000. Une réponse féministe au révisionnisme?", *Clio. Femmes, Genre, Histoire*, n. 39 (2014).

Montavon, Camille, "Le tribunal d'opinion de Tokyo pour les femmes de réconfort (2000): du silence à la (re)connaissance", *Revue interdisciplinaire d'etudes juridiques*, n. 82 (2019).

Morillot, Juliette. 2001. *Les Orchidées rouges de Shanghai* (Paris, Presses de la Cité,

2001).

Nishino, Rumiko, "Le tribunal d'opinion de Tokyo pour les 'femmes de réconfort'", *Droit et Cultures Revue internationale interdisciplinaire*, n. 58 (2009).

Sakai, Naoki, "Le genre, enjeu politique et langage du nationalisme postcolonial japonais", *Cahiers du Genre*, n.50 (2011).

Seizelet, Eric, "Le Japon et la Cour pénale internationale: enjeux politiques et mémoriels", *Droit et cultures*, n.58 (2009).

Souyri, Pierre-Francois, "Les femmes de réconfort: un esclavage d'état?", *L'Histoire*, n. 424 (2016).

4장

과거청산과 역사 화해의 모델?

독일어권 언론의 '위안부' 보도

정용숙(춘천교대)

역사 화해의 모범 독일?

한국을 비롯한 동아시아에서 독일과 일본은 과거 청산과 역사 화해 문제에서 곧잘 대비되는 한 쌍이다.[1] 독일이 '역사 화해의 모범국' 이라면 일본은 전쟁 책임과 가해 사실을 부인하고 상대화하는 완고한 이미지로 통한다. 그러나 독일이 전쟁 책임을 인정하기까지 걸린 시간은 짧지 않았고 저항도 컸다. 오늘날 역사적 사죄의 상징이 된 "브란트의 무릎 꿇기"(Warschauer Kniefall)는 당시에는 독일 사회를 뒤흔든 논쟁거리였다.[2] 일본 역시 전쟁 책임을 공식 인정하고 사과했으며, 특히 1995년 무라야마담화는 식민지 피해를 언급했다는 점에서 의미가 있다.

그러나 불편한 과거를 대하는 두 사회의 태도는 다르다. 이는 과거 문제에 대한 사회적 합의의 정도에서 비롯된다. 일본 정부의 사과는 한국과 중국 등 주변 피해국들에 수용되지 못함으로써 일본 우익의 민족주의 강화와 역사 수정주의에 빌미를 주었다. 반면에 독일에서 아데나워, 바이체커, 라우로 이어져 온 정치인 사과의 계보는 역사적 책임을 조건 없이 인정하는 태도가 진전해 왔음을 보여준다. 2000년에 독일 정부와

---

1 예컨대 Buruma, Ian /정용환 역, 『아우슈비츠와 히로시마』 (한겨레출판, 2002).

2 주간지 『슈피겔』이 알렌스바흐 연구소에 의뢰한 여론조사 결과에 따르면 서독인의 41%가 이를 적절한 행동으로 판단했고 48%는 지나쳤다고 답했다. "Kniefall angemessen oder übertrieben?", *Der Spiegel*, vol. 24, no. 51 (December 13, 1970).

기업이 강제노동 피해 배상을 위해 설립한 〈기억 책임 미래 재단〉은 '역사 화해의 모범국' 독일의 이미지를 완성했다. 그러나 이는 도의적 책임에 대한 인정이었고, 실제 배상 액수는 적고 청구 절차도 까다로웠다. 또한 이 지연된 정의의 실현에서 배제된 피해자들이 여전히 남아있다. 제2차 세계대전 당시 독일 군대와 친위대에 의한 강제 성매매 피해 여성들이 이에 속한다. 이들의 이야기는 1990년대 초에 비로소 공론화되었고,[3] 공식 피해 인정과 배상은 지금까지 이뤄지지 않았다.[4]

일본군 '위안부' 문제 해결을 위해 활동해 온 남한의 시민운동은 국제사회의 지지와 연대를 주요 기반으로 삼아왔으며, 국내외의 '위안부' 문제 담론을 "우리 사회와 국제사회를 이해하는 창"으로 인식한다.[5] 일본 정부를 압박하기 위해 일본 외부와 연대하는 전략은 이미 1990년대 초반부터 시작되어 2000년 도쿄여성법정, 2007년 미 하원 결의안, 각국 교과서에 일본군 '위안부' 내용 기술 등의 유의미한 성과를 끌어냈다. 그런데, 이 문제에 대한 '세계'의 이해는 한국인들의 생각과 같은가? 그들이 이 문제를 이해하는 경로와 방식은 무엇이며 그 배경에는 무엇이 있는가?

이 연구는 전후 과거 청산에서 동아시아와 유럽 국제사회의 비교사적 특징을 고려하여, 독일어권 사회가 일본군 '위안부' 문제를 이해해온

3 최초의 문제제기로 Paul, Christa, *Zwangsprostitution. Staatlich errichtete Bordelle im Nationalsozialismus* (Berlin: Edition Hentrich, 1994).

4 Sommer, Robert, "Die Entschädigung von "asozialen" Opfern des Nationalsozialismus nach 1945", *Das Blättchen. Zweiwochenschrift für Politik, Kunst und Wirtschaft*, vol. 17, no. 13 (June 23, 2014).

5 정재정 외, 『일본군 '위안부' 문제 관련 국내외 사례조사 및 향후과제 종합 보고서 2: 일본군 '위안부' 관련 언론 부문 기초 조사 보고서』 (여성가족부, 2017), 3쪽.

방식을 언론보도를 통해 고찰한다. 이를 위해 먼저 독일어권 미디어 지형의 특징을 요약한다. 그리고 주요 매체를 중심으로 '위안부' 문제에 관해 지난 30년간의 보도와 논평을 탈식민-제국주의 역사 갈등, 전시 성폭력과 여성 인권, 기념물과 기억정치의 세 범주로 나누어 검토한다.

자유주의 속의 다양성: 독일어권 언론 매체 지형

이 글의 분석 대상은 독일, 오스트리아, 스위스에서 발행되는 독일어 일간지와 주간지(경우에 따라 지역지와 방송 포함)에서 1990년부터 2020년 3월까지 '위안부' 의 독일어 번역어인 Trostfau(en)을 언급한 보도 기사와 논평이다. 기사 검색은 언론, 기업, 경제 관련 디지털 정보를 유료로 제공하는 민간기업 게니오스(GENIOS)의 데이터베이스를 이용하였고, 주요 일간지의 경우 자체 온라인 아카이브를 사용하였다. 검색된 기사 수는 전국지와 광역일간지 및 소규모 지역지를 망라해 모두 약 1,050건이었으며, 그 가운데 의미 있는 분석과 논평을 담은 기사들을 선별해 검토했다.

우선, 독일 미디어 시장의 특징은 종이신문의 중요성과 의견의 다양성으로 요약할 수 있다. 신문시장의 치열한 경쟁에 방송과 인터넷이 가세하고 있지만, 오피니언 리더로서 신문 저널리즘의 위상은 방송 저널리즘보다 높다. 이러한 환경에서 종이신문들은 정치적 사회적 의제들을 다양한 방식으로 다룬다. 이 연구는 전국 규모의 주요 일간지, 지역일간지, 시사주간지를 정치적 성향을 고려해 선별하였으며, 특정 주제나 국면에서 의미 있는 분석과 논평을 내놓은 매체를 포함했다. 다음

〈표 1〉은 이 글에서 분석한 주요 일간지, 방송, 주간지의 특징과 검색된 기사 수를 한눈에 보여준다.

'위안부' 문제에 관해 가장 많은 보도와 논평(115건)을 낸 『프랑크푸르터 알게마이네 차이퉁』(이하 『프랑크푸르터 알게마이네』)은 책임 있는 기사와 진지한 비평으로 명성이 높으며, 정부 정책과 여론의 향방을 결정한 사회정치적 논쟁의 무대가 되어 왔다. 예컨대 1980년대 중반에 홀로코스트의 수정주의적 해석을 시도한 에른스트 놀테(Ernst Nolte)의 기고에서 시작된 독일 역사가논쟁(Historikerstreit)이 주말판에서 전개되었다. 또한 노벨상 수상자 귄터 그라스(Günter Gras)가 회고록 『양파 껍질을 벗기며』(*Beim Häuten der Zwiebel*, 2006)를 출간하며 나치 전력을 밝혀 논란이 시작된 곳도 이 신문의 인터뷰 지면이었다. 중도 보수 성향으로 알려졌지만 인터뷰이나 논쟁 참가자들의 정치적 스펙트럼이 넓고 독자란에는 각계의 전문가들이 투고한다.

그러나 독일에서 가장 많이 읽히는 신문은 330만 발행 부수를 자랑하는 타블로이드지 『빌트』(*Bild*)로, 보수 일간지 『디벨트』를 발행하는 슈프링어(Springer) 출판사에서 나온다. 휘발성 있는 가십뿐만 아니라 시사 문제도 다룬다. 위안부 관련 기사는 2015년 3월 메르켈 수상의 일본 방문을 보도한 단 한 편이 전부인데,[6] 이는 적어도 독일어권에서 이 문제가 선정적 이슈로 소비되지는 않음을 의미한다. '위안부' 문제는 그보다는 문화 비평란에서 다뤄진다. 1997년 독일어로 번역 출간된 노라 옥자 켈러의 『종군위안부』 리뷰,[7] 2007년 빈 페스티벌에서 공연된

6 *Bild* (March 10, 2015).

7 예컨대 *Süddeutsche Zeitung* (September 24, 1997); *Neue Züricher Zeitung* (February 7, 1998).

〈표 1〉 독일어권 언론 매체 지형

매체 명	성향	발행지	발행 부수 (2018년 기준)	위안부 관련 기사 수
일간지 및 방송				
프랑크푸르터 알게마이네 차이퉁 Frankfurter Allgemeine Zeitung(FAZ)/FAZ NET (인터넷판)/FAZ sonntags (주말판)	독일 대표 일간지. 자유주의 우파 (또는 중도 보수)	프랑크푸르트 암마인	240,000	115
슈탄다드 Der Standard	오스트리아 대표 일간지. 사회적 자유주의. 고학력 독자층이 특징	비인	60,000	55
노이에 취리허 차이퉁 Neue Züricher Zeitung (NZZ)	스위스 대표 일간지. 자유주의 우파	취리히	104,000	54
쥐트도이체 차이퉁 Süddeutsche Zeitung(SZ)	정치적으로 자유주의 좌파, 경제적으로는 기업친화적.	뮌헨	353,000	50
타게스차이퉁 Die Tageszeitung(TAZ)	'68 영향으로 1970년대에 창간된 비판적 대안언론	베를린	50,000	45
디벨트 Die Welt/Welt am Sonntag (주말판)/Welt Kompakt (인터넷판)	보수. 고령 독자층이 특징	베를린	164,000	40
도이체 벨레 Deutsche Welle(DW)	독일 국영 방송사. 해외로 송출 됨.	본		36
프랑크푸르터 룬트샤우 Frankfurter Rundschau(FR)	자유주의 좌파. 독일 사회민주당(SPD) 자매지 공식 표방	프랑크푸르트 암마인	43,000	32
타게스슈피겔 Der Tagesspiegel	자유주의 성향의 지역 일간지	베를린	116,000	28
노이에스 도이칠란트 Neues deutschland(ND)	구(舊)동독 지역 일간지. 원래 구동독 정부인 사회주의통합당(SED) 기관지. 1990년 이후 사회주의 일간지 표방.	베를린	25,000	25

주간지				
슈피겔 Der Spiegel / Spiegel Online(인터넷판)	자유주의 좌파	함부르크	715,000	17
디차이트 Die Zeit / Zeit Online(인터넷판)	고전적 자유주의	함부르크	495,000	14

창극 〈트로이의 여인들〉 리뷰,[8] 한강의 『채식주의자』[9]나 이민진의 『파친코』[10]가 그렇다.

1960년대 말의 학생운동 영향으로 탄생한 비판적 대안언론 『타게스차이퉁』은 일관되게 페미니즘 시각에서 위안부 문제에 관심을 두고 비교적 다수의 기사를 생산했다. 동독 공산당 기관지의 후신으로 사회주의 일간지를 표방하며 구동독 지역에서 많이 읽히는 『노이에스 도이칠란트』와 자유주의 일간지 『타게스슈피겔』도 발행 부수가 더 많은 신문에 비해 위안부를 중요하게 다뤘다. 이 세 신문의 공통점은 베를린에서 발행된다는 것이다. 베를린에는 독일 최대의 한인 사회가 존재한다. 1960년대와 1970년대에 남한에서 서독으로 노동 이주한 약 2만 명의 한인 간호사와 광부들을 기반으로 형성된 독일의 한인 사회는 특히 1980년대부터 한반도의 정치와 사회 문제에 적극적으로 참여해 왔다. 『타게스차이퉁』은 1990년대부터 베를린의 한인 여성단체들과 협력하여 위안부 문제를 독일 사회에 알리는 일에 동참해 왔다.

〈그래프 1〉에 나타난 위안부 보도 기사의 양적 추이는 이 문제에 대

8 예컨대 *Der Standard* (May 7, 2007); *Frankfurter Allgemeine Zeitung* (May 18, 2007); *Der Tagesspiegel* (May 24, 2007) 등. 〈트로이의 여인들〉은 전시 성폭력을 주제로 한 고전 그리스 희곡 작품으로 창극 형식으로 번안되어 2007년 비인 페스티벌에서 공연되었다.

9 예컨대 *Frankfurter Allgemeine Zeitung* (August 20, 2016).

10 예컨대 *Frankfurter Allgemeine Zeitung* (December 11, 2018).

〈그래프 1〉 독일어권 주요 언론의 위안부 관련 기사 수 (1992~2019)

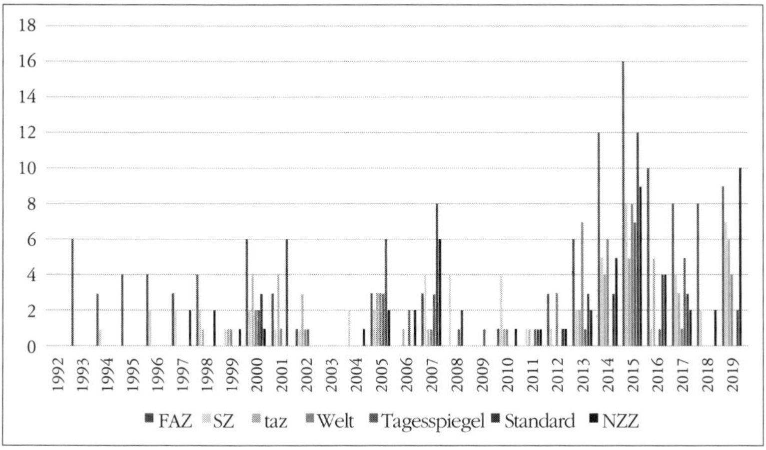

한 독일 언론의 관심이 일차적으로 동아시아 국제관계 이해의 필요성에서 비롯되었음을 보여준다. 고노담화와 아시아여성기금 등 위안부 문제가 비로소 공론화되고 주요 사건들이 전개된 1990년대에 이를 보도한 것은 『프랑크푸르터 알게마이네』(*FAZ*), 『쥐트도이체 차이퉁』(*SZ*), 『노이에 취리허 차이퉁』(*NZZ*) 등 소수의 정론지뿐이었다. 2000년 도쿄에서 열린 국제여성법정을 계기로 다양한 매체가 위안부 문제에 관심을 두게 되며 기사량이 증가했는데, 이는 당시 한국과 일본 언론의 기사가 비교적 적었던 것과 비교된다. 일본 정부는 2000년 법정 보도를 통제하기까지 했다.

2005년 한일 교과서 분쟁과 2007년 미 하원 위안부 결의안은 위안부 문제를 다시금 미디어의 관심사로 만들었다. 독일 언론의 관심은 2015년 12월의 한일 간 위안부 합의를 둘러싸고 폭발했다. 이는 합의 이후 일본의 입장을 세계에 알린다는 아베의 선언과 함께 일본 정부가 적극적으로 펼친 이른바 "외신 외교"와 위안부 합의에 대한 오바마의 긍정적 평가(2016년 1월 6일) 등과 관련 있다. 2016년과 2017년에는 독일에서 전개된 '평화의 소녀상' 설치에서 촉발된 논란이 주요 이슈였으며, 2019년에는 한일 무역 갈등과 그 배경인 역사 갈등의 주요 주제로서 위안부 문제가 다시 조명되었다.

일본 책임론에서 동아시아 내셔널리즘 비판으로

독일어 신문에서 '위안부' 라는 단어가 최초로 언급된 것은 1992년 초 서울에서 열린 한일 정상회담과 미야자와 총리 방한을 보도한 남독 지역 일간지의 서울발 단신이다.[11] 최초의 '수요시위' 가 그보다 약 열흘 전에 주한 일본 대사관 앞에서 열렸다. 일본에서 개혁적 정부에 의한 역사문제의 전향적 해결이 기대되었던 1990년대에 『프랑크푸르터 알게마이네』 도쿄 통신원(1990~1997)을 지낸 우베 슈미트(Uwe Schmitt)는 고노담화와 무라야마담화 및 아시아 여성 기금의 과정과 이에 관한 견해들을 충실히 보도했다.[12] 그가 이해한 바에 따르면, 위안소 운영과 위안부 동원에 대한 일본 군대의 관여는 충분히 증명되었고, 이 문제가 침묵 되어 온 것은 한국의 유교적 가부장주의와 일본의 역사적 책임 회피가 공모한 결과였다.[13] 또한 위안부 피해자의 개인적 배상 요구권이 1965년 한

---

11 *Nürnberger Nachrichten* (January 17, 1992).

12 예를 들면 Schmitt, Uwe, "Entschuldigung Japans für Krieg und Kolonialherrschaft", *Frankfurter Allgemeine Zeitung* (August 24, 1993); Schmitt, "Der schier endlose Marsch von Japans "Trostfrauen" Streit über zwiespaltigen Wiedergutmachungsplan", *Frankfurter Allgemeine Zeitung* (July 28, 1995).

13 Schmitt, Uwe, "Die Vertreibung aus der Nachkriegszeit", *Frankfurter Allgemeine*

일회담으로 소멸하였다는 일본 정부의 공식 입장을 비판했다.

> "호소카와가 아시아 민족과의 화해에 대해 진지하게 생각한다면 그것은 관대하고 정치적으로 현명한 태도가 아니다. 그것은 과거의 모든 자민당 정부 수반들의 무지한 소매상 심리(Krämermentalität)를 치명적으로 연상시킨다."[14]

자유주의 성향의 『쥐트도이체 차이퉁』은 일본이 역사 화해에 실패하는 이유로 서양 따라하기에서 멈추는 성찰적 기억문화의 부재에 주목하는 칼럼을 실었다.[15] 스위스의 보수 일간지 『노이에 취리허 차이퉁』은 일본의 국가주의 역사문화와 정부가 검열하는 역사교육에 주목했다.[16] 이런 관점에서 2002년 월드컵 대회의 한일 공동 개최 결정은 경제적 운명공동체인 양국의 "강제 결혼"(Hochzeit wider Willen)으로 평가되었다.[17]

슈미트의 후임인 안네 슈네펜(Anne Schneppen)은 일본 정치의 우경화가 시작된 1990년대 말부터 2000년대에 도쿄 통신원을 지냈다. 독도(또는 다케시마)를 둘러싼 분쟁, 고이즈미 수상의 야스쿠니 신사 정기 방문에 대한 주변 국가들의 항의, 우익 인사들로 구성된 '새역사를 만드

Zeitung (September 11, 1993).

14 Schmitt, Uwe, "Als Minister ist ein Sozialist sogar in Seoul willkommen", *Frankfurter Allgemeine Zeitung* (September 7, 1993).

15 Minoguchi, Tan, "Entbräunungs-Serenade", *Süddeutsche Zeitung* (July 12, 1999).

16 Coulmas, Florian, "Was Schulkinder nicht wissen sollen. Kein Ende der hitzigen Debatten um Japans Geschichtsbild", *Neue Zuricher Zeitung* (March 3, 1997).

17 예컨대 *Der Spiegel* (October 28, 1996); *Frankfurter Allgemeine Zeitung* (October 18, 1998).

는 모임'(일명 '새역모')의 역사 수정주의 교과서 제작 등이 있었던 시기다. 슈네펜은 일본의 네오콘 정치가들의 완고한 역사 인식의 이유로 미일 동맹, 특히 부시 행정부의 무조건적 지지에 대한 확신을 꼽았고, 이를 동아시아에서 일본의 고립을 초래하는 위험한 전략으로 평가했다.[18] 그가 보기에 동아시아 국제관계 특히 한일관계는 새로운 국면을 맞고 있었으니, 이는 한반도 쪽의 정치적 경제적 변화에서 비롯된 것이었다. 남한 사회의 민주화와 특히 노무현 행정부를 대변하는 새로운 정치가 세대의 역사문제에 대한 자신감, 그리고 한국 경제의 대미의존도 약화 및 이에 비례한 중국과의 경제 관계 강화를 동아시아 국제질서에 영향을 미치는 새로운 중요한 요소로 주목했다.[19]

2012년 후쿠시마 대지진 이후 일본 정부는 언론 통제를 강화했다. 이 시기에 『프랑크푸르터 알게마이네』 도쿄 통신원으로 도쿄와 서울에 주재한[20] 카르스텐 그레미스(Carsten Gremis)는 아베 정부의 언론 길들이기와 우익 정치인들의 잇따른 역사 부정을 비판하였고,[21] 그리하여 아베 정부와 주독 일본 대사관의 치졸한 중상모략에 시달렸다. 제프 킹스턴(Jeff Kingston)은 이 일을 "그레미스 스캔들"(Gremis affair)로 폭로했다.[22]

---

18 Schneppen, Anne, "Der isolierte Archipel", *Frankfurter Allgemeine Zeitung* (April 6, 2005).

19 Schneppen, Anne, "Stolz mit Tsukuru-kai", *Frankfurter Allgemeine Zeitung* (April 22, 2005).

20 대지진 직후에는 서울에 머물며 기사를 썼다.

21 예컨대 Gremis, Carsten, "Die Geister der Vergangenheit", *Frankfurter Allgemeine Zeitung* (March 7, 2014); Gremis, "Japans neuer Nationalismus", *Frankfurter Allgemeine Zeitung* (March 6, 2014).

22 Kingston, Jeff, "The Japan Lobby, press freedom and public diplomacy", Kingston (ed.), *Press Freedom in Contemporary Japan* (New York: Routledge, 2017), p. 298.

그러나 킹스턴의 비판 대상은 일본 정부만은 아니었다. "박근혜의 7시간" 의혹을 선정적으로 보도해 남한 정부 지지자들에 의해 고발당한 『산케이』 기자 사건도 같은 종류의 언론 통제로 보았다. 자신의 치부를 보도하는 해외 언론을 유치한 방식으로 길들이거나 공격적으로 단속하는 것은 정도 차이가 있을 뿐 아시아 국가들의 공통점이라는 것이다.[23]

2015년 3월, 메르켈 수상이 일본을 방문하여 성찰적 역사의식을 촉구한 것은 독일인들에게 높은 평가를 받았다. 메르켈은 위안부 문제를 직접으로 언급하지 않았지만 패전이 독일을 나치의 야만에서 해방했다는 바이체커 연설을 인용하고 독불 관계를 빗대 "화해에는 양쪽이 필요하다"면서 과거 문제에 대한 전향적 접근을 "우아하게" 촉구했다.[24] 여기서 양쪽이란 일본과 중국을 말한다. 중국 정부가 역사문제에 대해 전략적이며 선택적으로 접근하기 때문에 이는 민감한 외교문제였다. 그러나 메르켈의 비판은 아베에게 가 닿지 못했다. 종전 70주년을 즈음해 독일의 신문들은 일본의 "퇴행적"이며 "선택적"인 역사인식을 헤드라인에 올렸다.[25] 이유 분석에는 동아시아 전문가인 이안 부루마(Ian Buruma)가 즐겨 인용된다. 아시아태평양전쟁에 대한 일본인들의 기억문화의 특징인 "죄(guilt) 대신 수치(恥; shame)", 그리고 "전도된 희생자 의식"(reversed victimhood)이 과거의 잘못에 대한 성찰을 방해한다는 것이다.[26]

---

23 Kingston, Jeff, "Foreign media feels the heat from prickly government minders", *the japan times* (May 2, 2015).

24 Krote, Thomas, "Merkel wirbt in Tokio fur Aufarbeitung der Kriegszeit", *Frankfurter Rundschau* (March 10, 2015); Bloom, Nikolaus, "Die höfliche Mahnerin", *Spiegel Online* (March 9, 2015).

25 예컨대 *Der Tagesspiegel* (August 14, 2013); *Der Tagesspiegel* (August 15, 2015).

26 "Die "unbehagliche" Beziehung", *Deutsche Welle* (September 28, 2012).

동아시아 역사 갈등을 다루는 독일 언론의 태도에서는 두 가지 특징이 관찰된다. 첫째, 독일의 역사적 경험과의 연결이다. 아시아여성기금에 반발하는 한국인 피해자와 시민사회의 분위기를 전하는 『프랑크푸르터 알게마이네』 통신원 단신[27]에 대해 독일의 철학자이며 정치이론가인 헤르만 뤼베(Hermann Lübbe)는 고노담화와 무라야마담화가 독일인의 기준에는 못 미치지만 나름 충분하고 명확한 사과의 표현이었다며, 더 이상의 사과 요구는 "사죄 의례"(Entschuldigungsritual)를 요구하는 것일 뿐이라고 비판했다. 나아가 뤼베는 이 문제와 관련해 1980년대 중반의 독일 역사가 논쟁을 "사실"(Fakten)을 말했음에도 오해와 비판의 대상이 된 사례로 소환함으로써 홀로코스트 상대화 시도를 옹호하려 했다.[28] 이는 『프랑크푸르터 알게마이네』 칼럼을 통해 역사적 책임의 조건 없는 인정이라는 원론적 견지에서 맹렬하게 비난받았다. 그러나 여기서 피해 인정과 물적 배상은 별개의 문제였다. "불의가 있었음을 인정하는 것만으로도 고통은 줄어든다. 물질적 배상이 있든 없든."[29]

둘째, 독일 저널리스트들이 동아시아 국제질서를 이해하는 중심축은 일본이며, 중국의 부상 이후 중국이 추가되었다는 점이다. 이에 비해 정치적, 사회적, 경제적 교류의 역사가 상대적으로 짧은 한국에 대한 이해는 제한적이며 단편적이었다. 따라서 위안부 문제의 서술은 일본에 관한 관심에서 출발해 일본 이해의 심화로 귀결된다. 이는 보도 생산자가 주로 일본 전문가인 도쿄 주재 통신원들이었던 것과 무관하지 않다. 그

---

27 *Frankfurter Allgemeine Zeitung* (October 8, 1998).

28 Lübbe, Hermann, "*Ich entschuldige mich*". *Das neue politische Bußritual* (Berlin: Siedler, 2001).

29 Augstein, Franziska, "Büßerhemden, maßgefertigt", *Frankfurter Allgemeine Zeitung* (March 20, 2001).

러나 지난 십여 년간 일본이나 중국을 통하지 않고 직접 한국을 인식하거나 서울에 체류하며 여러 언론매체에 동시에 기사를 송고하는 프리랜서 저널리스트들을 통해 한국과 동아시아 사회에 대한 심화된 분석과 비판적 견해가 제시되기도 하였다.

예컨대 국영방송인 『도이체 벨레』는 과거 문제를 어렵게 만드는 이유로 남한, 북한, 중국의 공격적 내셔널리즘의 충돌이라는 구조에 주목했다.[30] 각국 정치 지도자들의 내부 지지자를 향하는 내셔널리즘이 빚어내는 국가 간 갈등은 공존과 번영을 위해 평화로운 국제질서를 추구했던 전후 유럽과 다르다는 것이다. 2015년 12월 28일 한일 위안부 합의 이후 전개된 한일 외교와 경제 갈등 국면에서는 일본의 책임 외에도 한국인들의 선택적 민족주의와 편향된 인권 의식이 비판대에 올랐다. 예컨대 자유주의 일간지인 『쥐트도이체 차이퉁』 동아시아 통신원은 역사를 정치에 이용해 온 것은 일본뿐 아니라 중국과 한국의 정치 지도자들도 마찬가지라며, 중국과 한국을 향해 불편한 과거를 직면할 용기가 있는지 묻는다. 이 점에서 그는 위안부 합의에 임한 일본의 태도를 진전된 것으로 평가했다.

> "일본은 자신의 역사의 어두운 면에 그야말로 저항했다 (…) 독일의 예에서 알 수 있듯이 과거를 정리하는 것이 경제적으로 가치가 있음을 일본은 점차 깨닫고 있다."[31]

---

30 Freund, Alexander, "Kommentar: Zeit vergeht - Schuld nicht!", *Deutsche Welle* (August 14, 2015).

31 Neidhart, Christoph, "Dichtung und Wahrheit", *Süddeutsche Zeitung* (December 29, 2015).

다만 합의 직후 일본 정부의 외신 정책을 통한 적극적 입장 표명이 기사 논조에 반영되었을 가능성을 참작할 필요는 있어 보인다.

비판적 대안언론 『타게스차이퉁』의 프리랜서 통신원은 남한에서 위안부 문제에 관한 관심이 민족주의 정서에 이용되고 있다고 비판한다. 역사해석, 북핵 문제, 사회복지 등 거의 모든 정치적 사회적 이슈에서 세대와 정치집단들이 대립하는 "갈라진 사회"(gespaltene Gesellschaft)에서 위안부 문제는 한국인을 결집하는 힘을 가졌다는 것이다. 1986년생으로 베를린 출신인 이 기자는 중국에서 탈북민 문제를 취재하며 한반도에 도달했다. 그는 "청동 조형물"인 소녀상 지킴이를 자처하며 전국에서 모여든 남한의 대학생들이 불과 수백 킬로미터 떨어진 북한 수용소에서 벌어지는 인권 문제에 무지하다는 사실을 놀라워한다. 이런 의미에서

> "위안부 토론이 좀 더 솔직해지면 좋겠다. 일본 우익의 역사 수정주의는 의심할 바 없이 수용 불가다. 마찬가지로 남한 쪽에서도 위안부의 고통이 민족주의적 목적을 위해 도구화되는 것에 관한 성찰적 논의가 필요하다."[32]

2018년 강제징용 판결이 경색시킨 한일관계를 보는 시각은 실용주의와 역사의식의 대립으로 요약된다. 『프랑크푸르터 알게마이네』 도쿄 통신원인 경제전문가는 역사 갈등으로 촉발된 무역분쟁을 "외교적 재앙"으로 정의하고, "도덕적 동인"이 "정치적 실용주의"를 압도해서는 안 된다며 한국의 지속적인 사과 요구가 일본인들을 지치게 만든다고 논평

32 Kretschmer, Fabian, "Zum Nutzen der Nation", *Die Tageszeitung* (September 18, 2017).

했다.[33] 이에 대해 한국학 연구자인 한네스 모슬러(Hannes B. Mosler)는 역사적 맥락을 제거한 실용주의라고 비판했다. 프랑스나 폴란드에 역사적 책임을 인정함으로써 도덕 문제를 극복한 독일에 비해 일본은 불충분한 사과를 역사 부정으로 뒤엎기를 반복해왔다며, 이에 대한 한국인들의 피로도 마찬가지로 크다는 것이다.[34] 한편 독일자유민주당(FDP) 계열의 프리드리히 나우만 재단 한국 사무소장 크리스티안 탁스(Christian Taaks)는 배상 문제에 잠재된 폭발성을 지적한다.

> "폴란드의 배상 청구를 둘러싼 분쟁을 보면, 그러한 감정이 유럽에서도 얼마나 빨리 활성화될 수 있는지 알 수 있다."[35]

역사적 불의에 대한 독일의 책임 인정과 사과 및 배상은 나치 제노사이드에 관한 것이며, 식민지배와는 역사적 맥락이 다르다. 헤레로 전쟁으로 불리는, 1904년부터 1908년까지 독일제국이 아프리카 식민지의 헤레로족과 나마족에 자행한 대량학살을 나치 유대인 학살의 선행 사례로 주장하는 논의도 있다.[36] 제국주의와 식민지배의 역사가 짧고 규모가 비교적 작았던 독일에서 식민지 문제가 학계와 사회의 관심사로 들어온 것은 2000년대 들어서의 일이다. 나미비아인들은 이 문제에 관

---

33 Welter, Patrick, "Neue Fronten in Ostaisen", *Frankfurter Allgemeine Zeitung* (September 9, 2019).

34 Mosler, Hannes B., "Wehret der Müdigkeit!", *Frankfurter Allgemeine Zeitung* (September 23, 2019).

35 Geiger, Klaus, "Ostasien verständlich", *Die Welt* (August 15, 2019).

36 이 논의에 관한 국내 소개로 고유경, 「헤레로 전쟁을 어떻게 가르칠 것인가? 다원적 관점의 독일 식민주의 역사교육」, 『독일연구』 제40호(2019), 43-78쪽. 특히 제2장 참조.

한 독일 정부의 책임 인정과 배상을 위해 싸워왔고, 독일의 시민사회 일부가 이에 협력했다.

헤레로 봉기 100주년을 맞은 2004년 8월 14일 오카라라라에서 열린 기념행사 연설에서 연방 경제협력부 장관 하이데마리 비조렉-조일(Heidemarie Wieczorek-Zeul, SPD)이 완곡한 사과 표명을 하였고,[37] 2015년에는 연방의회 의장 노베르트 라머르트(Nobert Lammert, CDU)가 독일제국 군대의 행위를 제노사이드(Volkermord)로 규정하였다.[38] 2016년 7월 독일 정부는 헤레로와 나마 제노사이드를 인정하는 최초의 공식 문서를 발표했으며,[39] 2021년 5월 28일에 공식 사과했다. 그러나 언론을 통해 발표된 사과 성명은 조심스러운 언어로 법적 책임을 피해 갔으며, 독일 정부가 약속한 10억 달러에 이르는 개발 원조 역시 엄밀한 의미의 피해 '배상'이 아니라는 점에서 비판받았다.

독일 언론의 서구중심주의와 한국인들의 이중 잣대

위안부 문제 해결을 목표로 하는 한국의 시민운동은 자신들의 초국적 연대 노력이 전시 성폭력과 여성 인권 문제를 국제사회 의제로 올리

37 "addressing Germany and Namibia's past and looking to the future" (April 9, 2018).

38 Schwarzer, Anke, "Nama und Herero. Völkdermord ohne Entschädigung?", *Blätter*, 10/2015.

39 Deutscher Bundestag, Der Aufstand der Volksgruppen der Herero und Nama in Deutsch-Südwestafrika (1904-1908). Völkerrechtliche Implikationen und haftungsrechtliche Konsequenzen, Aktenzeichen WD 2 - 3000 - 112/16 (September 27, 2016).

는 데 중요한 역할을 했다고 평가한다.[40] 1991년 8월에 있었던 김학순의 공개 고발은 당시 독일 사회에는 거의 알려지지 않았다. 유고슬라비아 전시 강간을 다룬 헤이그 전범 법정(1993), 제2차 세계대전 당시 독일군이 자행한 조직적 강간에 대한 제네바 UN 인권위원회 보고서(1995), 르완다 내전의 인종학살에 대한 탄자니아 전범재판(1996) 역시 대중적 관심으로 연결되지 못했다. 『타게스차이퉁』은 20세기 전시 성폭력 침묵의 연대기를 정리하면서 김학순의 도쿄 지방재판소 제소(1991년 12월 6일)[41]와 다른 위안부 피해자들이 참가한 야마구치 지방재판소 제소(1992년 12월 25일)[42]를 구분하지 못하고 둘을 1992년 12월 6일로 섞는 오류를 범하기도 했다.[43]

독일 내 위안부 문제 시민운동 행위자는 한인 이주 여성들이었다. 특히 김학순의 증언을 계기로 위안부 운동에 뛰어든 베를린의 재독한국여성모임은 한국의 정신대문제대책협의회(현 정의기억연대)와 협력하고 베를린 일본여성회와 연대하며 독일 녹색당의 도움을 받았다.[44] 이들이 독일어로 번역한 위안부 피해자 증언집 『매춘에 강요되다』(*In die Prostitution gezwungen. Koreanische Frauen erinnern sich. Zeugenaussagen*

---

40 이나영, 「경계에서 출발해 경계를 넘어: 1990년대 일본군 '위안부' 운동의 초국적 연대를 중심으로」, 『구술사연구』, 제9권 2호(2018), 191-230쪽.

41 김학순 외 피해자 9명(군인, 군속)의 아시아태평양전쟁한국인 희생자 보상청구소송.

42 하순녀 외 위안부 피해자 3명과 여자근로정신대 7명의 부산 '종군위안부' 여자근로정신대 공식 사죄 등 청구소송.

43 예컨대 Welzel, Petra, "Im Kriegsfall gegen die Waffen der Frauen", *Die Tageszeitung* (May 5, 1999).

44 재독 한인 여성들의 '위안부' 문제 운동 역사에 대해서는 한정로, 「독일 동포와의 연대」, 한국정신대문제대책협의회 20년사 편찬위원회 (편), 『한국정신대문제대책협의회 20년사』 (한울, 2014), 340-368쪽을 참조하였다.

aus dem japanischen Asien-Pazifik-Krieg, 1996) 서평에서 슈미트 기자는 군위안소 운영 사실을 외면하는 일본 정부와 주류 사회, 그리고 피해자들을 침묵시킨 한국의 가부장 사회 모두를 비판했다.[45]

녹색당 계열의 『타게스차이퉁』과 사회주의의 『노이에스 도이칠란트』는 처음부터 위안부 문제를 여성문제로 접근함으로써 차별성을 드러냈다. 그러나 이들이 이 문제에 관심을 가진 것은 1990년대 후반에 이르러서의 일이다.[46] 다만 다른 매체들이 '위안부' (Trostfrauen)라는 단어를 쓸 때 이 두 일간지는 적극적으로 "성노예" (Sex-Sklave)를 기사 제목으로 올렸다. 특히 『타게스차이퉁』은 2000년 도쿄 여성법정에 참관단을 파견했으며, 여기에는 스벤 한센(Sven Hansen) 기자와 여성 인권단체 메디카 몬디알레(medica mondiale)의 베아테 치글러(Beate Ziegler), 나치 강제 성매매를 폭로한 사회학자 크리스타 파울(Christa Paul) 등이 참여했다. 구(舊)유고슬라비아 전쟁의 강간과 고문 보도를 계기로 설립된 의사들의 NGO인 메디카 몬디알레는 1993년부터 보스니아에서 전시 강간 피해 여성들을 위한 의료지원센터를 운영해왔으며, 재독 한인 시민단체인 코리아협의회(Korea Verband)의 위안부 운동에도 협력하고 있다.

도쿄 여성법정 보도를 계기로 '위안부' 문제는 오스트리아 대표 일간지 『슈탄다드』, 베를린 일간지 『타게스슈피겔』, 독일 사민당 자매지 『프랑크푸르터 룬트샤우』, '남독 신문' 으로 알려진 『쥐트도이체 차이

---

45 Schmitt, Uwe, "Jungfrauenabgabe für den Tenno. Koreanische Zwangsprostitution bezeugen ihr Elend", *Frankfurter Allgemeine Zeitung* (January 27, 1997).

46 위안부 문제에 관한 최초의 기사는 각각 *Neues Deutschland* (November 28, 1997); *Die Tageszeitung* (April 28, 1998).

퉁』 등 다양한 매체들의 관심사가 되었다. 그러나 결론을 예측할 수 있었던 여성법정의 판결은 피해 여성들의 존엄 환기라는 상징적 의미에 그칠 뿐이었다.[47] 이 문제에서 더 의미 있는 법적 투쟁은 일본의 가장 중요한 동맹국이며 무역 상대국인 미국의 캘리포니아에서 일본 정부를 상대로 제기된 강제징용 피해배상 집단 소송이었다.[48] 이 점에서 2000년 법정의 의미는 위안부 문제의 실질적 해결에 기여하기보다는 (이는 모의 법정이었다는 한계에서 비롯된다) 이 문제를 한일 간 역사 갈등을 넘어 보편적 여성 인권을 대변하는 이슈로 국제사회에 각인한 점에 있다.

'위안부' 문제에 대한 독일 언론의 비판적 입장을 두고 일본의 역사 수정주의자들은 뻔뻔하다고 비난해 왔다. 제2차 세계대전 당시 유럽에서 독일 군대가 체계적이고 조직적으로 실행한 강제 성매매 때문이다. 크리스타 파울은 이 문제를 다룬 자신의 책 일본어판 서문에서 독일이 "나치 시대에 행해진 성폭력을 일본의 경우처럼 중요한 문제로서 다루는 데에 이르지 못하였다" 면서 일본 시민운동의 노력을 높이 평가했다.[49] 그러나 일본 우익에게 독일의 사례는 위안부 피해를 상대화하고 배상 요구를 전례가 없다고 거부하는 근거로 사용된다. 독일군의 전시 성범죄가 반세기 넘게 침묵에 갇혀 제대로 된 인정과 배상이 이루어지지 않은 것은 사실이다.[50] 그 이유는 성매매 여성에 대한 완고한 사회적

---

47 Schneppen, Anne, "Nur ein symbolisches Urteil!", *Frankfurter Allgemeine Zeitung* (December 13, 2000).

48 예컨대 Schneppen, Anne, ""Japan muß mit seiner Vergangenheit ins reine kommen" Ehemalige Zwangsarbeit fordern jetzt Entschädigung", *Frankfurter Allgemeine Zeitung* (September 14, 2000).

49 Paul, Christa/ イエミン 惠子 외 역, 『ナチズムと强制賣春』(明石書店, 1996), p. 9.

인식의 지속, 홀로코스트 집단 기억의 거대 서사, 피해자의 주변부성, 효과적 사회운동의 부재 등에서 찾을 수 있다.[51] 그러나 적어도 독일에서 이 일은 부정이나 상대화의 대상이 된 적이 없으며, 오히려 과거 정리에는 종료가 없음을 깨닫게 한 계기로 인식된다.

그럼에도 미 연방의회 위안부 결의안 동참 제안이 2012년 독일 연방의회에서 거부된 일은 이 문제에 관한 독일 정치권의 냉담한 실용주의를 보여준다. 그해 2월 사민당(SPD), 좌파당(Die Linke), 녹색당(Die Grune) 의원들이 독일 연방의회 인권 및 인도적 원조 위원회에 제출한 일본 제국의 '위안부' 인정과 배상을 촉구하는 결의문은 기민당(CDU)

---

50 그러나 사회적 학문적 논의는 꾸준히 이어졌다. 예컨대 종전 50주년에 브란덴부르크 동독 방송(Ostdeutscher Rundfunk-Brandenburg TV)이 제작한 다큐멘터리 〈거대한 침묵. 수용소 유곽〉(Das große Schweigen. Bordelle im KZ, 1995), 60주년에 독일 제1방송(ARD)이 제작한 다큐멘터리 〈전리품인 여성. 군대와 매춘〉(Frauen als Beute. Wehrmacht und Prostitution, 2005)이 있다. 프랑스 점령지에서 독일 군대가 구축한 군 유곽 시스템에 관해서는 Meinen, Insa, *Wehrmacht und Prostitution im besetzten Frankreich* (Bremen: Edition Temmen, 2002), 수감자 노동력 '제고'를 위해 나치 친위대가 설치 운영한 수용소 유곽에 대해서는 Sommer, Robert, *Das KZ-Bordell. Sexuelle Zwangsarbeit in nationalsozialistischen Konzentrationslagern* (Paderborn et al: Verlag Ferdinand Schöningh, 2009), 소련에서의 독일군 성폭력 연구로 Mühlhäuser, Regina, *Eroberungen. Sexuelle Gewalttaten und intime Beziehungen deutscher Soldaten in der Sowjetunion 1941-1945* (Hamburg: Hamburg Edition, 2010), 폴란드에서의 독일군 성폭력 연구로 Röger, Maren, *Kriegsbeziehungen: Intimität, Gewalt und Prostitution im besetzten Polen 1939 bis 1945* (Frankfurt am Main: Fischer, 2015), 그리고 최후까지 침묵 된 주제였던 연합군의 성폭력에 관해 Gebhardt, Miriam, *Als die Soldaten kamen: Die Vergewaltigung deutscher Frauen am Ende des Zweiten Weltkriegs* (München: Deutsche Verlagsanstalt, 2015) 등의 연구가 있다.

51 이 논의는 정용숙, 「나치 국가의 매춘소와 강제성매매. 그 실제와 전후 시대의 기억」, 『여성과 역사』, 29권 (2018), 375-420쪽, 특히 제5장 참조.

과 기사당(CSU) 및 자민당(FDP) 의원들이 반대하여 채택되지 못했다.[52] 그 이유는 첫째, 후쿠시마 대지진으로 일본이 어려움을 겪는 시점에서 부적절한 일이며, 둘째, 일본에 낙인찍기라는 것이다. 왜냐하면,

> "일본인들은 이 문제의 처리에 노력하고 있고, 우리는 일본 민주주의를 충분히 확신하고 해법을 찾을 것으로 믿는다."[53]

녹색당 의원들은 이 제안이 일본을 겨냥하는 것이 아니라 피해자들의 요구에 답하는, 그 자체로 좋은 일이라고 설득했다. 그러나 보수 정당 의원들의 입장은 우선 전시 성범죄는 일본만의 문제가 아니라는 것, 그리고 피해자의 고통을 부정하려는 것은 아니나 독일은 당사자가 아니므로 이와 같은 논의에 끼어드는 일은 부적절하다는 것이었다.[54]

일본 정부의 체면을 고려한 보수당과 자유당 정치가들의 이와 같은 정치적 거리 두기의 이득은 2014년 오바마 대통령이 한국을 방문했을 때 "일본의 성노예"라는 단어를 써서 일본 정부의 거센 반발을 산 일에서도 확인되었다.[55] 한미일 공조를 위해 한일관계 회복이 필요한 미국에는 위안부 문제가 정치적 외교적 관심사였지만, 그런 이해관계가 없는 독일인들에게는 멀리 떨어진 동아시아 국제정치일 뿐이다.

---

52 해당 결의문은 Deutscher Bundestag, *Antrag: Anerkennung und Wiedergutmachung des Leids der "Trostfrauen"*, Drucksache 17/8789 (February 29, 2012).

53 Jeong, Ok-Hee, "Japans ungesühntes Kriegsverbrechen", *Die Zeit* (September 10, 2013).

54 Deutscher Bundestag, "Antrag zu japanischen "Trostfrauen" abgelehnt", *Presse Aktuelle Meldungen* (April 25, 2012).

55 예컨대 *Spiegel Online* (April 26, 2014).

게다가 전시 성폭력 책임과 침묵에서 자유로운 강대국은 별로 없다. 2004년의 아부 그라이브 스캔들은 성적 폭력이 전쟁 도구로 사용되는 것을 통제하려는 국제사회의 노력에 찬물을 끼얹은 사건으로 통한다.[56] 일본군 위안부 피해자들의 명예 회복을 일관되게 지지해 왔던 사민당 자매지마저 오바마의 "성노예" 발언을 꼬집으며 미국 정부 비판에 동참한 이유다. 『프랑크푸르터 룬트샤우』는 미국 정부가 아부 그라이브 이후 10년이 지나도록 사과는커녕 침묵하며 논의 자체를 봉쇄한 것을 상기시켰다.[57]

전쟁 폭력과 여성 인권 차원에서 일본군 위안부 피해자들에 대한 지지와 연대가 각국 정부에 딜레마를 가져오는 것이 이 지점이다. 예컨대 독일과 미국이 자신의 전시 성폭력에 침묵하면서 동아시아 위안부 문제에 '연대' 한다는 것은 모순이다. 아시아태평양전쟁에서 일본 군대가 만들어낸 군 '위안부' 는 1945년 이후에도 아시아 지역에서 주로 미군의 필요로 지속되었다. 1990년대에 일본군 위안부 문제를 독일 기자로는 가장 많이 보도했던 슈미트가 『디벨트』 워싱턴 통신원으로 옮긴 후 오키나와의 미군 '위안부' 취재에 뛰어든 것은 우연이 아닐 것이다.[58] 해방 후 남한 군대 역시 아무런 문제의식 없이 한국군 '위안부' 와 미군 '위안부' 를 운영했고, 이에 관한 학문적 논의는 이제 겨우 시작되는 중이다.[59] 이 점에서 오스트리아의 자유주의 일간지는 베트남전쟁의 한국

---

56 Zerki, Sonja, "Die Illusion vom weiblichen Krieg", *Süddeutsche Zeitung* (May 7, 2004).

57 Fras, Damir, "Keine Debatte, kein Skandal", *Frankfurter Rundschau* (April 30, 2014).

58 예컨대 Schmitt, Uwe, "Japanische Feldbordelle für liebeshungrige Gis", *Die Welt* (May 30, 2013).

군을 지적하며 위안부 문제를 대하는 "한국인들의 이중 잣대"를 꼬집었다.[60]

빈 페스티벌에서 공연된 창극 〈트로이의 여인들〉 감독을 맡은 아이다 카릭(Aida Karic)은 구(舊)유고슬라비아 전쟁의 피난민 출신 여성이다. 작품 준비를 위해 한국에 와서 20여 명의 위안부 피해자들의 이야기를 들었는데, 그들의 이야기가 하나같이 비슷하고 몰개성적이라는 인상을 받았다고 토로했다.[61] 이는 피해자들이 한국 사회와 대중의 선택적 듣기에 적응해 온 결과일 것이다. 대부분 식민지의 서발턴으로 위안부 피해자가 된 여성들의 생애에서 젠더 서사와 민족 서사는 뒤엉키고 충돌한다. 탈식민 과제라는 역사적 특수성과 여성 인권이라는 보편적 가치를 동시에 좇아야 했던 상황은 위안부 문제 해결에 헌신해 온 사회운동에도 지속적인 긴장을 초래했다.[62] 이와 같은 내적 갈등은 위안부 기억의 장소로 자리잡은 '평화의 소녀상'을 보는 복잡한 시선에서 드러난다.

---

59 예컨대 김귀옥, 『그곳에 한국군 '위안부'가 있었다』(선인, 2019).

60 Kretschmer, Fabian, "Zwangsprostitution und Krieg: Südkoreanische Doppelmoral", *Der Standard* (March 24, 2016).

61 Redaktion, "Hekuba hat keine Angst mehr. Aida Karic recherchierte in Seoul die Geschichte der ehemaligen "Trostfrauen", der Zwangsprostituierten im zweiten Weltkrieg Die Regisseurin im Interview", *Der Standard* (May 10, 2007).

62 정진성, 「전시 하 여성침해의 보편성과 역사적 특수성. 일본군 위안부 문제에 대한 국제사회의 인식」, 『한국여성학』 제19권 2호 (2003), 39-61쪽; Ahn, Yonson, "Together and Apart: Transnational Women's Activism in the 'comfort women' Campaign in South Korea and Japan." *Comparative Korean Studies*, Vol. 23 No. 1 (2015), pp. 39-62.

평화의 소녀상을 둘러싼 기억정치

2011년 12월 14일, 수요시위 1,000회를 맞아 서울의 일본 대사관 앞에 처음 설치된 '평화의 소녀상'은 역사적 잘못을 성찰하지 않는 일본 국가와 정부에 대한 한국인들의 항의와 고발의 표현이었으며 또한 그렇게 이해되었다.[63] 그러나 2015년 12월 위안부 합의 이후 한국 내에서 반일 감정이 증폭되면서 소녀상 설치 행위는 위안부 문제 해결을 위한 남한 시민운동에 대한 지지의 상징이 되었고, 한국 영토 밖에서 한인 커뮤니티의 정체성과 연결된 운동으로 발전했다.[64] 그와 함께 이를 둘러싼 한일 분쟁도 세계로 확산하였다. 이 기념물의 영어 명칭은 '평화상'(Statue of Peace)이다. 그러나 일본 우익은 줄기차게 '위안부상'이라고 부르며, 한국 대중에게는 '소녀상'으로 통한다. 이 기념물에 부여하려는 의미의 다양함을 보여준다. 독일 신문들은 맥락에 따라 '평화상'이라는 정식 명칭을 사용하거나 "이른바 위안부상"이라고 쓴다.

2016년 초에 독일은 이 기념물의 설치를 둘러싼 분쟁 무대의 대열에 합류했다. 이는 독일 남서부의 생태도시로 알려진 프라이부르크(Freiburg)와 수원시가 2015년 11월 자매결연을 하면서 수원시장 염태영이 제안한 소녀상 선물을 프라이부르크 시장 디터 잘로몬(Dieter Salomon)이 흔쾌히 수락하면서 시작되었다. 잘로몬은 이를 그저 "전시 성폭력과 집단 강간에 반대하는 사례로 좋은 생각" 정도로 이해했다. 이

63 Neidhart, Christoph, "Leeres Ritual", *Süddeutsche Zeitung* (July 2, 2012).

64 해외의 위안부문제 운동을 한국인 디아스포라 정체성 정치 일부로 보는 논의의 일례로 이지영, 「샌프란시스코 위안부 '기림비' 건립 운동과 자이니치 코리안의 정체성 정치」, 『기억과 전망』, 42호 (2020), 255-264쪽.

선물은 2016년 12월 10일 국제 인권의 날 기념으로 프라이부르크 시립 공원에 세워질 예정이었다. 그러나 이 사실이 알려지자 일본 외교가가 즉시 반응했다. 주독일 일본 총영사가 프라이부르크까지 직접 와서 부시장 오토 나이덱(Otto Neideck, CDU)을 만나 이 일이 독 · 일 외교관계에 미칠 파장을 경고했다. 일본의 자매도시인 마츠야마(Matsuyama) 시는 30년간의 자매결연을 끊겠다고 위협했다. 잘로몬 시장은 진퇴양난에 처했고, 수원시가 제안을 철회함으로써 일단락되었다.

지역 신문은 프라이부르크 시장의 "순진함"을 나무라는 한편 수원시장의 "교묘함"을 비난했다. 그 근거는 선물 뒤에 숨겨진 수원시장의 정치적 의도에 대한 추측이었다. 수원시장이 이 선물을 제안한 시점인 2016년 5월은 불과 몇 달 앞서 2015년 12월 28일 체결된 한일 위안부 합의의 조건으로 일본 정부가 소녀상 철거를 요구했다는 사실이 알려지면서 한국인들의 반일 감정이 고조된 시기였다는 것이다. 지역 신문들은 프라이부르크에 소녀상을 설치함으로써 일본을 국제적으로 압박하는 성과를 거두고 그리하여 국내 지지자들의 인기를 얻으려는 수원시장의 정치적 의도가 깔렸다는 의심을 제기했다. 왜냐하면 시립 공원에 소녀상이 설치되었더라면 유럽 최초의 소녀상이 그것도 공공장소에 설치된다는 상징성을 획득했을 것이기 때문이다.[65]

이 해석은 근본적으로 틀리지 않았다. 왜냐하면 프라이부르크에 세우기로 했던 소녀상이 그다음 해에 바이에른 비젠트(Wiesent)에 건립된 것을 두고 한국 언론이 바로 그렇게 의미 부여했기 때문이다. 『코리아 타임즈』는 비젠트 소녀상을 "유럽 최초의 위안부상"으로서 "위안부에

---

65 예컨대 Siebold, Heinz, "Freiburger Partnerschaften: OB opfert Trostfrau für Japan", *Stuttgarter Nachrichten* (October 3, 2016).

대한 세계의 인식을 촉진하는 수단"으로 정의함으로써 그 설치 행위의 정치적 함의를 드러냈다.

> "2015년 12월 한국과 일본 정부 간에 맺어진 위안부 문제 합의에 항의하는 60여 개의 소녀상이 일본의 반대에도 불구하고 한국과 해외에 세워지거나 세워지고 있다."[66]

2017년 3월 8일 국제 여성의 날 기념으로 바이에른의 작은 마을 비젠트(주민 2,500명)에 있는 사유 공원인 네팔 히말라야 파비용(Nepal-Himalaya-Pavillon)에 세워진 유럽 최초의 소녀상 '수니' (SuNI)는 실패한 프라이부르크 프로젝트의 부활이었다. 그러나 프라이부르크의 소녀상 설치가 비록 무산되었음에도 전국 규모 일간지에 보도되며 위안부 문제의 공론화에 조금이나마 이바지한 데 비해[67] '수니'는 대체로 지역 이슈에 머물렀다.[68]

미국의 한인 시민단체인 배상과 교육을 위한 위안부 행동(CARE) 대표인 김현정은 소녀상이 공공 부지에 세워져야 한다고 강조한다. 왜냐하면 주민 공동체의 논의와 승인을 거치지 않은 기념물은 지역사회의 지지를 받지 못하고 조롱의 대상으로 전락하기 쉽기 때문이라는 것이다.[69] 해외 최초의 소녀상이 한국과 특별한 연고도 없는 글렌데일에 자

---

66 Kim, Bo-eun, "Europe's First Comfort Women Statue Set up in Germany", *The Korea Times* (March 9, 2017).

67 예컨대 *Frankfurter Allgemeine Zeitung* (September 23, 2016); *Die Tageszeitung* (October 5, 2016).

68 Gruber, Stefan, ""Trostfrau" mahnt zum Frieden", *Mittelbayerischer Verlag* (March 12, 2017).

리 잡을 수 있었던 이유를 기억활동가이며 역사학자 임지현은 "기억과 희생의 연대"에서 찾는다. 이곳에는 해외에서 가장 큰 아르메니아인 공동체가 있고, 아르메니아인은 19세기 후반과 20세기 초반 오스만 제국에 의한 제노사이드 기억이 있으며, 이것이야말로 글렌데일의 아르메니아인들이 일본군 위안부 피해자들의 고통에 반응한 이유라는 것이다.[70]

프라이부르크와 비젠트의 논란을 계기로 소녀상은 기억정치의 사례로 떠올랐다. 이 논란을 분석한 미국의 연구자들은 동아시아 역사에 대한 이해가 얕은 지자체 정치인들이 동아시아 국제사회에서 정치적으로 까다로운 이슈인 위안부 문제에 심사숙고하지 않고 경솔하게 행동함으로써 결과적으로 "편들기"(taking side) 논란을 불러일으킨다고 주장했다.[71] 그러나 1960년생 녹색당 정치가인 잘로몬 시장은 과거를 다루는 일의 까다로움이나 기억문화에 무지하지 않았다. 이 제안을 선뜻 받아들인 이유는 오히려 독일 사회의 기억문화 규범에 충실했기 때문이다. 그가 알지 못했던 것은 위안부 문제를 둘러싼 동아시아의 역사정치였다. 본의 일본학자인 라인하르트 췰너(Reinhard Zöllner)는 바로 이 점을 지적한다.

> "이는 양국 국민에게는 여전히 해결되지 않은 문제이기 때문이다. (…) 양국 정부가 외교적 해법에 합의했다는 것이 이 문제에 대한 양국 사회의 긴장

---

69 김현정, 「무분별한 '해외 소녀상 세우기'의 부작용」, 『경향신문』(2020년 1월 6일).

70 임지현, 『기억전쟁. 가해자는 어떻게 희생자가 되었는가』(휴머니스트, 2019), 162쪽.

71 Ward, Thomas J. and William D. Lay, *Park Statue Politics. World War II Comfort Women Memorials in the United States* (Bristol: E-International Relations, 2019), p. xi.

이 해소되었다는 의미는 아니다."[72]

그는 오스트리아에서 주민공청회 논의 끝에 소녀상 설치가 일본에 대한 "도덕적 판결"과 "민족에 대한 폄훼"로 받아들여질 수 있다는 이유로 거부한 사례도 있다고 소개하면서 이 기념물이 역사적 화해와 특히 평화 만들기에 이바지할 수 있겠는지 묻는다. '평화상'을 표방하는 소녀상 설치의 정치적 맥락에 대한 비판이다. 그의 인터뷰는 일본 우익 잡지 『사피오』(SAPIO)에 "독일의 일한사 연구자가 위안부상의 해외 건립에 반대하는 이유"라는 제목으로 소개됐으며, 이 문제에서 독일은 일본을 배우라는 충고가 따라붙었다.

> "전시 하 성폭력의 보상에 대해서는 독일에서마저도 아직 대응하지 않고 있다. (…) 독일의 정부도, 미디어도, 사회도 모두 눈을 감아 왔다. (…) 일본에서는 독일이 참고로 해야 할 여러 가지 연구 성과나 정치적 해결의 전략이 축적되었다."[73]

2019년 8월 일본 나고야의 아이치 트리엔날레에서 소녀상의 전시와 철거를 둘러싸고 벌어진 소동을 소개한 독일 매체들은 이를 일본 우익의 위력을 확인시킨 일이라고 평가했다.[74] 비슷한 일이 이미 독일에서 여러 번 일어난 경험 때문이다. 나치 여자수용소를 개조하여 전시 성폭

---

72 Felden, Esther, "Freiburg und die Trostfrau", *Deutsche Welle* (September 21, 2016).

73 藤原修平, 「國際情報, ドイツの日韓史研究者が慰安婦像の海外建造に反對する理由」, 『NEWSポストセブン』 (March 29, 2017).

74 Hahn, Thomas, "Telefonterror der Wutbürger", *Süddeutsche Zeitung* (September 3, 2019).

력 연구와 교육의 중심 역할을 하는 라벤스브뤽 기념관은 이미 2017년 4월에 전시실 구석에 놓인 "위안부상" 모형을 철거해 달라는 일본 대사관의 요청에 시달린 바 있다. 현지 한인 단체의 요청으로 전시된 것이었고 상설 전시가 아니어서 큰 소동으로 비화하지는 않았지만, 인자 마이넨(Insa Meinen) 관장은 "이 조그만 모형이 그런 소동으로 번질 줄은 상상하지 못했다"며 고개를 저었다.[75] 같은 일이 2018년 함부르크의 도로테 죌레 하우스(Dorothee-Sölle-Haus)와 본 여성박물관에서, 2019년 도르트문트의 촐러른 탄광 산업박물관("Zeche Zollern" industrial museum)에서 반복되었다. 문제는, 소녀상 설치를 둘러싼 한국 측 옹호자들과 일본 정부의 경쟁적 로비가 결과적으로는 보는 이들에게 피로감을 자아내면서, 역사 전달의 통로와 수단이며 기억을 담는 그릇이라는 기념물의 의미는 사라지고 상충하는 기억들 사이의 전쟁터로 전락한다는 점이다.

프라이부르크와 비젠트 소녀상 설치 논란을 계기로 이 기념물의 역사 정쟁화 문제를 지적하는 미국의 연구자들은 젠더 관점에서 위안부 문제는 동아시아 전통사회 전체를 관통하는 "여성혐오 범죄"(crime of misogyny)라는 틀에서 파악해야 한다고 주장한다.[76] 이는 이 문제를 제대로 이해하기 위해서는 그것만 떼어서 볼 것이 아니라 전체 스토리와 내러티브를 봐야 한다는 것이다. 이런 의미에서 한국인 피해자만 부각하는 방식에 반대하며 일본 군대와 국가, 그리고 조선과 대만과 중국의 협력자를 동시에 다룰 것을 요구한다. 젠더적 관점에서 본다면 아시아 태평양전쟁의 일본군 위안부는 시대와 공간을 넘어 확대될 수 있다. 종

---

75 Scheerschmidt, Kevin, "Japanische Reflexe", *Süddeutsche Zeitung* (August 14, 2019).

76 Ward and Lay, *Park Statue Politics*, p. 255.

전 이후 한국, 일본, 필리핀 등지의 미군 기지촌 '위안부'는 물론 북한 이탈 여성들에 대한 성 착취와도 연결된다.

위안부 기념물을 민족 간 기억정치의 전쟁터에서 구해내기 위해 공공 역사적 접근이 필요하다. 예컨대 독일의 어떤 장소에 위안부 기념물을 설치한다면, 이는 독일군과 일본군의 전시 성범죄에 대한 기억과 연구를 독일적 맥락에서 활성화하는 것을 촉진할 수 있어야 하며, 결과적으로 완전히 다른 디자인과 의도로 제작된 새로운 기념물의 제작이 필요할 수도 있다. 한국인 위안부 피해자의 고통을 기억하는 것을 넘어 전시 성폭력 일반에 대한 성찰로 나아가야 하며, 독일인들 자신의 기억, 궁극적으로는 제2차 세계대전과 그 직후 유럽 전역에서 독일군과 연합군을 막론하고 광범위하게 일어났던 전시 성폭력에 대한 기억과 성찰과도 연결될 수 있어야 한다.

이런 방향의 노력이 본 여성사 박물관에서 소녀상 설치를 둘러싼 홍역을 치른 후 시도된 바 있다.[77] 이와 같은 작업을 위해 선행되어야 할 것은 독일인들 스스로의 전시 성폭력 과거를 공론화하는 일이다. 이 문제를 드러내고, 기억하고, 교육하는 기념물이 특정 지역과 장소에 생겨야 하는 이유, 의미, 형태를 합의하는 과정이 필요하다. 평화의 소녀상이 일본의 역사적 불의에 대한 고발을 넘어 전시 성폭력과 보편적 여성 인권에 대한 연대를 지향한다면, 그 목표는 기념물의 설치 자체보다는 그에 이르는 과정에서 성취될 것이기 때문이다.

77 예컨대 Reitinger, Magnus, "Kreipes "Friedensstatue" für Bonn", *Münchner Merkur* (March 6, 2020).

역사 화해의 유럽 모델을 넘어

독일의 저널리스트들은 동아시아 평화로운 국제질서를 위해 역사 화해가 필요하며, 여기에 이른바 독일모델이 참고가 될 수 있다고 믿는다. 독일이 홀로코스트와 전쟁범죄를 인정하고 사과함으로써 '독일문제'를 졸업하고 EU의 실질적 지도자가 될 수 있었던 것처럼, 일본도 가해자로서의 과거로부터 비롯된 문제를 주도적으로 해결함으로써 동아시아 평화 질서에 기여하고 경제적 실익도 얻을 수 있다는 것이다. 역사적 사실로서 '위안부' 에 대한 실증은 더는 관심사가 아니며, 문제는 책임 인정과 후속 조치다. 이 점에서 위안부 문제를 바라보는 각 언론 매체의 시각은 자국의 국내 문제에서 차별화되는 정치적 입장과 크게 관계없이 대체로 자유주의적이며, 전후 독일 사회가 확립해 온 기억문화에 충실하다. 다만 좌파 성향 매체일수록 페미니즘적 시각이 더해지며 전시 성폭력과 여성 인권의 측면을 주목한다.

특히 자유주의 또는 대안 비판 언론들은 보편적 여성 인권을 위한 연대라는 인도적 차원에서 일본 정부의 책임 있는 자세를 요구하며 이를 위한 행동에 동참하기도 한다. 그러나 이와 같은 각성은 제삼세계의 전시 성범죄와 주로 연결되고 있으며, 위안부 문제를 독일 자신의 전시 성폭력 과거사와 연결하려는 적극적인 노력은 찾아보기 어렵다. 독일에서 이 문제는 동아시아에서만큼 공론화된 적이 없다. 독일의 한인 이주민 커뮤니티에 의한 위안부 문제 시민운동, 그리고 나치 강제 성매매 과거의 폭로는 적어도 대중적 차원에서는 서로 연결되지 못하고 있으며, 애초에 대중적 관심 자체가 낮다. 독일인들의 정서에서 전시 성폭력을 범죄로 인식하고 이에 응답한 중요한 계기는, 지리적으로 역사적으로 더 가까운 구유고슬라비아와 르완다에서 일어난 동시대의 비극이 TV 보도를 통해 생생한 영상으로 유럽 전역에 퍼져나간 것이었다.

이 점에서 일본과 한국의 위안부 문제 시민운동은 선례 없이 자신만의 길을 개척해 왔다. 민족주의화 요구와 미래지향적 초(超)민족주의 사이에서 줄타기하며 반(反)전쟁범죄와 여성 인권의 지구적 연대를 통한 확장을 도모해 왔음에도 민족주의적 협의성 시비에서 벗어날 수 없었던 이유는, 위안부 문제가 민족주의 맥락에서 소환될 때 한국인들의 반향을 얻어왔기 때문이다. 평화의 소녀상은 이와 같은 내적 갈등을 드러내는 장소가 되었다. 이 점에서 소녀상 설치를 둘러싼 분쟁은 '위안부' 를 어떻게 기억할 것인가로 연결된다. 임지현에 의하면, 오늘날 기억은 그 자체의 생명력으로 영토나 집단의 틀에 매이지 않고 누구에 의해 어떤 장소에서 어떻게 다른 기억들과 연결되느냐에 따라 다양한 의미가 획득되고 새로 만들어진다. 이런 의미에서 해외의 소녀상 설치 현상은 위안부 기억의 "탈영토화" 와 연대의 가능성 혹은 불가능을 가늠하는 시험대가 될 수 있다.

전후 독일을 중심으로 한 유럽의 역사 화해는 세계사적으로 보편적 현상으로 보기 어렵다. 냉전은 유럽과 동아시아에서 각기 다른 전후 처리와 과거 청산을 가져왔다. 연합국은 전후 독일을 민주주의 체제로 바꾸는 데 성공했고, 이를 위해 탈나치화가 필요했다. 그러나 동아시아에서 미국은 자국 중심의 아시아 태평양 국제질서를 만드는 과정에서 천황을 비롯한 일본의 전쟁 책임자들을 면책했다. 독일과 마찬가지로 미국의 지원으로 신속한 경제 복구를 이룬 일본은 아시아의 경제 대국이 됨으로써 과거의 잘못에 대한 책임을 회피할 수 있는 위치에 올랐다. 이런 상황에서 한국을 비롯한 주변의 피해국들은 일본을 향해 '독일처럼' 책임지라고 요구한다.

기억정치와 기억문화에서 독일과 일본은 대립 모델이다. 교과서 분쟁이 지속되는 아시아와 달리 독일의 역사교육과 공공역사에서 나치 과거는 핵심 주제로 다뤄진다. 전후 독일의 기억문화는 홀로코스트에 대한 성찰을 토대로 형성되었고, 이는 시민사회의 합의와 확고한 지지를 기반으로 한다. 그런 의미에서 성찰적 기억문화는 전후 독일인의 정체성 일부가 되었다고 할 수 있다. 일본의 시민사회는 이와 같은 성찰적 기억문화를 만들지 못했을 뿐만 아니라 우익 정치인들은 오히려 이와는 반대 방향으로 전후 일본인 정체성을 촉진해 왔다. 독일 사회가 성찰적 기억문화에 충실한 것은 '역사적 죄인' 이 유럽 국제사회에서 자신감 있게 나설 수 있는 원천이며 조건이다. 그러나 독일인들의 기억문화는 유럽 안에 머물 뿐 제국주의 과거를 포용하는 데까지 나아가지 못했다. 예컨대 아프리카 식민지의 제노사이드 문제에 소극적으로 대처해 온 독일 정부의 태도는 나치 과거를 다루는 적극성과 비교된다. 이 점에서 전쟁범죄와 식민지배가 얽히고설킨 까다로운 유산과 씨름하는 동아시아 시민사회는 역사 갈등과 화해에서 자신들의 길을 만들고 있다.

■참고 문헌

"addressing Germany and Namibia's past and looking to the future" (April 9, 2018) https://windhuk.diplo.de/na-en/themen/politik/-/1991846 (검색일: 2021년 4월 19일)

Augstein, Franziska, "Büßerhemden, maßgefertigt", *Frankfurter Allgemeine Zeitung* (March 20, 2001)

Bloom, Nikolaus, "Die höfliche Mahnerin", *Spiegel Online* (March 9, 2015).

Coulmas, Florian, "Was Schulkinder nicht wissen sollen. Kein Ende der hitzigen Debatten um Japans Geschichtsbild", *Neue Züricher Zeitung* (March 3, 1997).

Deutscher Bundestag, "Antrag zu japanischen "Trostfrauen" abgelehnt", *Presse Aktuelle Meldungen* (April 25, 2012) https://web.archive.org/web/20130522155922 http://www.bundestag.de/presse/hib/2012_04/2012_209/01.html (검색일: 2020년 1월 21일)

Deutscher Bundestag, *Antrag: Anerkennung und Wiedergutmachung des Leids der "Trostfrauen"*, Drucksache 17/8789 (February 29, 2012).

Deutscher Bundestag, Der Aufstand der Volksgruppen der Herero und Nama in Deutsch-Südwestafrika (1904-1908). Völkerrechtliche Implikationen und haftungsrechtliche Konsequenzen, Aktenzeichen WD 2 - 3000 - 112/16 (September 27, 2016) https://www.bundestag.de/resource/blob/478060/28786b58a9c7ae7c6ef358b19ee9f1f0/wd-2-112-16-pdf-data.pdf (검색일: 2021.4.19.)

"Die "unbehagliche" Beziehung", *Deutsche Welle* (September 28. 2012).

Felden, Esther, "Freiburg und die Trostfrau", *Deutsche Welle* (September 21, 2016).

Fras, Damir, "Keine Debatte, kein Skandal", *Frankfurter Rundschau* (April 30, 2014).

Freund, Alexander "Kommentar: Zeit vergeht - Schuld nicht!", *Deutsche Welle* (August 14, 2015)

Geiger, Klaus, "Ostasien verständlich", *Die Welt* (August 15, 2019)

Gremis, Carsten, "Japans neuer Nationalismus", *Frankfurter Allgemeine Zeitung* (March 6, 2014).

Gremis, Carsten, "Die Geister der Vergangenheit", *Frankfurter Allgemeine Zeitung*

(March 7, 2014)
Gruber, Stefan, ""Trostfrau" mahnt zum Frieden", *Mittelbayerischer Verlag* (March 12, 2017).
Hahn, Thomas, "Telefonterror der Wutbürger", *Süddeutsche Zeitung* (September 3, 2019).
"Japan weist Obamas Kritik an Zwangsprostitution", *Spiegel Online* (April 26, 2014)
Jeong, Ok-Hee, "Japans ungesühntes Kriegsverbrechen", *Die Zeit* (September 10, 2013)
Kim, Bo-eun, "Europe's First Comfort Women Statue Set up in Germany", *The Korea Times* (March 9, 2017)
Kingston, Jeff, "Foreign media feels the heat from prickly government minders", *the japan times* (May 2, 2015)
"Kniefall angemessen oder übertrieben?", *Der Spiegel*, vol. 24, no. 51 (December 13, 1970). https://www.spiegel.de/politik/kniefall-angemessen-oder-uebertrieben-a-861df9eb-0002-0001-0000-000043822427 (검색일: 2021년 4월 19일)
Kretschmer, Fabian, "Zwangsprostitution und Krieg: Südkoreanische Doppelmoral", *Der Standard* (March 24, 2016).
Kretschmer, Fabian, "Zum Nutzen der Nation", *Die Tageszeitung* (September 18, 2017)
Krote, Thomas, "Merkel wirbt in Tokio für Aufarbeitung der Kriegszeit", *Frankfurter Rundschau* (March 10, 2015)
Minoguchi, Tan, "Entbräunungs-Serenade", *Süddeutsche Zeitung* (July 12, 1999).
Mosler, Hannes B., "Wehret der Müdigkeit!", *Frankfurter Allgemeine Zeitung* (September 23, 2019).
Neidhart, Christoph, "Dichtung und Wahrheit", *Süddeutsche Zeitung* (December 29, 2015).
Neidhart, Christoph, "Leeres Ritual", *Süddeutsche Zeitung* (July 2, 2012).
Redaktion, "Hekuba hat keine Angst mehr. Aida Karic recherchierte in Seoul die Geschichte der ehemaligen "Trostfrauen", der Zwangsprostituierten im zweiten Weltkrieg Die Regisseurin im Interview", *Der Standard* (May 10, 2007)
Reitinger, Magnus, "Kreipes "Friedensstatue" für Bonn", *Münchner Merkur* (March 6, 2020).
Scheerschmidt, Kevin, "Japanische Reflexe", *Süddeutsche Zeitung* (August 14, 2019).

Schmitt, Uwe, "Entschuldigung Japans für Krieg und Kolonialherrschaft", *Frankfurter Allgemeine Zeitung* (August 24, 1993)

Schmitt, Uwe, "Als Minister ist ein Sozialist sogar in Seoul willkommen", *Frankfurter Allgemeine Zeitung* (September 7, 1993).

Schmitt, Uwe, "Die Vertreibung aus der Nachkriegszeit", *Frankfurter Allgemeine Zeitung* (September 11, 1993).

Schmitt, Uwe, "Der schier endlose Marsch von Japans "Trostfrauen" Streit uber zwiespaltigen Wiedergutmachungsplan", *Frankfurter Allgemeine Zeitung* (July 28, 1995).

Schmitt, Uwe, "Jungfrauenabgabe für den Tenno. Koreanische Zwangsprostitution bezeugen ihr Elend", *Frankfurter Allgemeine Zeitung* (January 27, 1997).

Schmitt, Uwe, "Japanische Feldbordelle für liebeshungrige Gis", *Die Welt* (May 30, 2013).

Schneppen, Anne, ""Japan muß mit seiner Vergangenheit ins reine kommen" Ehemalige Zwangsarbeit fordern jetzt Entschädigung", *Frankfurter Allgemeine Zeitung* (September 14, 2000)

Schneppen, Anne, "Nur ein symbolisches Urteil!", *Frankfurter Allgemeine Zeitung* (December 13, 2000).

Schneppen, Anne, "Der isolierte Archipel", *Frankfurter Allgemeine Zeitung* (April 6, 2005).

Schneppen, Anne, "Stolz mit Tsukuru-kai", *Frankfurter Allgemeine Zeitung* (April 22, 2005).

Schwarzer, Anke, "Nama und Herero. Völkermord ohne Entschädigung?", *Blätter*, 10/2015 https://www.blaetter.de/ausgabe/2015/oktober/nama-und-herero-voelkermord-ohne-entschaedigung (검색일: 2021.4.19.)

Siebold, Heinz, "Freiburger Partnerschaften: OB opfert Trostfrau fur Japan", *Stuttgarter Nachrichten* (October 3, 2016).

Welter, Patrick. "Neue Fronten in Ostaisen", *Frankfurter Allgemeine Zeitung* (September 9, 2019).

Welzel, Petra, "Im Kriegsfall gegen die Waffen der Frauen", *Die Tageszeitung* (May 5, 1999).

Zerki, Sonja, "Die Illusion vom weiblichen Krieg", *Süddeutsche Zeitung* (May 7, 2004).

김현정,「무분별한 '해외 소녀상 세우기' 의 부작용」,『경향신문』(2020년 1월 6일).

藤原修平,「國際情報, ドイツの日韓史?究者が慰安婦像の海外建造に反對する理由」,

『NEWSポストセブン』(March 29, 2017). https://www.news-postseven.com/archives/20170329_500792.html?DETAIL (검색일: 2020년 8월 27일)

Ahn, Yonson, "Together and Apart: Transnational Women's Activism in the 'comfort women' Campaign in South Korea and Japan", *Comparative Korean Studies*, Vol. 23 No. 1 (2015), pp. 39-62.

Buruma, Ian/정용환 역, 『아우슈비츠와 히로시마』 (한겨레출판, 2002): *Ian Buruma, The Wages of Guilt: Memories of War in Germany and in Japan* (1994).

Gebhardt, Miriam, *Als die Soldaten kamen: Die Vergewaltigung deutscher Frauen am Ende des Zweiten Weltkriegs* (München: Deutsche Verlagsanstalt, 2015).

Kingston, Jeff, "The Japan Lobby, press freedom and public diplomacy", Kingston (ed.), *Press Freedom in Contemporary Japan* (New York: Routledge, 2017).

Lübbe, Hermann, "*Ich entschuldige mich*". *Das neue politische Bußitual* (Berlin: Siedler, 2001)

Meinen, Insa, *Wehrmacht und Prostitution im besetzten Frankreich* (Bremen: Edition Temmen, 2002)

Mühlhäuser, Regina, *Eroberungen. Sexuelle Gewalttaten und intime Beziehungen deutscher Soldaten in der Sowjetunion 1941-1945* (Hamburg: Hamburg Edition, 2010)

Paul, Christa, *Zwangsprostitution. Staatlich errichtete Bordelle im Nationalsozialismus* (Berlin: Edition Hentrich, 1994)

Paul, Christa/ イエミン 惠子 외 역, 『ナチズムと强制賣春』 (明石書店, 1996): Christa Paul, *Zwangsprostitution. Staatlich errichtete Bordelle im Nationalsozialismus* (1994).

Röger, Maren, *Kriegsbeziehungen: Intimität, Gewalt und Prostitution im besetzten Polen 1939 bis 1945* (Frankfurt am Main: Fischer, 2015)

Sommer, Robert, *Das KZ-Bordell. Sexuelle Zwangsarbeit in nationalsozialistischen Konzentrationslagern* (Paderborn et al: Verlag Ferdinand Schöningh, 2009).

Sommer, Robert, "Die Entschädigung von "asozialen" Opfern des Nationalsozialismus nach 1945", *Das Blättchen. Zweiwochenschrift für Politik, Kunst und Wirtschaft*, vol. 17, no. 13, (Juni 23, 2014) https://dasblaettchen.de/2014/06/die-entschaedigung-von-%e2%80%9easozialen %e2%80%9c-opfern-des-nationalsozialismus-nach-1945-29301.html (검색일: 2016년 2월 29일)

Ward, Thomas J. and William D. Lay, *Park Statue Politics. World War II Comfort Women Memorials in the United States* (Bristol: E-International Relations, 2019).

고유경, 「헤레로 전쟁을 어떻게 가르칠 것인가? 다원적 관점의 독일 식민주의 역사교육」, 『독일연구』 제40호 (2019), 43-78쪽.
김귀옥, 『그곳에 한국군 '위안부' 가 있었다』 (선인, 2019)
이나영, 「경계에서 출발해 경계를 넘어: 1990년대 일본군 '위안부' 운동의 초국적 연대를 중심으로」, 『구술사연구』, 제9권 2호 (2018), 191-230쪽.
이지영, 「샌프란시스코 위안부 '기림비' 건립 운동과 자이니치 코리안의 정체성 정치」, 『기억과 전망』, 42호 (2020), 255-264쪽.
임지현, 『기억전쟁. 가해자는 어떻게 희생자가 되었는가』 (휴머니스트, 2019).
정용숙, 「나치 국가의 매춘소와 강제성매매. 그 실제와 전후 시대의 기억」, 『여성과 역사』, 29권 (2018), 375-420쪽.
정재정 외, 『일본군 '위안부' 문제 관련 국내외 사례조사 및 향후과제 종합 보고서 2: 일본군 '위안부' 관련 언론 부문 기초 조사 보고서』 (여성가족부, 2017).
정진성, 「전시 하 여성침해의 보편성과 역사적 특수성. 일본군 위안부 문제에 대한 국제사회의 인식」, 『한국여성학』 제19권 2호 (2003), 39-61쪽.
한정로, 「독일 동포와의 연대」, 한국정신대문제대책협의회 20년사 편찬위원회 (편), 『한국정신대문제대책협의회 20년사』 (한울, 2014), 340-368쪽.

5장

인권의 수호자와 방관자 사이

영국 언론의 '위안부' 보도

염운옥(경희대)

제3자의 시선

이 글은 영국 주요 언론이 한국의 일본군 '위안부' 문제를 어떻게 보고 있는지 분석하는 시도이다. 한국에서는 1991년 김학순의 피해자 증언이 나오면서 위안부는 잊힌 존재에서 역사적 존재로 스스로를 일으켜 세우고 목소리를 내는 출발을 했다. 피해 당사자의 증언과 연구자, 시민사회의 활동에 힘입어 위안부 문제는 한국과 일본 사이 식민지 과거 청산의 주요 이슈로 부상했고, 나아가 전쟁기 여성 인권 침해를 바로잡고 회복적 정의를 실현하는 보편적 지평으로 확대될 수 있었다. 일본군 '위안부' 문제는 한일 간의 외교 갈등이나 피해 사실에 대한 배보상 문제로 축소될 수 없는 이유가 여기에 있다고 할 것이다.

하지만 최근까지도 일본군 '위안부' 문제는 피해자의 인권을 최대한 존중한 사죄와 배상을 받아내는데 이르지 못하고 있다. 2015년 말 박근혜 전 대통령과 아베 신조(安倍晋三) 전 총리에 의해 전격 타결된 이른바 '한일 위안부 합의' 는 한일 간의 갈등을 더욱 심화시키는 결과를 낳았을 뿐이었다. 또한 2016년~2017년에는 유네스코 등재를 둘러싼 논란이 있었다. 한국의 26개 민간단체 연합체가 일본군 '위안부' 관련 자료를 모아 유네스코 세계기억유산(UNESCO memory of the world) 등재를 추진했지만 외교 무대에서 일본의 전방위적 압박으로 등재는 연기되었고, 결국 유네스코는 정치적 분쟁의 소지가 있는 기록에 대해서는 등재하지 않는다는 결정을 내렸다. 2018년 9월~10월에는 오사카시와 샌프란시스코시 사이에 소녀상 건립을 둘러싼 갈등이 발생했다. 샌프란시스코시 시장이 서구 주요 도시로는 처음으로 소녀상 건립을 결정하자 오사카시는 이에 크게 반발해 자매시 결연을 취소하겠다며 항의하기에 이르렀다.

하지만 국제사회에서 일본군 '위안부' 문제에 관해 이 사안이 여성의 인권 침해에 해당하기 때문에 피해자에게 부당하게 가해졌던 수치와 낙인을 거두고, 가해자에게 책임을 물어야 한다는 합의가 일찍이 이루어졌다.[1] 일본군 '위안부' 에 관한 영국 언론의 전반적인 보도 태도는 이런 국제사회의 인식을 반영하고 있다. 영국은 이 문제에 있어서 직접적인 이해 당사국이 아니다. 영국 언론은 영국 사회의 관심사를 투영해 일본군 '위안부' 문제를 바라보게 마련이다. 따라서 영국 언론의 일본군 '위안부' 보도 태도에는 영국 사회가 2차 대전 전쟁범죄와 과거 청산을 바라보는 이중적인 시선이 엿보인다.

이 글에서는 일본군 '위안부' 피해자 당사자가 스스로 목소리를 내기 시작한 1990년대부터 2019년까지 30년 동안 영국 주요 언론이 이 문제를 어떻게 보도했는지 분석했다. 주요 여섯 개 일간지 『더 타임스』(*The Times*), 『가디언』(*The Guardian*), 『파이낸셜 타임스』(*Financial Times*), 『인디펜던트』(*The Independent*), 『데일리 텔레그래프』(*The Daily Telegraph*), 『데일리 메일』(*Daily Mail*)과 두 개 주간지 『이코노미스트』(*The Economist*), 『뉴스테이츠먼』(*The New Statesman*)를 분석 대상으로 삼았다. 분석 대상 기사 검색에는 전문 텍스트(full text)를 제공하는 ProQest

1 Kelly D. Askin, "Comfort Women Shifting Shame and Stigma From Victims To Victimizers", *International Criminal Law Review*, Vol.1. No.1(2001), p. 5.

Central (PQC) 데이터베이스를 활용했다. 영국 언론은 『더 타임스』와 『파이낸셜 타임스』는 중도 우파, 『가디언』과 『인디펜던트』는 중도 좌파, 『데일리 텔레그래프』는 보수 우파, 『데일리 메일』은 대중지로 각기 정치적 성향이 뚜렷하게 나뉘지만, 해외 뉴스에 관해서는 각 언론사의 정치적 입장이 반드시 반영되지는 않는다. 1992년에서 2019년 기간 동안 '위안부'가 검색어로 포함된 기사는 모두 472건이었다. 각 언론사의 보도량을 보면, 『더 타임스』 107건, 『가디언』 55건, 『파이낸셜 타임스』 118건, 『인디펜던트』 48건, 『데일리 텔레그래프』 69건, 『데일리 메일』 13건, 『뉴스테이츠먼』 9건, 『이코노미스트』 53건 등이었다. 분석은 1990년대, 2000년대, 2010년대의 세 시기로 구분해, 각 시기별 보도 건수와 보도 내용을 살펴보는 방식으로 진행했다.

영국군 포로 배상 요구와 일본군 '위안부'

1990년대 영국 언론의 일본군 '위안부' 관련 보도는 유고 내전의 성폭력 문제와 함께 등장했다. 유고 전시 강간 실태가 폭로되면서 여론의 관심을 받게 되었고, 전시 여성에 대한 성폭력이라는 맥락에서 일본군 '위안부' 문제를 재발견하는 계기가 되었던 것이다. 한국에서는 1991년 김학순의 증언이 일본군 '위안부' 공론화의 출발이었다. 8월 14일 김학순은 정신대문제대책협의회(현, 정의기억연대)를 직접 찾아가 실명으로 증언하고 강제 연행이 없었다는 일본의 주장을 반박하고 나섰다. 김학순의 발언은 한국 내 첫 일본군 '위안부' 피해자 당사자 증언으로서 의미가 컸다. 하지만 이 증언이 곧바로 직접 영국 언론에 보도되지는 않았다. 후일 일본군 '위안부' 운동이 국제적으로 알려지고 인정받게 되면서, 운동의 역사와 현황을 소개하는 기사들은 김학순의 첫 증언에 역사적인 의미를 부여하고 있다. 하지만 이는 사후적인 것이었다.

1992년 9월 8일 『더 타임스』에 실린 인권 변호사 바바라 휴슨(Barbara Hewson)의 기고문을 통해 일본군 '위안부' 문제 발견의 계기가 유고 내전이었음을 알 수 있다. 유고 내전에서 출발해 일본군 '위안부', 나아가 전시 여성에 대한 성폭력 일반으로 인식의 확장을 보여준다. 휴슨은 무슬림 여성에 대한 집단적이고 반복적인 강간의 실태를 고발하며 글을 시작한다. 한 피해 여성은 "너는 우스타시의 아이를 갖게 될 것"[2]이란 말을 들으며 여러 남자들에게 강간당해야 했다고 한다. 휴슨은 전시 강간은 "익숙하며 오래 용인되어온 행위"라는 『우리의 의지에 반하여: 남성, 여성, 그리고 강간』(*Against Our Will: Men, Women, and Rape*)의 저자 수전 브라운 밀러(Susan Brownmiller)의 말을 인용하며, 전시 성폭력의 긴 역사와 제2차 세계대전기 독일과 아시아에서의 강제수용소 매춘과 군대 매춘을 지적했다. 그리고 나서 아시아 여성들의 일본군 '위안부' 피해 사실과 1992년 1월 서울에서 일본의 위안부 피해 배상을 요구하는 여성들의 시위가 있었다는 사실을 언급했다. 휴슨은 민간인 여성에 대한 성폭력을 금지한 1948년 제노사이드 금지 협약(Convention on the Prevention and Punishment of Genocide)에 따라 유고 전시 강간은 용서할 수 없는 범죄이며, 아시아의 일본군 '위안부' 역시 과거의 전시 성폭력 범죄의 피해자라고 강조했다.

---

2 Barbara Hewson, "Rape is a war crime too; Bosnia-Herzogovina, Modern Times", *The Times*, September 8, 1992. 우스타시(Ustashi)는 크로아티아의 파시스트 조직을 말한다.

유고 강간수용소 성폭력을 통한 과거 전시 성폭력의 재발견은 국제사회에서 일본군 '위안부' 문제에 대한 여론의 관심을 환기하는 계기가 되었다. 이런 맥락에서 1993년 8월 4일 일본 관방장관 고노 요헤이(河野洋平)가 일본군 '위안부' 동원 과정에서 군의 개입과 강제성을 인정하는 성명을 냈을 때, 영국 주요 언론은 이를 의미 있는 일보 전진이라고 평가하고, 고노담화를 이끌어 낸 배경에는 한국에서의 활발한 시위와 사죄 요구가 있었다는 점을 분명하게 전했다. 일본이 제2차 세계대전기에 한국인, 중국인, 인도네시아인, 말레이시아인, 대만인, 필리핀인 등으로 이루어진 10만~20만 명의 여성을 일본군 '위안부'로 동원했다는 사실은 태평양전쟁의 가장 어두운 역사였는데, 일본은 줄곧 이를 직시하지 않음으로써 아시아 이웃 국가에 큰 분노를 일으켰다고 했다. 그러던 일본이 태도를 바꿔 고노담화를 발표한 것은 과거에 대한 사과의 뜻을 표명함으로써 "경제적 지위에 합당한 국제정치적 역할을 찾으려는 일본의 노력"[3]에서 나온 것이라고 평가했다. 즉 고노담화에서 드러난 일본의 태도는 일본군 '위안부' 피해자의 요구에 떠밀린 것인 동시에 국제사회에서 일본의 위신을 고려한 조치라는 분석이었다.

태평양전쟁에 참전한 영국 군인들이 일본의 전쟁포로 상태에서 강제노동을 당한 피해에 대해 배상 요구를 시작한 것과 일본군 '위안부' 문제를 연결 짓는 보도는 1992년~1995년 시기의 가장 큰 특징이었다. 유고 전시 강간 문제가 여성 인권의 차원에서 국제적 연대의 대상으로 삼을 간접적 이슈였다면, 영국군 포로 문제는 영국의 자국민 피해자가 존재하는 직접적인 이슈였다. 특히 2차 대전 종전 50주년을 맞이한 1995

3 Joanna Pitman, "Japan confesses it forced women into wartime brothels", *The Times*, August 5, 1993.

년에는 한 해에만 영국군 포로 배상과 일본군 '위안부'를 연결하는 보도가 31건 있었는데, 이는 이 글에서 분석한 기간 중 3번째로 많은 양이었다.

영국과 일본은 태평양전쟁에서 교전국이었다. 일본군이 말레이반도를 공격했을 때 영국군, 오스트레일리아군, 인도군으로 편성된 연합군대는 일본군의 공세를 막지 못했고 말레이와 싱가포르가 일본에 함락되면서 10만 이상의 병력이 일본군에 항복해야 했다. 영국인들은 1941년~1942년 일본군이 연합국 포로에게 가한 만행, 특히 '죽음의 철도'라 불렸던 타이-버마 철도와 콰이강의 다리 건설에 동원된 영국군 6,904명이 사망한 사건을 결코 잊지 못했다. 전시 포로에 대한 가혹 행위를 인정하기 꺼리는 일본 정치인들의 태도는 영일 관계에 어두운 그림자를 드리우며 전면적인 화해를 늦추고 있었다. 따라서 2차 대전 이후 영일 관계는 전쟁포로 문제로 인해 쉽지 않은 재조정의 국면을 맞이할 수밖에 없었다.[4]

일본군 포로가 된 영국군의 참상과 일본군의 비인도적 행위는 보도사진, 참전 군인의 회고록, 전쟁 미술을 통해 대중에게 전달되고 기억되었다. 대만 포로수용소 생존자 아서 티서링턴(Arthur Titherington)은 회고록 『킨카세키의 날들』(*Kinkaseki: One Day at a Time*)에서 일본을 절대로 용서할 수 없다고 분노했다.[5] 종군화가 잭 초커(Jack Bridger Chalker)가

---

4 Ian Nish and Kibata Yōichi, eds., *The History of Anglo-Japanese Relations, 1600-2000: Volume II: The Political-Diplomatic Dimension, 1931-2000* (Basingstoke, Macmillan Press; New York, St Martin's Press, 2000), p.196.

5 Arthur Titherington, *Kinkaseki: One Day at a Time* (South Africa, Covos Day Books, 2000). 티서링턴은 1942년 싱가포르 함락 때 일본군에 체포되어 대만에 있는 킨카세키(Kinkaseki) 노예노동수용소로 수감되었고, 3년 동안 구리 광산에서 강제노

태국 청카이(Chungkai) 연합군 포로수용소에서 그린 열대병과 이질로 고생하다 뼈만 남은 포로들 모습은 충격을 주었다.[6] 런던 제국전쟁박물관(Imperial War Museum)이 소장한 타이-버마 철도 건설 현장에서 강제 노동했던 화가 로널드 서얼(Ronald Searle)의 스케치, 싱가포르 민간인 수용소의 영국인 여성과 어린이들의 비참한 모습을 그린 레슬리 콜(Leslie Cole)의 회화 같은 전쟁 미술은 영국 대중의 반일 감정을 자극하기에 충분했다.[7]

이 시기 보도에서 일본 '위안부'는 영국군 포로에 대한 잔혹행위라는 일본의 또 다른 전쟁범죄를 고발하고 배상 요구에 정당성을 부여하는 근거로 배치되고 있었다. 일본군 '위안부'에 대해 사죄·배상하지 않는 일본과 영국군 전쟁포로에 대해 사죄·배상하지 않는 일본이 병치되고 있는 것이다. 예를 들어, 1993년 8월 25일자 『가디언』은 호소가와 모리히로(細川護熙) 총리가 연합국 포로에 대한 잔혹 행위를 사과하자, 이에 고무된 영국 2차 대전 참전 군인들은 미츠비시와 닛산 등 일본의 다국적 기업을 상대로 법적 소송을 시작했다고 전했다. 소송의 주체는 '일본인 노동수용소 생존자 협회(the Japanese Labour Camp Survivors Association, 이하 JLCSA)'[8]였다. JLCSA는 영국 내 일본 기업에 대해 포로

동을 해야 했다. 1945년에 해방되었을 때, 그의 몸무게는 입대 당시의 5분의 1에 불과했다고 한다. 그는 JLCSA 회장을 역임했고 2010년 89세를 일기로 사망했다.

6 Jack Bridger Chalker, *Burma Railway Images of War: The Original War Drawings of Japanese POW Jack Chalker* (Oxford, Blackwell, 2007). 왕립미술학교 학생이었다가 2차 대전에 징집된 초커는 싱가포르 함락 후 포로로 지내며 버마 전선 철도 건설 공사장에서 일했고, 종전 후에는 싱가포르와 방콕에 머물면서 오스트레일리아군 사령부의 요청으로 군병원 의무기록 관리와 임상을 그림으로 기록하는 화가로 일했다.

7 IWM, *Art From the Second World War* (London, IWM, 2017), pp.56-57.

8 JLCSA는 1989년 설립됐고, 2000년대 회원은 6,500명 정도였다.

생존자 1인당 약 10만 파운드의 배상을 요구하는 소송을 영국 법원에 제기했다. 이 기사에서는 20만 명에 달하는 아시아의 일본군 '위안부' 피해 여성들은 일본 정부의 공식사죄를 요구하고 있으며, 이 중 세 명의 한국 여성 생존 피해자가 일본 정부를 상대로 소송을 냈고, 8월 23일 호소가와 총리의 사죄를 받아냈다고 썼다.[9] 일본군 '위안부' 피해자들이 끊임없이 사죄와 배상을 요구했기 때문에 일본 정부는 내키지 않아도 대응할 수밖에 없는 상황에 몰렸다는 사실은 영국군 포로의 배상 요구에 선례가 되는 고무적인 일로 받아들여지고 있었던 것이다.

또한 1995년 1월 29일 『가디언』과 1995년 1월 31일 『더 타임스』 기사에서는 JLCSA가 일본군 '위안부' 피해자들과 손을 잡았다는 소식을 보도했다. 도쿄에서 기자회견과 기념식을 열고, 일본 참전군인, 한국인 위안부 피해자 및 역사가들과 만남을 추진하는 홍보 캠페인을 시작했다는 것이다. 하지만 실제로 영국군 포로 활동가들과 일본군 '위안부' 활동가들의 만남과 연대의 구체적인 내용을 알 수 있는 후속 보도는 아쉽게도 찾을 수 없었다.

참전군인 배상과 일본군 '위안부' 문제를 나란히 배치하는 논조는 다른 기고문에서도 찾아볼 수 있었다. 언론인 출신 정치인으로 노동당 상원의원인 조앤 베이크웰(Joan Bakewell)은 『가디언』 기고문에서 일본의 포로 학대는 병사 개인의 일탈이 아니라 일본군의 조직적인 범죄였기 때문에 JLCSA의 배상 요구는 그 의미가 크다고 썼다. 일본이 경제적 능력에 맞는 국제적 지위를 획득하기 위해서는 반드시 치러야 할 대가

---

9 Sally Weale, "Ex-PoWs set to sue firms, Sally Weale reports on how victims of Japanese atrocities are hoping to gain reparation for wartime suffering", The Guardian, August 25, 1993.

가 있는데, 연합국 전쟁포로 배상과 일본군 '위안부' 배상이 바로 그것이라고 지적했다. 일본은 태평양전쟁 동안 5천여 건이 넘는 전쟁범죄를 저질렀고, 1937년 난징대학살, 싱가포르 알렉산드라 병원 학살 등에도 책임을 지지 않으면 안 된다는 것이다. 나아가 베이크웰은 영국의 책임 회피에 대해서도 신랄하게 비판했다. 일본 기업의 책임을 묻는 것과 별개로 영국 정부는 국가를 위해 희생한 노병들을 돌보는 책임을 다해야 하는데 그러지 못했다는 것이다. 하지만 역사적 책임의 소급 범위에 대해서는 선을 긋는 태도를 보였다. "라틴 아메리카는 정복자가 저지른 피해를 배상하라고 스페인에 요구할 수 있는가? 나폴레옹과 알렉산더 대왕은 전쟁 범죄자로 기소될 수 있는가?"[10]라며 배상을 어디까지 소급 적용할 수 있는가에 대해 의문을 제기했다. 도덕적 부채와 배상은 엄격히 구분될 필요가 있으며, 참전군인 배상이나 일본군 '위안부' 문제처럼 명백한 증거 입증이 가능한 범죄에 한정해 배상 논의가 전개되어야 한다는 것이 베이크웰의 주장이었다.

이 시기 전쟁포로 배상 문제가 영일 관계에서 뜨거운 이슈였다는 점은 일본 총리의 이례적인 언론 플레이에서도 확인할 수 있었다. 연합국 전쟁포로 배상 문제에 있어서 일본 정부의 공식적인 입장은 1951년 샌프란시스코 조약으로 일괄 타결됐다는 것이었다. 그런데 1998년 1월 14일 하시모토 류타로(橋本龍太郎) 총리는 영국의 타블로이드지『더 선』(*The Sun*)에 기고해 전쟁포로에 대해 후회와 가책을 느낀다고 했다. 이

---

10 Joan Bakewell, "Paying for our crimes Prisoners of war are demanding compensation, and Africa wants recompense for centuries of grotesque exploitation. But, asks Joan Bakewell, how far should we take the desire for reparations?", *The Guardian*, March 21, 1994.

돌발 발언은 같은 해 5월 27일로 예정된 아키히토(明仁) 전 일왕의 영국 방문을 앞두고 영일 간의 우호적인 분위기 조성을 위한 정치적 포석이었다.[11] 하지만 총리의 전략은 의도한 효과를 발휘하지 못했다. 런던을 방문한 아키히토 일왕은 가는 곳마다 항의에 직면했기 때문이다. JLCSA, 극동지역 영국민간인 억류자협회(the Association of British Civilian Internees-Far East Region, ABCIFER),[12] 버마작전펠로우그룹(the Burma Campaign Fellowship Group, BCFG)[13] 같은 일본군 전쟁포로 피해자 단체 활동가들과 자손들은 일왕 방문에 맞춰 항의시위를 감행했다.[14]

영국 언론들은 아키히토 일왕의 영국 국빈 방문과 이에 항의하는 참전군인과 가족들 이야기를 상세하게 보도했다. 그리고 일본군 '위안부' 문제를 함께 언급하는 것을 잊지 않았다. 『가디언』은 아버지가 일본군에 의해 고문 · 살해당했고, 자신도 마닐라에서 억류당했던 바바라 소워비(Barbara Sowerby)의 이야기를 보도했다. 윌트셔에 사는 소워비는 차를 몰고 런던으로 가서 일왕 주최 연회가 열리는 빅토리아앤앨버트 박물관(Victoria & Albert Museum) 앞에서 1인 시위를 했다. 그녀는 '1941~45년 일본군 포로'라고 쓰인 휘장을 두르고 있었다. 기사는 파크레인의 그로스브너 호텔, 버킹엄 궁전 등 일왕이 가는 곳마다 연합국 포

---

11 Ian Nish and Kibata Yōichi, eds., *The History of Anglo-Japanese Relations, 1600-2000*, p.196.

12 ABCIFER는 1994년 설립된 단체로 일본군에 억류된 영국인 민간인 18,300명 가운데 생존자 2400명을 대표한다. 회원은 약 750명 정도이다.

13 BCFG는 1991년 설립됐고 버마 작전에서 싸웠거나 싱가포르에서 체포된 100여 명과 관련자 50여 명으로 이루어진 단체다.

14 Michael Cunningham, "Prisoners of the Japanese and the Politics of Apology: A Battle over History and Memory", *Journal of Contemporary History*, Vol.39, No.4(2004), p.562.

로 피해자 약 25,000명에 대한 공식 사죄와 현금 배상을 요구하는 시위대가 따라다녔다고 전했다. 그리고는 "지난달 3명의 한국인 일본군 '위안부' 에 대한 역사적 판결[15]은 한 줄기 희망을 주었다" 고 언급했다. 끝으로 기사는 "일본은 우리가 모두 죽은 다음에야 배상 지급을 결정할 것"[16]이라는 생존 전쟁포로 아서 틴달(Arhthur Tindall)의 분노의 말을 인용하면서 일본을 질타했다. 틴달은 인도네시아에서 3년간 포로 생활을 했다. 실제로 귀환한 영국인 전쟁포로의 80%는 이미 고령으로 사망했다. 이렇듯 참전군인의 피해와 일본군 '위안부' 피해가 동일시되면서, 피해자가 자연적 죽음을 맞이할 때까지 책임지지 않고 침묵으로 일관하는 일본을 고발하는 근거가 되고 있는 것이다.

일왕의 영국 순방과 참전군인 배상 요구에 관한 일본인의 반응을 살핀 『파이낸셜 타임스』 기사도 흥미롭다. 일본인 기자가 쓴 이 기사는 아키히토의 런던 방문은 항의 소동에 휘말렸지만, 일본에서는 조용히 묻혔다고 전했다. 일본 공영방송 NHK는 버킹엄 궁전 앞에서 벌어진 참전군인과 후손들의 항의 집회는 단신으로 취급하는데 그친 반면, 지하철 사린 가스 사건의 피의자 옴진리교 교주 아사하라 쇼코(麻原彰晃, 본명 마츠모토 치즈오(松本智津夫))의 첫 재판 소식과 임박한 한일 월드컵을 더 크게 보도했다는 것이다. 기사가 인터뷰한 도쿄의 한 가정주부는 "한국의 위안부 문제와 비교하면, 영국군 포로 문제는 상당히 멀게 느껴지는 것이 사실"[17]이라며, 보통의 일본인들이 느끼는 영국군 포로 배상 문제와

---

15 관부재판(關釜裁判), 즉 시모노세키 재판을 말한다. 각주 24 참조.

16 Luke Harding, "The Emperor's visit: War survivors' last stand targets both emperor and 'Nissan' Blair Veterans vow to dog every stop on five-day state visit in pursuit of 'official apology' Compensation of pounds 14,000 a man sought", *The Guardian*, May 27, 1998.

일본군 '위안부' 문제의 온도 차이를 드러냈다.

영국군 포로에 대해서도 일본군 '위안부'에 대해서도 사과하지 않는 일본을 영국 언론은 어떻게 분석하고 있을까? 2차 대전의 전쟁 책임과 전시 범죄 책임을 회피하는 국가 일본에 대한 심층분석에서 빠질 수 없는 것이 원폭 경험이다. 전 세계에서 유일한 원폭 피해 국가라는 사실은 일본이 전쟁 책임을 은폐 혹은 망각하고, 가해국에서 피해국으로 자리 바꿈하는데 명분을 제공해왔기 때문이다. 이 점에 대해 『가디언』은 삿포로 대학 야마구치 마사오(山口昌男) 교수의 말을 인용하며 일본인 특유의 전쟁 책임 의식을 소개했다. 야마구치 교수는 "전쟁 책임이 일본보다 연합국에 더 있다는 감정이 일본인에게는 남아 있다. 히로시마와 나가사키에 떨어진 원자폭탄을 일본인이 독일인보다 더 희생자라는 증거로 삼고 있다. 그래서 일본인은 전쟁에 대해 침묵한다"[18]고 했다. 이 기사는 일본의 무책임한 태도는 불편한 과거사에 대한 사회적 합의의 부재에 의해 뒷받침되고 있다는 점, 그리고 일본 정치는 대중의 모호하고 전도된 전쟁 책임 의식에 기반하고 있는 동시에 이를 조장하고 있다는 점을 설득력 있게 제시했다.

일종의 일본인 정체성론을 전개하고 있는 분쟁지역 전문 베테랑 외신기자 마틴 월콧(Martin Woollacott)의 기사도 흥미롭다. 이 기사는 1995년 1월 17일 발생한 한신 · 아와지대지진(阪神 · 淡路大地震: 한신대지진)를 보도하면서, 태풍, 쓰나미, 지진 같은 자연재해가 많은 일본의 자연지리

---

17 Michiyo Nakamoto, "Subdued Tokyo media prefer the World Cup", *Financial Times*, May 27, 1998.

18 Jonathan Watts, "Atrocity victims line up to sue", *The Guardian*, November 27, 1998.

적 풍토와 일본인 특유의 체념 감각에 주목했다. 일본인들은 자연재해와 인재를 연결 짓는 태도를 보이는데 이는 전쟁과 원폭에까지 연장된다는 것이다. 대중들은 히로시마와 나가사키 원폭 피해를 견뎌온 무수한 자연재해 중 하나로 취급함으로써 현실을 회피하는 심리적 방어기제를 작동시켰고, 정치가들은 이런 대중심리에 편승해 일본군 '위안부' 문제를 포함한 전쟁범죄를 부인하고 있다고 월콧은 보았다. 행위자의 책임이 따르는 역사적 사건을 자연화(naturalization)함으로써 재난 앞에 어쩔 수 없었다는 합리화(rationalization)를 도출한다는 해석이다. 서구는 일본의 이러한 전쟁 책임 회피와 배상 거부를 매우 이상하게 여길지 모르지만, 원자폭탄 공격을 경험한 유일한 국가 일본은 자신을 전쟁의 희생자로 여김으로써 책임을 피해 가려 한다는 것이다.[19]

일본은 현재까지도 태평양전쟁에서 연합국 포로들에게 가한 고문과 강제노동을 인정하지 않고 있다. 일본군 노병이 개인 차원에서 영국인 노병에게 사죄하는 에피소드도 있었지만,[20] 일본 정부의 공식적인 사죄와 배상은 여전히 이루어지지 않았다. 2차 대전 종전 75주년을 맞이한 2019년 영국에서는 유럽의 전쟁이 종식된 1945년 5월 8일 'VE day'를

---

19 Martin Woollacott, "A nation not for turning The West offers compassion for the earthquake yet expects contrition from Japan-at a time when Asian nations are rejecting our values", *The Guardian*, January 20, 1995.

20 2015년 6월 23일, 기노시타 미키오(Mikio Kinoshita, 당시 95세)는 런던 한 호텔에서 영국인 해럴드 아철리(Sir Harold Atcherley, 당시 96)를 만나 사죄했다. 기노시타는 1941년 징집된 뒤 1943년 미얀마 철도 건설 현장에 투입돼 연합군 포로를 감독하는 임무를 수행했고, 아철리는 1942년 일본군의 싱가포르 점령 때 포로가 되어 다음 해 미얀마로 이송됐고 하루 250g의 쌀로 연명하며 18시간씩 노역했다. 두 사람은 당시 마주친 적은 없지만, 아철리가 지난해 제2차 세계대전 관련 다큐멘터리에 출연한 기노시타를 보고 런던으로 초청해 만남이 이루어졌다. "Video: Japanese Burma Railway soldier shakes British POW's hand", *Daily Telegraph*, June 22, 2015.

공휴일(bank holiday)로 정하고, 일본이 항복한 8월 15일을 'VJ day'로 새로 정해 기념함으로써 포로수용소에서 열대 질병과 영양실조에 고생한 영국군 포로들을 기억해야 한다는 캠페인도 벌어지기도 했다.

1990년대 초 영국 언론의 일본군 '위안부'에 대한 보도는 단독으로 보도하는 경우는 단신에 불과했고 국제 사회 및 영국 사회의 현안과 직접적 · 간접적으로 관련될 때 보도되는 경향을 보였다. 그 주요 계기는 유고 내전기 충격적인 전시 강간 실상과 영국민이 직접적인 피해를 입은 전쟁범죄인 태평양전쟁 영국군 포로 문제였다. 일본군 '위안부' 문제는 위의 두 문제를 보도하는데 도구적으로 소환되면서 재발견되는 양상을 보였다. 여성 인권의 문제라는 원론적 입장을 견지하면서도 영국 언론들이 일본군 '위안부' 피해자들의 목소리를 직접 영국 대중에게 전달하려는 노력이 보이지 않았음은 아쉬운 점이다.

갈등하는 한일관계와 일본의 우경화에 대한 우려

1990년대 후반~2000년대 보도에서 보이는 특징은 한일관계에 대한 관심과 일본의 우경화에 대한 우려가 교차한다는 점이다. 이 시기 보도는 영국과 직접적인 이해관계가 옅은 한일관계에 대해 관망하는 태도를 보이면서, 한국과 일본에서 경쟁적으로 가열되고 있는 민족주의가 한일관계에 서로에게 좋지 않은 영향을 끼친다고 평한다. 하지만 양국 문제의 핵심은 기본적으로 불편한 과거사를 사과하지 않는 일본에 있다는 논조는 분명히 드러내고 있다.

한국 측의 가열되는 민족주의 현상으로는 우선, 1995년 총독부 건물 철거를 둘러싼 논란에 대해 언급했다. 1926년 경복궁의 정면을 가로막으며 세워진 조선총독부 건물이 해방 후에는 미군정청, 정부 수립 후에는 중앙청, 국립중앙박물관으로 사용된 역사를 소개하고, 일제 과거 청산을 위해 철거해야 한다는 주장과 어두운 역사의 상징물로서 후대에 남겨 교훈으로 삼아야 한다는 주장이 팽팽히 맞섰으나 김영삼 당시 대통령의 강력한 의지로 철거가 결정됐다고 전했다. 그러면서 한편으로는 총독부 건물 철거와 수요집회 같은 역사 바로잡기를 하면서 다른 한편으로는 일본어를 열심히 배우고 일본에 경제적으로 의존하는 한국인의 양가적 태도를 지적하는 냉정한 관찰자의 시선을 보였다.[21] 특히 『인디펜던트』의 도쿄 통신원 리처드 로이드 패리(Richard Lloyd Parry)는 천안 독립기념관 방문기를 통해 배외주의로 흐르는 한국 민족주의를 비판했다. 일본이 과거에 대해 역사적 기억상실증(historical amnesia)으로 일관하고 있다면, 한국은 감정적인 제노포비아(xenophobia)로 대응하고 있다는 것이다. 패리는 독립기념관에 대해 "장엄하지만 동시에 슬픈 장소, 자부심과 성취의 성소가 아니라 희생자의식과 자기연민, 그리고 제노포비아의 성지(聖地)"[22]라고 평했다.

영국 언론들은 2002년 한일 월드컵 공동개최 결정에 많은 관심을 보였다. 2002년 월드컵 개최지 선정을 두고 국제축구연맹(FIFA)이 전례 없는 한일 공동개최를 결정할 수밖에 없었던 배경에는 양국의 열띤 민족주의 경쟁이 있었다고 분석했다. 1996년 한 해 동안 일본군 '위안부' 관

---

21 Charles Scanlon, "History that refuses to be confined to the museum", *The Guardian*, Mar 8, 1995.

22 Richard Lloyd Parry, "Loathing for former colonial master casts 50-year shadows between Korea and Japan", *The Independent*, February 1, 1997.

련 기사는 모두 14건 보도되었는데, 이중 다수가 월드컵 한일 공동개최 결정과 뒤이은 한일 정상회담을 보도한 기사였다. 월드컵 개최는 과거 식민지 지배국과 피지배국이었던 한일 양국의 월드컵 개최 사실 자체가 큰 관심을 끌었고 관계 개선의 계기가 되리라 기대하지만, 한일관계의 진전을 해치는 가장 큰 걸림돌은 일본군 '위안부' 문제라고 보았다. 한일 간의 활발한 민간 교류, 특히 김영삼 전 대통령 취임 후 일본 서적과 영화, 음악 수입 금지의 전면 해제 같은 호재가 있음에도 불구하고 여전히 해소되지 않는 적대감의 뿌리에는 미해결의 일본군 '위안부' 문제가 있다는 것이다. 한국에서는 반일 시위가, 일본에서는 혐한 시위를 나란히 벌어지면서 양국 관계는 어려움에 빠져 있다고 보도했다.

1996년 5월 31일 월드컵 한일 공동개최 결정 이후 하시모토 총리와 김영삼 대통령이 만난 이른바 '축구 서미트(soccer summit)'를 보도한 기사에서는 하시모토 총리는 한국인의 감수성을 위로하는 립 서비스 발언을 하고, 김영삼 대통령은 총리를 제주도로 초청해 넥타이 풀고 편하게 대화하자는 제스처를 취했지만, 이는 서로에게 불편한 자리였을 뿐이었다고 평했다.[23] 축구 서미트를 보도한 또 다른 기사의 작성자 패리 통신원은 사과하지 않는 쪽은 일본이고 양국의 현안 타결을 위해 노력해야 할 책임은 일본에 있다는 점을 분명히 짚었다. 하시모토 총리는 과거의 부채를 껴안고, 미래를 꿈꾸려고 한다고 말하지만, 어업협정, 북한과 안보문제 같은 긴급한 현안은 정상회담에서 언급되지 않았고, '과거의 부채' 가운데 가장 큰 문제인 일본군 '위안부' 문제는 의제로 다뤄지지도 않았다는 것이다. 회담 이후 기자들의 질문에 대해서는 '유

23 *Financial Times*, June 24, 1996.

감' 이라는 원론적 발언만 나왔을 뿐이고 핵심을 피해 갔는데 당시 핵심 문제는 300여 명의 생존 일본군 '위안부' 피해자에 대한 배상이었다. 일본 정부가 아시아여성기금[24]을 제안했지만, 한국의 일본군 '위안부' 단체는 이를 거부했다. 이 기사에서는 한국에서 아시아여성기금이 수용되지 않고 일본 정부의 공식적인 사죄를 요구하고 있다는 사실을 분명히 했다.[25]

이 시기 보도 중에는 국가 차원의 갈등과 대조적인 시민들의 이야기를 소개한 기사도 있었다. 2001년 1월 26일 도쿄 신주쿠역에서 선로에 떨어진 일본인을 구하고 열차에 치여 사망한 한국인 유학생 이수현에 관한 보도가 그것이다. 일본에서 이수현은 '전철 영웅' 이라 불렸고, 일본 시민들은 이수현의 아버지 이상태에게 5천만 엔을 모금해 전달했다고 보도했다.[26] 양국 시민들 개인의 차원에서 발휘되는 자기희생과 휴머니즘의 훈훈한 미담을 전하는 태도에는 양국의 화해와 협력을 바라는 시선이 느껴진다.

하지만 이 시기의 영국 언론의 일본군 '위안부' 관련 보도의 가장 큰 특징은 일본의 우경화에 대한 우려가 현실로 나타났고 이에 대해 비판하는 보도가 두드러지게 보였다는 점이다. 여성 인권에 대한 국제적 관심과 실천은 한층 높아져 가는 가운데 국제 여론에 역행하는 일본의 행보는 비판 여론을 한층 더 거세게 만들 수밖에 없었다. 유고 전시 성폭력 문제에 대해서도 국제사회는 단호하게 대처하기 시작했다. 1993년

24 정식 명칭은 女性のためのアジア平和國民基金(Asian Women's Fund)이다.

25 Richard Lloyd Parry, "Japan and Korea paper over cracks", *The Independent*, June 24, 1996.

26 *The Independent*, March 4, 2001.

5월 유엔 안전보장이사회 결의안에 의해 헤이그에 유고슬라비아 국제형사재판소(International Criminal Tribunal)가 개설되었고 1996년부터 본격적으로 재판이 시작됐다. 2017년 종결된 헤이그 국제형사재판소는 22년간 168명을 기소해 83명에게 유죄판결을 내렸는데, 이 중 33명을 역사상 처음으로 전시 강간으로 기소, 유죄판결을 받아낸 것이다. 이 판결은 여성 인권을 위한 회복적 정의(restorative justice) 실현에 한 걸음 앞으로 전진하는 결과를 보여주었다.[27] 2001년 2월은 헤이그 국제형사재판소 법정에서 전시 강간 처벌이 유력해졌던 시점이었다. 이는 일본군 '위안부' 생존자에게 희망을 주는 소식이었다.

그러나 일본의 시계는 거꾸로 갔다. 2001년 3월 일본에서는 관부재판(關釜裁判)[28]이 최종 패소했다. 영국 주요 언론은 10년 동안 계속된 이 재판이 최고재판소에서 최종 패소했다는 소식을 일제히 보도했고, 안타깝고 마음이 아프다는 위안부 피해자 심미자의 말을 인용했다.[29] 여전히 반복된 일본의 변명은 "일본 정부는 1991년 12월 이후로 '전시 위안부'로 알려진 문제에 대한 철저한 사실 조사 연구를 수행하여 1992년 7월과 1993년 8월에 그 결과를 발표했고, 1993년 고노담화를 통해 많은 여성의 명예와 존엄을 훼손한 것에 대해 진지한 사과와 후회를 표명했

27 오승은, 「유고슬라비아 전시강간 문제 연구: 바뀌지 않는 민족주의 집단기억」, 『세계역사와 문화연구』 54(2020), 186쪽.

28 관부(關釜)는 한국 부산(釜)과 일본 시모노세키(關)를 아울러 이르는 말이다. 관부재판의 정식명칭은 '부산 종군위안부 여자 근로정신대 공식사죄 등 청구사건'이다. 영화 〈허스토리〉의 소재가 되었던 관부재판은 일본군 위안부 피해자 3명과 근로정신대 피해자 7명이 일본 정부를 상대로 공식사죄와 보상을 요구한 재판이자 일본에서 제소된 일본군성노예제재판 중에 유일하게 일부 승소(일심)를 얻어냈으나 최종심에서는 패소한 재판이었다.

29 *The Guardian*, *Financial Times*, *The Independent*, March 27, 2001.

다"는 것이었다. 이런 일본 정부의 공식 입장은 주영 일본 대사 니시야마 신이치의 편지를 통해 영국 사회를 향해 발신되기도 했다.[30]

일본에서는 2000년대 들어서 난징학살, 위안부 동원, 만주 731부대 생체실험을 부정하는 역사 왜곡과 정치 우경화 흐름이 뚜렷하게 나타나기 시작했다. 히노마루를 일본 국기로, 기미가요를 일본 국가로 지정하는 법이 통과됐고, 노로타 호세(野呂田芳成) 전 방위청장관은 동남아시아인들은 일본이 독립을 지켜준 것에 대해 감사해야 한다고 발언해 국제사회의 비난을 샀다. 우경화의 흐름이 가장 집약적으로 표출된 영역은 미래세대의 교육과 관련된 교과서 문제였다. 이 시기는 소위 '새로운 역사 교과서를 만드는 모임(新しい歴史教科書をつくる會, 이 새역모)의 교과서를 둘러싼 논쟁이 일었다. 2001년 4월, 새역모가 후소샤(扶桑社)에서 발간한 교과서가 검정을 통과하면서 역사 수정주의는 본격적으로 등장했다. 역사 수정주의자들은 전후 민주주의를 지탱해온 역사교육을 나약한 자유주의 사관, 혹은 자학사관(自虐史觀)이라고 비판하면서 '노(No)'라고 말할 수 있는 일본이 되어야 하며, 일본인의 자부심을 지녀야 한다고 주장했다. 교육부 장관을 비롯해 집권 자민당 의원 다수가 새역모를 지지한다는 비난을 받았다. 새역모 교과서는 1960년대와 1970년대 1, 2차 교과서 공격에 이은 3차 교과서 공격이었다.[31]

영국 주요 언론은 일본의 전쟁범죄와 일본군 '위안부'에 관한 서술을 삭제한 새역모의 극우 민족주의 역사 교과서에 대해 한국에서 맹비난이 제기되고 있다는 사실을 일제히 보도했다.[32] 특히 『파이낸셜 타임

---

30 Shinichi Nishimiya, "Letter: Small comfort", *The Independent*, April 2, 2000.

31 서종진, 「일본 보수세력의 교육개혁과 교과서 공격」, 『동북아역사논총』 53(2016), 243쪽.

스』는 2005년 5월 28일에 미국의 일본학자 이안 부루마(Ian Buruma)의 특별 기고문을 실기도 했다. 부루마는 일본의 신(新)우익 애국주의자들은 일본이 전쟁범죄에 대해 충분히 사과했다고 주장하지만, 이는 전혀 사실이 아니며, 수정주의 역사 교과서로 젊은이들이 역사를 배우게 된다면 일본의 미래는 매우 염려스럽다고 비판했다.[33]

후소샤 교과서는 역사 왜곡으로 한국뿐만 아니라 중국에서도 맹비난을 받았지만 오히려 관심도 폭발하면서 아이러니하게도 베스트셀러에 오르기도 했다. 하지만 교육현장에서 실제 채택률은 2001년 0.039%, 2005년 0.39% 정도에 그쳤다. 여기에는 일본 시민사회의 풀뿌리 민주주의가 작동했다고 보아도 틀리지 않을 것이다. 이에나가 교과서 재판(家永教科書裁判)[34]의 정신을 계승 발전시킨 단체 '어린이와 교과서 전국네트21' 같은 단체가 새역모의 역사 교과서 채택 저지 운동에서 구심점 역할을 했다.[35] 영국 언론의 새역모 교과서를 둘러싼 보도는 일본 시민사회의 구도와 대응까지 심층 분석하는 데까지 이르지 못했고, 우경화 현상의 상징으로서 교과서 왜곡 문제를 보도하고, 교과서 논쟁의 최대 쟁점이 일본군 '위안부' 문제라는 것을 알리는 정도에 그쳤다.

---

32 *Financial Times*, April 4, 2001: *The Independent*, April 4, 2001, April 10, 2001: *The Guardian*, April 10, 2001, *The Daily Telegraph*, Aprol 21, May 9, 2001.

33 Ian Buruma, "A sorry state A new breed of rightwing patriots say that Japan has apologised enough for war crimes. Their controversial views, reflected in a revisionist history textbook, are being lapped up by the young", *Financial Times*, May 28, 2005.

34 역사교육학자 이에나가 사부로(家永三郞, 1913~2002)가 1962년 시작해 32년 동안 세 차례에 걸쳐 이루어진 소송이 '이에나가 재판'이다. 소송은 이에나가의 패소로 끝났지만, 일본 사회는 기나긴 재판을 통해 국가가 교과서로 국민의 생각을 통제하는 것은 옳지 않다는 사회적 합의를 이루게 되었다.

35 정미애, 「일본의 보수우경화와 시민사회의 구도」, 『일본연구』 37(2008), 21쪽.

한일관계는 여전히 개선되지 못한 채 평행선을 달렸다. 2005년 6월 29일 사이판을 방문한 일왕은 그 곳에 세워진 한국인 전몰비에 참배했다. 『타임스』는 이 소식을 전하며 일왕은 예기치 않은 화해의 제스처를 취했지만, 현지 한국인들의 반응은 싸늘했다고 전했다. 사이판 한인회 회장 조준구는 사이판과 인근 티니안섬에서 5천~1만 명의 한국인이 사탕수수 농장이나 건설 현장에 노동자로 동원돼 죽었고, 성노예로 동원됐으니 일왕의 참배를 받아들일 수 없다고 했다는 것이다.[36] 이 기사에서는 사과하는 가해자와 거부하는 피해자를 각기 일왕과 사이판 한인으로 놓고 이를 균형 있게 다루려는 태도가 돋보였다.

일본 사회의 우경화 문제와 관련해 영국 언론은 일본 지식인의 입을 빌려 우회적으로 일본을 비판하는 보도를 내는 경우가 있었다. 도조 히데키(東條英機)의 손녀 도조 유후코(東條由布子)의 망언을 비판한 아라이 유타카(Arai Yutaka) 교수의 편지와 『맨발의 겐』(はだしのゲン)[37]의 저자 나카자와 케이지(中澤啓治)의 인터뷰 기사가 여기에 해당한다. 국제 인권법 전문가인 아라이 영국 켄트대학 교수는 2005년 2월 26일 『파이낸셜 타임스』에 항의 편지를 보내 이 신문이 2월 19일자 기사에서 난징 대학살을 부정하는 도조 유후코의 발언을 무비판적으로 인용한 것을 비판했다. 난징 학살은 최소 2만 명 이상이 희생된 최악의 제노사이드였고

---

36 Richard Lloyd Parry, "Emperor seeks to heal old wounds with visit to Korean war memorial", *The Times*, June 29, 2005.

37 『맨발의 겐』은 1972년 출판된 아동용 코믹으로 전체 천 페이지에 달하는 대작이다. 이 만화는 히로시마 원폭의 원인을 미국 탓으로 돌리지 않는다. 분명하게 일본을 전쟁 침략자로 규정하고, 아시아에서의 일본 제국주의를 강조하고 있다. 반전, 반핵, 평화의 바램을 담고 일본 군국주의와 천황제를 고발하고, 조선인을 비롯한 외국인에 대한 차별을 비판했다. 특히 원자폭탄 피해의 참상을 고발하고 억울하게 희생된 조선인을 부각시켰다.

일본의 책임이 분명한데 이를 재평가해야 한다는 역사 수정주의 사관의 중심에 있는 도조 유후코 같은 인물의 주장을 여과 없이 실어서는 안 된다는 것이다. 아라이 교수는 일본군 '위안부' 같은 성노예화와 난징 학살 같은 제노사이드를 평범화(banalization)하는 것이야말로 일본 우익이 노리는 전략이자 가장 경계해야 할 태도라고 지적했다. 그러면서도 그는 지난 60여 년간 민주적이고 평화적인 헌법 체제를 향유해 온 일본 대중이 초-민족주의와 군사주의를 지지하지는 않을 것이라고 조심스런 낙관론을 폈다.[38] 사실 대중의 피로감을 조장해 '사죄 피로(apology fatigue)' 론을 조성하고, 한국이 골포스트를 옮기면서 끊임없이 사죄를 요구한다는 식으로 한국을 비난하는 것은 일본 역사 수정주의자들의 주된 전략이었다.[39] 이 점을 아라이 교수는 정확하게 짚어 냈다.

나카자와 케이지는 『데일리 텔레그래프』지와의 인터뷰에서 "일본은 히로시마에서 배우지 못했다. 나는 『맨발의 겐』을 쓸 때 분노했는데 지금도 여전히 분노하고 있다"[40]면서 일본의 우경화와 반성하지 않는 태도를 강하게 비판했다. 이 기사는 종전 60주년을 맞은 2005년 많은 교과서에서 더 이상 일본군 '위안부' 를 언급하지 않고 있으며, 일본이 영국과 다른 서구 제국주의자들로부터 아시아를 해방 시켰다는 억측이 반복되고 있다고 전함으로써 일본을 무책임한 태도를 비난하고 있다.

2007년은 한해 보도량이 38건으로 분석 대상 기간 전체 가운데 가장

---

38 Yutatka Arai, "Revisionist views on war crimes by Japanese military prompt fears for nation' s democracy", *Financial Times*, February 26, 2005.

39 손열, 「위안부 합의의 국제정치: 정체성-안보-경제 넥서스와 박근혜 정부의 대일외교」, 『국제정치논총』 58-2(2018), 160쪽.

40 Colin Joyce, "Japanese are forgetting the lessons of Hiroshima, says the man who was Barefoot Gen", *The Daily Telegraph*, August 4, 2005.

기사가 많은 해였다. 그 이유는 이때가 미국 하원에서 마이크 혼다(Mike Honda) 의원이 발의한 위안부 결의안에 관한 논의가 막바지에 이르던 시점이었기 때문이다. 위안부 결의안은 결국 2007년 7월 31일 미국 하원에서 만장일치로 채택됐다. 보도 내용을 더 살펴보면, 우선 표결을 앞두고 벌어진 여론전과 의회 로비에 대한 보도와 함께 네덜란드 일본군 '위안부' 피해자 얀 루프 오헤른(Jan Ruff O'Herne)과 한국의 일본군 '위안부' 피해자 이용수의 미국 하원 위안부청문회 증언에 관한 보도가 있었다.[41] 위안부에 강압은 없었고 결의안은 통과되지 않을 것이며 사과도 필요하지 않다는 아베 총리의 발언과 이 발언에 대한 이용수의 항의 기자회견을 보도하는 기사에서는 대구 출신으로 14세 때 납치되어 2년 동안 고초를 겪었다며 이용수의 피해 사실을 짧게 언급하기도 했다.[42] 아베의 일본군 '위안부' 부정은 잘못된 정치적 판단이며 일본 자민당은 "회색 양복에 검은 넥타이를 맨 멈출 줄 모르고 죽지 않는 정치적 괴물, 즉 전후 시대의 거대한 좀비"[43]라고 비꼬며, 일본 사회가 내부로부터 혁신하지 않는 한 자민당의 지배와 우경화는 계속될 것이라고 우려하는 기사도 나왔다.

이 시기 보도의 전체적인 특징은 한일관계에 직접적인 이해관계를 갖지 않고 있는 제3자의 입장에서 냉철하게 책임지지 않는 일본의 우경화를 비판하고 있다는 점이다. 또한 한국의 민족주의와 일본의 극우 민족주의가 대립하면서도 적대적 공존 관계를 이루며 서로에게 부정적인

---

41 *The Daily Telegraph*, February 14, May 3, 2007.

42 *The Times*, May 3, 2007.

43 Richard Lloyd Parry, "Why there is life yet in the old Liberal zombie", *The Times*, July 30, 2007.

영향을 주고 있다는 논조는 귀담아들을 만한 비판이다.

기억의 정치와 포스트콜로니얼 과거사의 부메랑

2010년대 한일관계는 계속 냉각되어 가는 가운데 아이러니하게도 2015년에는 양국 정부 간에는 위안부 합의가 이루어졌다. 하지만 한국인 위안부 피해자의 지지를 받지 못하는 국가적 차원의 위안부 합의는 이후 더 큰 반대와 논쟁을 낳으며 결국 파기 수순을 밟는 지경에 이르게 되었다. 2010년대 이후 영국 언론 보도의 첫 번째 특징은 2015년 위안부 합의에 대해 큰 관심을 보이며 전후 사정과 소녀상을 둘러싼 기억의 정치를 상세하게 보도하고 있다는 점이다. 2015년 기사는 35건으로 두 번째로 많은 양이다. 두 번째 특징은 과거사의 부메랑 현상을 들 수 있다. 이 시기에는 연합국도 위안부를 동원했다는 하시모토의 발언이 파란을 일으키면서 전시 성폭력 과거사가 과연 일본만의 문제였는가 의문이 제기되었다. 또한 마우마우 재판으로 영국이 케냐에서 자행했던 수용소 폭력에 대한 개인 배상이 이루어지면서 영제국 식민지 과거사와 배상 문제가 다시 수면 위로 떠올랐다.

우선, 위안부 합의에 관한 보도이다. 2015년 영국 언론들은 종전 70주년을 맞아 미국을 방문한 아베 총리가 4월 29일 미국 상하원 합동 연설에서 처음으로 전시 사망한 미국인에 대해 공식 사죄하며, 애도를 표했다는 점에 주목했다. 동시에 미국은 일본의 군사적 수호자로서 일본에 대한 한국인의 분노가 폭발하는 것을 원치 않으며, 동맹국이고 수만 명의 미군이 주둔하고 있는 일본과 한국 사이에 우호적인 관계를 유지

되길 바란다고 보도했다. 따라서 아베 총리가 한국과 갈등을 피하기 위해 새로운 노력에 나설 가능성이 높다고 시사했고, 실제로 2012년 이래 중단됐던 한일 정상 간 논의가 11월 재개되었다고 보도했다.[44]

2015년 12월 28일 한일 위안부 합의가 나오자 『가디언』은 그동안 강경했던 한국의 입장 변화를 가져온 것은 버락 오바마 미국 정부의 지속적인 압력의 결과이며, 이 합의는 한국보다는 아베 총리에게 중요한 성공이며, 중국과 북한의 위협에 공동 대처하기 위해 한일 양국의 화해를 촉구해 온 미국에게도 간접적인 성공이라고 분석했다.[45] 『파이낸셜 타임스』는 위안부 합의에 대해 "조심스런 환영"이라는 제목을 달고 아베는 정식 사과한 것이 아니라는 위안부 피해자 김복동의 말을 연합뉴스 인터뷰를 인용했다.[46] 『더 타임스』는 이번 결정이 한일 어느 편에서도 환영받지 못하고 있음을 생생하게 전했다. 서울에서 소녀상 앞에 모인 시위대는 아베 수상이 빌리 브란트(Willy Brandt)가 바르샤바에서 했던 것처럼 소녀상 앞에 무릎 꿇고 사과하기를 바란다고 외쳤고, 도쿄에서는 180여 명의 극우 민족주의자들이 아베 총리 관저 앞에서 위안부는 한국이 지어낸 거짓말인데 합의는 민족적 배신이며 용서할 수 없다는 플래카드를 들고 항의 데모를 했다고 보도했다.[47]

다음으로는 과거사의 부메랑에 관해서이다. 전시 성폭력은 일본만의 일인가라는 문제에 대한 논란을 촉발한 것은 2013년 하시모토 도루(橋下徹) 당시 오사카 시장의 도발적 발언이었다. 하시모토는 영국과 미국

[44] *The Times*, May 1, August 13, 2015: *Financial Times*, August 13, November 3, 2015.

[45] *The Guardian*, December 28, 2015.

[46] *Financial Times*, December 30, 2015.

[47] *The Times*, December 30, 2015.

에도 전시 성노예가 있었다는 발언을 했다가 미국의 거센 항의와 비난 여론에 몰리자 결국 사과 기자회견을 열어 발언을 전면 철회했다. 기자회견에서 그는 자신의 의도는 오키나와에서 미군이 저지른 성범죄를 방지하려면 법적으로 허용된 성인 유흥 산업을 이용하는 것이 필요하다는 맥락에서 나온 것이며, 증거가 뒷받침되지 않은 발언이었다고 사과하면서 사태를 수습했다.

하시모토 발언에 대해서는 『가디언』, 『더 타임스』, 『데일리 메일』이 5월 28일에 각각 상세한 기사를 내보냈다. 세 신문의 기사는 논조에서 큰 차이를 보이지는 않지만, 강조점은 각기 조금씩 달랐다. 『더 타임스』와 『데일리 메일』은 발언의 상세한 내용 위주로 보도하면서 "총알이 빗발치듯 날아다니는 상황에서 목숨을 걸고 있는 병사들에게는 휴식을 취하기를 원한다면 위안부 제도가 필요했다. 이는 누구에게나 분명하다"[48]는 하시모토의 발언을 여과 없이 인용했다. 반면, 『가디언』은 사실 위주의 인용보다는 하시모토의 경력과 발언의 배경을 주목했다. 하시모토가 우익 정파인 일본유신회(日本維新の會) 공동대표로, 일본군 '위안부'는 군대 규율을 위해 필요했고 국가가 아닌 사적 업자에 의한 여성 거래였다고 그의 과거 발언에 상기시켰다.[49] 『더 타임스』는 하시모토의 발언은 한국의 일본군 '위안부' 피해자의 분노를 샀고, 두 명의 피해 여성이 항의를 표명하기 위해 하시모토와의 면담을 요청했다가 취소했다

---

[48] Lucy Alexander, "British soldiers also had sex slaves, claims mayor", *The Times*, May 28, 2013; "Britain and US also kept sex slaves during World War Two, says Japanese mayor who claimed use of 'comfort women' was justified", *Daily Mail*, May 28, 2013.

[49] Justin McCurry, "Osaka mayor sorry for saying US troops should use sex workers", *The Guardian*, May 28, 2013.

는 사실을 언급했다. 이후 『중앙일보』 보도에 따르면, 당시 면담 일정도 잡혔지만, 하시모토 시장의 일방적인 정치쇼에 말려들 수 있다고 판단해 항의 방문은 결국 취소되었다.[50]

전시 성폭력 과거사라는 민감한 문제에 대해 영국 언론은 위에서 보도한 이상으로 더 이상 파고들지 않았다. 하시모토의 발언이 겨냥하고 있는 바는 분명하다. 영국과 미국, 그리고 한국에도 위안부가 있었고 전시 여성을 성적으로 동원했는데 일본만 책임져야 한다고 요구하는 건 부당하다는 것이다. 하시모토의 발언은 위안부는 공창제가 전쟁터로 이동한 것일 뿐 일본 정부에 책임이 없다는 논리를 펴는 일본의 보수학자 하타 이쿠히코(秦郁彦)의 주장과 맥을 같이한다. 하타는 연합국인 미국과 영국에는 많은 간호병이 존재했고 이들에게는 성적 서비스가 기대됐다든가, 2차 대전 동안 독일, 이탈리아, 미국, 영국, 소련 등에서 군대 매춘소를 운영하고 있었는데 이는 일본의 위안소와 유사하기 때문에 일본만 처벌하는 것은 공평하지 않다는 주장을 폈다.[51] 군대 매춘과 강제적 성노예 동원을 동일시하는 하시모토의 논리를 비판하는 것은 그리 어려운 일이 아니다. 하지만 더 본질적인 문제, 즉 전시 여성에 대한 성폭력이라는 과거사에서 일본 외의 국가들은 과연 자유로울 수 있는가라는 문제는 답해지지 않은 채 남는다. 하시모토의 발언은 전시 강간과 여성인권 유린이라는 본질적 문제에 대해 영국이 자신의 과거사를 성찰하는 계기가 될 수도 있었으나 영국 언론에서 이런 후속 보도는 보이지 않았다.

50 서승욱, 「'위안부 필요했다' 망언 하시모토, 몰래 한국 온 까닭」, 『중앙일보』(2018.7.21).
51 Ikuhiko Hata, *Comfort Women and Sex in the Battle Zone* (Lanham, Hamilton Books, 2018), p.120, p.210.

물론 이것이 언론만의 문제는 아닐 것이다. 테사 모리스-스즈키(Tessa Morris-Suzuki)가 지적하듯이, 연합국 병사들이 매춘소를 이용했다는 것은 공공연한 사실이다. 구술사 인터뷰 자료와 사진 등이 이를 증언하고 있다. 하지만 연구는 여기서 더 나가지 못하고 있다. 매춘소에서 일한 여성들은 누구이며, 어떻게 오게 되었는가, 어떤 조건에서 일했는가? 같은 질문에 대해 향후 더 많은 연구가 나와야 할 것이다.[52]

불편한 과거 청산 문제에 있어서 영국의 위치는 양면적이다. 앞에서 살펴봤듯이 영국은 일본에 대해 2차 대전 전쟁포로 배상을 일본에 대해 요구하고 있지만 영국도 식민지 과거 청산을 요구받고 있는 입장이기 때문이다. 대표적인 사례가 마우마우(Mau Mau) 재판이다. 영국은 2013년 6월 케냐 식민통치 시기 영국 식민정부가 케냐인의 무장 독립투쟁인 마우마우 운동을 진압하면서 저지른 수용소 운영과 고문 및 가혹행위를 처음으로 인정하고 5,228명의 피해자에게 각각 2,600파운드의 개인배상을 했다. 1963년 케냐가 독립한 후 약 50년 만에, 네 명의 케냐인들의 증언과 고발을 통해 영제국은 심판대에 올랐다. 법정에서는 1952~1960년 케냐에서 영국이 비상사태를 선포하고 벌인 반(反)폭동 활동과 수용소 운영이 개인적 일탈이 아니라 체계적이고 계산된 국가적 대응, 국가폭력이었다는 점을 입증했다. 재판 과정에서 또 한 가지 주목할 만한 사실은 역사가들의 공헌이다. 마우마우 운동에 관한 역사 연구의 성과가 개인배상 소송인의 주장을 입증하는데 적극적으로 활용되었다. 마우마우 재판은 식민통치 시기에 고문 피해에 대한 개인배상에 합

---

52 Tessa Morris-Suzuki, "You Don't Want to Know About the Girls? The 'Comfort Women', the Japanese Military and Allied Forces in the Asia-Pacific War." *The Asia-Pacific Journal: Japan Focus* Vol.13, No.31(2015).

의한 첫 사례이며 영제국사를 다시 쓰지 않을 수 없게 만든 사건이었다.[53]

위안부 보도 분석 대상과 같은 언론을 대상으로 마우마우 문제가 불거진 2009년부터 2019년까지 10년 동안 마우마우에 관한 보도 건수를 조사해 보면, 모두 974건(『더 타임스』 369건, 『데일리 메일』 170건, 『가디언』 157건, 『데일리 텔레그래프』 137건, 『인디펜던트』 78건, 『파이낸셜 타임스』 42건, 『뉴스테이츠먼』 11건, 『이코노미스트』 10건)에 달했다. 하지만 이 중에서 마우마우 재판과 일본군 '위안부' 문제를 함께 언급하고 있는 기사는 한 건도 찾아볼 수 없었다. 케냐에서 발행되는 신문 『동아프리카인』(*The East African*)와 미국의 『로스앤젤리스 타임스』(*The Los Angeles Times*)의 2019년 두 건의 기사에서만 한국의 강제징용 배상 판결을 보도하면서 해결되었거나 해결되어야 할 식민지 범죄의 긴 목록 속에 일본군 '위안부' 와 마우마우 재판을 나란히 언급했을 뿐이었다.[54] 이와 비교하면 영국 언론은 마우마우 개인배상 재판을 식민지 범죄 일반과 연결 짓고 싶어 하지 않는 경향을 보인다. 이는 포스트콜로니얼 부메랑이 되어 돌아오는 식민지 과거사 문제에 있어서 일본에게 가하던 비판의 화살을 자신에게는 돌리고 싶지 않은 집단심리의 발로가 아닐까?

53 마우마우 재판에 관한 연구로는 다음을 참조. 염운옥, 「식민지 폭력 피해와 배상-케냐 마우마우의 사례」, 『영국연구』 34(2015), 383-414쪽.

54 *The East African*, July 27, 2019: *The Los Angeles Times*, August 18, 2019.

다방향의 기억과 책임의 윤리

1990년대 초 영국 언론에 일본군 '위안부' 문제가 보도되기 시작했을 때 그 주요 계기는 유고 내전기 전시 성폭력과 태평양전쟁기 영국군 포로 문제였다. 유고 전시 성폭력이 간접적인 문제였다면 영국군 포로 문제는 자국민의 직접적 피해로 배상 요구가 걸려 있는 문제였다. 1990년대 영국 언론 보도의 특징은 전쟁 포로 문제와 연관 지어 일본군 '위안부' 문제를 소환한다는데 있었다. 2000년대 보도의 특징은 한일관계에 직접적인 이해관계를 갖지 않는 제3자의 시선에서 냉철하게 양국 관계의 문제점을 짚고 있다는 것이다. 한국의 민족주의와 일본의 극우 민족주의가 적대적 공존하는 상태는 결코 양국 관계에 도움이 되지 않는다고 비판하고 있다. 2010년대 보도에서는 2015년 한일 위안부합의에 큰 관심을 보였지만, 영국의 과거사 문제와 일본군 '위안부'를 연결시키지는 않는 태도를 보였다.

영국 언론이 일본군 '위안부' 문제를 보는 관점은 다방향적인 동시에 선택적이었다고 평가할 수 있을 것이다. 일국적 민족국가의 틀로 해결되지 않는 인류 공통의 경험으로서 역사, 특히 양차 대전, 홀로코스트, 식민지 정복, 탈식민화 전쟁 같은 폭력의 역사에 대한 관심이 높아지면서 국경을 넘나드는 초국가적 기억의 네트워크 형성되고 있고, 다방향의 기억에 대한 관심이 높아지고 있다.[55] 영국 언론도 이런 초국적 인권정치와 기억정치에 영국 언론도 동참하고 있다.

하지만 동시에 영국 언론의 시선은 선택적이다. 이런 시선의 선택성

---

55 Michael Rothberg, *Multidirectional Memory: Remembering the Holocaust in the Age of Decolonization* (Redwood City, Stanford University Press, 2009), pp.1-29.

은 근본적으로는 영국도 식민지를 거느렸던 제국주의 국가였다는 사실에서 나오는 것으로 보아야 할 것이다. 일본에 대해 반성과 배상을 하지 않는 염치없는 국가라고 비판하고 보편적 인권을 위해 영국이 기여해야 한다고 주장하고, 사과하지 않는 일본에 대해서는 오리엔탈리즘적 일본론, 일본정체성론 전개하기도 한다. 하지만 원론적인 주장을 넘어 구체적이고 실질적인 노력을 촉구하지는 않는다. 그 이유는 영국 역시 식민지 과거에서 자유롭지 않기 때문일 것이다. 따라서 영국 언론의 태도는 인권의 수호자와 방관자 사이에서 주저하고 있는 것으로 보인다. 누구도 자유로울 수 없는 20세기 전시 성폭력의 역사에 대해 거대한 책임의 연쇄라는 의식을 작동시킬 필요가 있다. 이를 위해서는 다방향적 기억의 윤리가 요청되며 선택적 관점으로는 과거사에 대한 정의로운 회복은 불가능하다. 일본은 사죄피로감을 호소할 것이 아니라 책임의 연쇄 속에서 일본이 했던 가해의 역할을 깨달아야 할 것이다.

■참고 문헌

Alexander, Lucy. "British soldiers also had sex slaves, claims mayor", *The Times*, May 28, 2013

Arai, Yutatka. "Revisionist views on war crimes by Japanese military prompt fears for nation's democracy", *Financial Times*, February 26, 2005.

Bakewell, Joan. "Paying for our crimes Prisoners of war are demanding compensation, and Africa wants recompense for centuries of grotesque exploitation. But, asks Joan Bakewell, how far should we take the desire for reparations?", *The Guardian*, March 21, 1994.

"Britain and US also kept sex slaves during World War Two, says Japanese mayor who claimed use of 'comfort women' was justified", *Daily Mail*, May 28, 2013.

Buruma, Ian. "A sorry state A new breed of rightwing patriots say that Japan has apologised enough for war crimes. Their controversial views, reflected in a revisionist history textbook, are being lapped up by the young", *Financial Times*, May 28, 2005.

Harding, Luke. "The Emperor's visit: War survivors' last stand targets both emperor and 'Nissan' Blair Veterans vow to dog every stop on five-day state visit in pursuit of 'official apology' Compensation of pounds 14,000 a man sought", *The Guardian*, May 27, 1998.

Hewson, Barbara. "Rape is a war crime too; Bosnia-Herzogovina, Modern Times", *The Times*, September 8, 1992.

Joyce, Colin. "Japanese are forgetting the lessons of Hiroshima, says the man who was Barefoot Gen", *The Daily Telegraph*, August 4, 2005.

McCurry, Justin. "Osaka mayor sorry for saying US troops should use sex workers", *The Guardian*, May 28, 2013.

Nakamoto, Michiyo. "Subdued Tokyo media prefer the World Cup", *Financial Times*, May 27, 1998.

Nishimiya, Shinichi, "Letter: Small comfort", *The Independent*, April 2, 2000.

Parry, Richard Lloyd. "Japan and Korea paper over cracks", *The Independent*, June 24, 1996.

Parry, Richard Lloyd. "Loathing for former colonial master casts 50-year shadows

between Korea and Japan", *The Independent*, February 1, 1997.
Parry, Richard Lloyd. "Emperor seeks to heal old wounds with visit to Korean war memorial", *The Times*, June 29, 2005.
Parry, Richard Lloyd. "Why there is life yet in the old Liberal zombie", *The Times*, July 30, 2007.
Pitman, Joanna. "Japan confesses it forced women into wartime brothels", *The Times*, August 5, 1993.
Scanlon, Charles. "History that refuses to be confined to the museum", *The Guardian*, Mar 8, 1995.
"Video: Japanese Burma Railway soldier shakes British POW's hand", *Daily Telegraph*, June 22, 2015.
Watts, Jonathan. "Atrocity victims line up to sue", *The Guardian*, November 27, 1998.
Weale, Sally. "Ex-PoWs set to sue firms, Sally Weale reports on how victims of Japanese atrocities are hoping to gain reparation for wartime suffering", *The Guardian*, August 25, 1993.
Woollacott, Martin. "A nation not for turning The West offers compassion for the earthquake yet expects contrition from Japan-at a time when Asian nations are rejecting our values", *The Guardian*, January 20, 1995.
서승욱, 「'위안부 필요했다' 망언 하시모토, 몰래 한국 온 까닭」 『중앙일보』(2018.7.21).

Askin, Kelly D., "Comfort Women Shifting Shame and Stigma From Victims To Victimizers", *International Criminal Law Review* Vol.1, No.1(2001).
Cunningham, Michael, "Prisoners of the Japanese and the Politics of Apology: A Battle over History and Memory", *Journal of Contemporary History* Vol.39, No.4(2004).
Hata, Ikuhiko, *Comfort Women and Sex in the Battle Zone* (Lanham, Hamilton Books, 2018).
IWM, *Art From the Second World War* (London, IWM, 2017).
Morris-Suzuki, Tessa, "You Don't Want to Know About the Girls? The 'Comfort Women', the Japanese Military and Allied Forces in the Asia-Pacific War", *The Asia-Pacific Journal: Japan Focus* Vol.13, No.31(2015).
Nish, Ian, and Yōichi Kibata, eds., *The History of Anglo-Japanese Relations, 1600-2000: Volume II: The Political-Diplomatic Dimension, 1931-2000* (Basingstoke, Macmillan Press; New York, St Martin's Press, 2000).
Rothberg, Michael, *Multidirectional Memory: Remembering the Holocaust in the Age*

of Decolonization (Redwood City, Stanford University Press, 2009).
서종진, 「일본 보수세력의 교육개혁과 교과서 공격」 『동북아역사논총』 53(2016).
손열, 「위안부 합의의 국제정치: 정체성-안보-경제 넥서스와 박근혜 정부의 대일외교」 『국제정치논총』 58.2(2018).
염운옥, 「식민지 폭력 피해와 배상 - 케냐 마우마우의 사례」 『영국연구』 34(2015).
오승은, 「유고슬라비아 전시강간 문제 연구: 바뀌지 않는 민족주의 집단기억」 『세계역사와 문화연구』 54(2020).
정미애, 「일본의 보수우경화와 시민사회의 구도」 『일본연구』 37(2008).

6장

중국의 일본군 '위안부' 인식

『인민일보』 보도를 중심으로

이선이(경희대)

공공의 기억 저편으로: 일본군 '위안부'

본 글은 중국의 『인민일보』가 다루는 일본군 '위안부' 문제를 통하여 중국에서의 일본군 '위안부'를 둘러싼 인식의 일단을 이해하고자 작성되었다. 현재 중국에는 2,000개 이상의 신문이 있다. 기본적으로 당과 정부 소유인 이들 신문은 정부 보조금에 의존해왔으며, 정부의 각 기관은 의무적으로 신문을 구독함으로써 신문 운영을 지원하였다. 1982년에 제정된 헌법 제35조는 언론, 표현, 집회, 결사, 저항의 자유를 보장하고 있다. 그러나 중국 정부와 당이 언론과 미디어를 부속 기관으로 여기고 있다는 점에서, 당의 노선과 언론 정책이 어떠한 법적인 조항보다도 더 우선시되고 있다. 이러한 점에서 매체는 당의 정책에 봉사하기 위해서라면 사실을 왜곡할 수도 있고, 당은 정치적 판단에 따라 뉴스를 언제, 어떻게 보도할 것인지를 자의로 결정한다. 당의 원칙에 위배되는 언론적 표현이나 당의 토론과 토의를 거치지 않고 언론에 발표되는 사인은 '부르주아적 자유주의'라 비판받으며, 해당 언론인들은 숙청된다. 2007년 말 시점에, 적어도 29명의 언론인과 51명의 온라인 활동가들이 구금 상태에 있었는데, 이는 국가별 언론자유 억압 통계에 있어 전 세계 최고 수준에 해당하며 중국 언론의 당 복무 원칙은 '발전언론' 개념과 일맥상통하는 면이 있다.[1] 이처럼 중국의 모든 언론은 당의 컨트롤 안에 놓여있다고 보이며, 당의 컨트롤 내용이 사안별 논의 내용의 범위라고 말할 수 있다.

『인민일보』는 1948년 6월 15일, 허베이성(河北省)에서 창간되어, 본부가 1949년 3월 베이징으로 이전하여 8월에 중국 공산당의 공식 기관지가 되었다. 1985년 7월에 해외판이 발행되어 영어판 등 7개 국어로 간행되고 있다. 『인민망(人民網)』은 1997년 인민일보 인터넷판으로 개설되었다. 『인민일보』 휘호는 마오쩌뚱의 필체이며, 중국 공산당과 중국 정부의 중앙 기관지라고 할 수 있다. 국가의 중앙 기관지인만큼 『인민일보』는 중국공산당과 정부의 주요 이념, 정책을 반영하고 있다. 또한 공식 기관지로서 『인민일보』는 중국 정부의 규범적인 어휘와 문장을 대표한다고 할 수 있다. 미 국무성은 2020년 6월 『인민일보』에 대해서 독립된 보도기관이 아니라 중국 공산당의 지배하에 있는 프로파간다 기관이며 첩보활동과 여론전, 정보전을 펼치는 선전기관이라고 밝힌 바가 있다.[2] 따라서 중국 공산당 기관지인 『인민일보』에 대한 분석은 전체 언론 논의의 한정 틀을 이해하는데 유의미한 분석이 될 수 있다고 판단된다.

한국에서 일본군 '위안부' 문제는 민간의 여성단체에서 먼저 이를 제기하고, 일본군 '위안부' 문제를 다루는 시민단체가 만들어져, 국가를 오히려 견인하고 협업하는 방식으로 진행되었다고 할 수 있다. 중국 사회가 앞으로 시민사회 형성과 발전 방향으로 나아갈 것이라는 것은 되돌릴 수 없는 추세라고 할 수 있다. 하지만 중국은 국가와 사회의 구분조차 모호하다거나 국가로부터 독립하여 존재할 수 있는 사회단체가

1 김성해 · 심두보, 「동북아 언론의 이해 : 한 · 중 · 일 언론의 갈등사례 보도를 중심으로」, 『東亞硏究 제58집』(서울, 서강대학교 동아연구소, 2010. 2), p. 20.

2 강병규, 「신문 빅데이터를 통한 신중국 60년 시기의 어휘 사용 양상 고찰」, 『인문과학연구논총, 38(1)』(서울, 명지대학교 인문과학연구소,2017), p. 181.

과연 존재하는가라는 논의가 진행될 정도로 국가(당)의 비대화를 특징으로 하는 사회라고 할 수 있다. 그렇기 때문에 일본군 '위안부' 문제가 사회 표면으로 등장하는 데 있어서 한국과 같은 양상으로 전개되지는 않았다. 중국은 국가와 당이 일본군 '위안부' 문제를 어떻게 바라보고 있는가가 중국 사회의 일본군 '위안부'를 둘러싼 인식을 규정하고 제약한다고 할 수 있다. 따라서 당과 정부의 기관지인 『인민일보』에서 일본군 '위안부'를 어떻게 논하고 있는가에 대하여 살펴보는 것은 중국 사회가 일본군 '위안부'에 대하여 어떻게 인식하고 있는가를 이해하는 하나의 그리고 중요한 방법이라고 할 수 있다.

그렇기 때문에 중국에서 일본군 '위안부'를 다루는 담론 방식이 민족주의 틀 안에 머물러 있고 이 문제가 표면으로 드러나기 시작한 90년대 이후라도 국가 간 분쟁의 기호[3]로 소비되고 있다는 것은 어쩌면 당연한 이야기일지도 모르겠다. 이 글은 『인민일보』의 일본군 '위안부' 논의가 민족주의 담론 안에 머물 것이라는 사실은 상상하기 어렵지 않다고 전제한다. 다만 국가주의 틀 안에서 국가 간 문제로 다루면서도 그 안에서의 다기한 결들을 엿볼 수 있을 것이라고 생각하며 그것을 논하는 것이 갖는 의미가 적지 않다고 보아 그 부분에 초점을 맞추고자 한다.[4]

---

3 宋少鵬, 「媒体中的"慰安婦"話語: 符号化的"慰安婦"和"慰安婦"叙事中的記憶/忘却机制」, 『開放時代』(廣州, 廣州市社會科學院, 2016.3).

4 『인민일보』의 '위안부' 관련 기사에 대한 글은 張進, 「1995~2017年的《人民日報》報道:淺析中國"慰安婦"問題」, (『新聞研究導刊』, 第9卷 第22期, 重慶, 重慶日報報業集團, 2018年 11月)와 陳婧, 「《人民日報》建構"慰安婦"集体記憶探析(1995~2018)」(『東南傳播』 福建, 福建省廣播影視集團, 2019年 第1期 [總第173期)이 있다. 이 글들은 기사에 대한 국제관계 맥락 속에서 세밀한 분석을 시도했다기보다 창진(張進)은 기사를 소개하는 정도의 글이며, 천징(陳婧)은 '위안부' 기사를 통해 민족적 아이덴티티를 강화하고자 한다고 논하고 있으나 구체적 분석이 따르고 있는 글로 보기는 어렵다.

본 글의 『인민일보』 기사는 인민일보데이터베이스 http://data.people.com.cn/rmrb/20210126/1?code=2,와 라오쯔랴오 http://www.laoziliao.net/rmrb/ 그리고 구글과 바이두 검색을 통하여 찾는 방식으로 이루어졌다.

일본군 '위안부'와 일본군 위안소 등의 검색어로 검색하였으며, 그 외 쥔지(軍妓) 등 일본군 '위안부'를 지칭하는 용어로의 검색을 시도하였다. 그런데 2월 23일까지 검색하는데 별다른 문제가 없었으나, 램지어(J. Mark Ramseyer) 교수의 논문을 둘러싼 국제적 논란이 생겨나면서, 2월 24일부터 Bad Gateway라는 창이 뜨면서 검색이 불가능해졌다. 이에 일본군 '위안부'와 일본군 위안소에 대한 검색을 마쳤으나, '위안부'에 대한 약 10여 건의 검색 결과를 확인하지 못한 채 중단하였다. 중국 정부는 2017년 6월 1일부터 '중국 사이버 보안법(網絡安全法: China Cyber Security Law)'을 시행하고 있다. 이 법의 취지는 '인터넷 공간의 주권과 국가 안전 유지에 있다'고 밝히고 있으나, 국가 안보를 명분으로 인터넷 검열 및 통제를 강화하기 위한 법[5]이라고 학자들은 이야기한다. 램지어 논문 논란이 야기하였을 것으로 추측되는 검색불가조치로 인하여 몇 건의 기사를 확인하지 못하였다는 사실과 보다 다양한 검색어 사용을 통하여 교차 검색을 하지 못하였다는 사실을 사전에 밝혀두고자 한다. 그럼에도 불구하고 1990년부터 2020년까지 일본군 위안소와 일본군 '위안부'를 키워드로 검색하여 확인한 기사에 대한 분석을 통하여 중국 정부와 사회가 일본군 '위안부' 문제를 어떻게 바라보고 있는지에 대한 인식의 일단을 살펴볼 수 있을 것이다.

---

5 이민자, 「중국의 언론/표현의 자유」, 『성균차이나브리프 5권 4호』(서울, 성균관대학교, 2017), p.122.

필자는 이전에 "일본군이 중국 여성에게 자행한 성폭력은 중국 사회 안에서 문제로 부각되는 것이 억제되어 있었다"라고 지적한 바가 있다.[6] 제2차 세계대전의 종결을 항전승리일로 기념하는 중국에서 현재까지 중일전쟁시기의 일본군의 성폭력 피해 문제를 다루는 공론의 장이 다채롭게 전개 되었다고 보기는 어려운 상황이라고 할 수 있다. 나아가 일본군 '위안부' 문제는 일본군에 의한 또 다른 '성폭력' 피해와 마찬가지로 아니 그보다 더 다루기 곤란한 문제를 포함하고 있기 때문에 오랫동안 공론의 수면 아래에 가라앉아 있었다고 할 수 있다.

일본군 '위안소'는 상하이 지역만으로 특정했을 때, 쑤즈량은 172곳이 확인되었다고 하는데 명칭 역시도 상당히 다양하다.[7] '위안소', '황군접대소(皇軍招待所)', '부용대(芙蓉隊)', '행락소(行樂所)', '위안영(慰安營)', '군중낙원(軍中樂園)', '관동무기관(關東武妓館)', '쾌락방(快樂房)', '일지친선관(日支親善館)', '위안단(慰安團)' 등등. 일본군이 직접 만들고 경영한 '위안소'도 있지만, 업자를 고용해 기원(妓院)을 개업하게 한 후 '군용 위안소'로 사용하거나, 전쟁 전에 기원이었던 시설을 '군용 위안소'로 지정해서 사용하기도 했다. 때문에 대부분의 중국인들은 '기녀'와 '군기'와 '위안부'를 구분하기 어려웠으며, '위안부=군기=창녀'라는 이미지가 형성되어 이러한 인식은 줄곧 이어져 왔다고 할 수 있다.[8] 게다가 중화인민공화국이 들어선 이후 일련의 정치투쟁 과정에서 일본군 '위안부' 피해자는 '한간', '일본군에게 몸을 허락한 치욕스러운 여자'

6 졸고, 「중일전쟁시기 딩링(丁玲)의 일본군 성폭력 재현과 1956년 전범재판 그리고 피해자 증언의 의미」, 『중국학보』 제80집(서울, 중국학회, 2017), p.256.

7 쑤즈량(손염홍 역), 『상하이 지역 일본군 위안소』(서울, 동북아역사재단, 2019).

8 이영, 「중국의 '위안부' 구술록 출판 현황」, 『동아시아 군 '위안소'의 연쇄와 냉전의 성 정치 학술회의 발표문』(서울, 성균관대학교 동아시아학술원, 2021), p.2.

라는 딱지가 붙어 투쟁의 대상이 되는 일까지 만들어졌다. 이에 일본군 '위안부' 피해여성들은 자신들의 피해에 대해서 차마 말할 수 없는 상황이 계속 이어졌다고 할 수 있다.

이런 분위기에 변화를 불러일으켰던 것은 한국의 일본군 '위안부' 피해자들이었던 것으로 보인다. 1991년 8월 11일 한국에서 최초로 익명의 전 '위안부'가 증언을 했다는 기사를 『아사히신문』 우에무라 다카시 기자가 보도했다. 우에무라는 피해자가 '속아서 위안부가 됐다'고 적었는데, 3일 뒤 이 익명의 전 '위안부' 피해자가 서울에서 실명으로 기자회견을 열어 첫 번째 '증언자'가 된다. 그 피해자가 바로 김학순 씨라는 사실은 널리 알려져 있다.

비슷한 시기인 1990년 중국의 국제법학자 퉁쩡(童增)이 "중국민간대일배상" 운동을 시작하면서 1992년 3월 제7차 전국인민대회 5차 회의는 "일본국에 피해배상을 요구하는 의안"을 38명의 인민대회대표자 서명하에 의안으로 선정하였다. 그리고 7명의 '중국위안부 배상자료'를 일본 대사관에 제출하였다. 이 과정에서 국가배상과 개인배상을 별개 사안으로 다룬 글이 신문에 보도된다. 이를 본 장솽빙(張雙兵)이 1992년 6월경 "전쟁배상 관련 신문을 보고 그녀(허우둥어[候冬娥], 일본군 성폭력 피해자)에게 억울함을 털어낼 기회라고" 설득하여 어렵게 자신이 겪은 피해에 대해서 입을 열도록 한다.[9] 여기서 상하이의 일본군 위안소와 산시성 등의 '위안부' 피해자의 피해의 차이를 강조할 수도 있다. 하지만 그것은 모두 일본군의 전시 성폭력이라는 범주로 분류될 수 있으며 "부수적이거나 사적인 것이 아니라[오히려] 특정한 군사적, 정치적 목표를

9 張雙兵, 『炮樓,里的女人 山西日軍性奴隷調査實錄』(南京, 江蘇人民出版社, 2011): 張雙兵, 『'慰安婦' 調査實錄』(南京, 江蘇人民出版社, 2015).

달성하기 위한 도구로 작동한 전시강간"[10]의 다른 모습일 뿐이다.

그전까지 중국은 장제스 국민당 정권이 1952년 일본과 맺은 평화조약인 「일화조약 · 부속의정서」 1항에서 "일본 인민에 대하여 관대하고 우호적인 뜻을 표시하기 위하여 중화민국은 스스로 샌프란시스코 평화조약 제14조 갑항 제1항의 일본군이 제공해야 하는 용역의 이익을 포기한다"고 하였다. 이는 당시 '중화민국' 정부가 실효 지배영역에 속하지 않는 중국 전토의 배상청구권을 방기한 것으로 중화인민공화국의 강력한 반발을 불러일으켰다. 그리고 1972년 2월 닉슨 미국 대통령의 중국 방문을 시작으로 일본과 중화인민공화국의 국교 정상화가 진행되었다. 우여곡절을 겪으며 1972년 9월 29일 중일 양국 대표는 인민대회당에서 중일수교 정상화 공동성명을 발표했다. 공동성명서 제7조는 전쟁배상 문제에 대해서 "중화인민공화국 정부는 선언한다. 중일 양국 인민의 우호관계를 위하여 일본국에 대한 전쟁배상 요구를 포기한다."고 규정하였다. 이는 일본 제국이 1931년 이후 15년간 지속한 침략전쟁에 대해 타이완 정부나 공산당 정권 모두 정치적 이유로 인해 일본에 대한 배상청구권을 포기했다는 것을 의미한다. 이로서 일본군이 자행한 전쟁에 대한 피해와 고통, 여성들이 겪어야만 했던 폭력에 대해서 물을 수 없는 상황이 만들어졌다.[11] 일본 전범들을 인터뷰한 후 『악한 사람들』을 쓴 제임스 도즈는 "침략 행위가 일어나면 여성들 및 국가의 공동체 정신은 파괴되고 부대가 떠나고 오랜 시간이 지난 후에도 그 사실을 계속 상기시킨다. 폭행에서 살아남은 전시 강간의 피해자는 그 국민에게 어떤 존

---

10 Human Rights Watch, *The Human Rights Watch Global Report on Women's Human Rights* (New York: Human Rights Watch, 1995), p.2.

11 졸고, 「일본군의 성폭력에 대한 일고찰 - 중국산서성피해자의 구술을 중심으로」, 『사학연구』(서울, 한국사학회 , 2015.12), pp.208-209.

재가 될 것인가? 적이 저지른 잔인한 짓의 증거가 된다. 그 국가의 패배를 상징한다."[12]라고 말한다. 도즈의 지적은 일본군이 저지른 중국 여성에 대한 폭력이 갖는 의미의 중층성, 중국에서 일본군과 일본 제국이 아니라 피해자 여성에 대한 공격이 지속된 것을 이해 할 수 있는 실마리를 제공한다. 또한 2차 세계대전의 종결을 항전승리기념일로 기억하는 중국에서 일본군 '위안부' 문제가 오래도록 수면 아래 가라 앉아있었던 것에 대한 이해의 실마리가 되기도 한다.

아시아의 전쟁범죄로 떠오르다

『인민일보』에서 일본군 '위안부' 기사가 처음 등장하는 것은 1995년 7월 4일이다. 중국 최대 국영통신사인 신화사(新華社)가 평양발로 보도한 것이다.[13] 한국과 중국의 국교가 수립된 것이 1992년 8월이었기 때문에 관련 기사가 평양에서 처음으로 나온 것은 자연스러운 상황이라고 할 수 있다. 내용을 보면 우선 북한 정부가 7월 1일 일본 정부가 발표한 "아시아 여성평화기금 계획 요강"에 대한 강도 높은 비판을 하였다는 사실을 전하고 있다. 또한 북한의 '종군 위안부' 문제 전담 기구인 '종군 위안부 및 태평양전쟁 피해자 보상대책위원회' 위원장 이성호의 말을 인용하여 '종군(隋軍) 위안부' 문제의 진상을 밝히고 책임자를 처벌

12 제임스 도즈(변진경 옮김), 『Evil Men 악한 사람들 중일전쟁 전범들을 인터뷰하다』(파주, 오월의 봄, 2020), p.148.

13 「朝批評日解決"慰安婦"問題計劃要求公布眞相賠償受害者」, 『人民日報』, 1995年7月4日 第6版.

할 것과 피해자에게 충분한 배상을 요구했다고 전하고 있다. 당시 북한은 이 문제에 대한 유엔의 관심을 촉구하고 일본 정부에 진상공개 및 책임자 처벌과 납득할 만한 국가적 보상을 꾸준히 요구하고 있다는 사실의 보도이다. 한국(서울)발 기사가 처음으로 나온 것은 1996년 6월 24일 자이다. 6월 23일 제주도에서 열린 김영삼 · 하시모토 류타로 회담에서 양국이 "2002년 월드컵 축구대회 공동개최를 계기로 미래지향적인 새로운 동반자 관계를 구축해 나가기로 의견을 모았다"는 사실과 하시모토가 '위안부' 문제에 대해 사과했다는 보도였다.[14]

1990년대 『인민일보』의 '위안부(소)' 관련 기사는 합계 26건이다. 연도별 건수와 월별 건수를 정리한 것이 아래 표이다.

연도	건수	1월	2월	3월	4월	5월	6월	7월	8월	9월	10월	11월	12월
1995년	4							3		1			
1996년	12						3	3	1		1		4
1997년	7	4	2	1									
1998년	1								1				
1999년	1			1									

유엔 인권위원회에서 일본군 '위안부' 관련 조사를 위하여 1995년 린다 차베스가 한국을 방문한 바가 있는데, 그 연장 속에서 7월 15일 유엔 조사관이 평양을 방문하여 피해자를 조사하였다. 1995년 7월 19일 기사는 이 사실에 대해서 전하고 있다. 1995년 기사는 유엔 조사관 평양 방문 관련 기사가 1편(7.19), 1995년 7월 19일 공식으로 출범한 '여성을 위한 아시아평화국민기금'(약칭 국민기금) 관련 기사가 2개(7.20), 강제 징용 후 살아남아 『'종군위안부' 제도사』를 저술한 인민대학습당의 김덕호의

14 徐宝康, 「金泳三同橋本擧行會談橋本就"慰安婦"問題表示道歉」, 『人民日報』, 1995年6月24日第6版.

일본 침략 역사 비판 주장을 게재하고 있다(9.6). 1996년에는 일본 연립 정부의 국민기금 등 일련의 움직임에 대한 반동으로 일본 중의원 의원이자 전 법무대신이었던 오쿠노 세스케(奧野誠亮)는 "위안부는 자발적인 상업행위"였다는 주장을 하였는데, 이에 대한 한국 언론, 일본 익명의 정객과 시민의 반박을 소개하고 있다(6.6 · 7). 필리핀 피해자의 국민기금 수령과 국민기금이 국가배상이 아니라는 지적 기사(8.15), '위안부'는 전쟁범죄라는 일본 민주당 등 5개 정당의 입장(10.13), 일본 문부성의 '위안부'를 교과서에서 삭제하라는 요구에 대한 반박 입장(12.13 · 31), 교과서에서 '위안부'의 삭제는 국제 사회에서 통용되지 않는다는 고노 요헤이의 주장(12.28) 등의 기사가 5건 정도를 차지하고 있다. 그 외 정대협의 일본 국가에 대한 '위안부' 인정 요구(7.23)와 북한의 국민기금 반대와 국가배상 요구를 골자로 한 내용의 기사(12.24)가 각각 실려 있다.

1997년의 기사는 일본교직원조합의 대표 가와카미유지(川上裕次)가 교과서의 '위안부' 관련 기술을 삭제하는 것에 반대한다는 기사(1.10)와 서울발 기사를 통하여 일본군 '위안부' 문제는 정부 간에 해결해야 한다는 한국 외교부의 입장과 일본 정부가 '위안부' 관련 배상을 해야 한다는 주장을 싣고 있다(1.13 · 18). 일본 관방장관이었던 가지야마 세이로쿠가 기자들에게 "일본은 예전에 공창제도가 있었으며, 위안부 문제를 놓고 소란을 피우는 사람들은 역사를 모르며, 위안부는 실제로 돈을 벌기 위해 존재했다"고 말했던 것에 대한 사과 기사(1.28), 가지야마 발언을 둘러싸고 일본 사민당의 철회 요구와 자민당이 유감 표시를 하였다고 보도(2.2 · 8)하고 있다. 97년 '위안부(소)' 관련 기사 7건 중 3건이 가지야마 관련 기사였다. 그리고 일본군 '위안부' 문제를 다루고 있는 고바야시 히로무(小林宏)의 반전 희극 「황토에 물든 붉은 석양」을 소개하고 있다. 98년과 99년에는 각각 '위안부(소)' 관련 기사가 한 건씩 실려 있다. 98년 기사는 유엔의 '위안부' 문제 보고서에서 일본 정부에게 법적 책임을 요구했다는 기사로 보고서의 내용을 비교적 자세하게 보도하고 있다. 유엔은 일본이 제2차 세계대전 기간에 설립한 위안소 문제 관련 보고서에서 위안소는 인권과 인도주의를 위반한 것으로 일본 정부는 마땅히 충분한 법적 책임을 다하라 촉구(8.29), 99년은 일본의 『아사히신문』이 재일 화교로 중일교류촉진회의 대표인 린보야오(林伯耀)가 중국 톈진의 당안관에서 발견한 일본군의 일본군 '위안부' 강제동원 관련 자료를 보도한 기사를 소개를 하고 있다. 1944년부터 1945년 사이에 일본군 톈진방위사령부가 여러 차례에 걸쳐서 톈진 특별시정부 경찰국에 '위안부'를 동원하여 허난(河南), 산둥(山東) 등의 일본군 부대로 보낼 것을 명령한 자료이다(3.31).

90년대를 통틀어 26건 정도 실린 기사는 평양, 도쿄, 서울의 『인민일보』 기자 혹은 신화사 통신의 보도를 전재하는 기사였다. 신화사의 정식 명칭은 신화통신사이며 중국 국무원 직속 국가 통신사이다. 90년대는 중국 자체 내에서 이 문제를 다루는 기사는 전혀 없었다고 볼 수 있으며, 외국의 기사를 소개하는 방식이었음을 알 수 있다. 일본의 우익 정치가의 발언을 둘러싼 논란에 대한 기사는 우익의 발언에 초점을 맞추기 보다는 우익의 발언을 둘러싼 일본 사회의 다양한 입장을 소개하는 기사에 힘을 쓰고 있었다는 사실을 알 수 있다.

아래는 2000년도 일본군 '위안부(소)' 관련 기사의 연별 건수와 월별 건수이다.

연도	건수	1월	2월	3월	4월	5월	6월	7월	8월	9월	10월	11월	12월
2000	4								1	1			1
2001	5	1		1					2		1		
2002	1								1				
2003	1										1		
2004													
2005	7	2		2	1		1	1					
2006													
2007	13		1	5	3		2		1				1
2008													
2009													

2000년대 '위안부(소)' 관련 기사는 90년대 26건에서 5건 증가하여 합계 31건의 기사가 게재되었다. 2000년에는 중국을 대표하는 일본군 '위안부' 연구자 쑤즈량(蘇智良)이 인민출판사에서 출간한 일본군 '위안부' 관련 저서인 『일본군 성노예 - 중국 '위안부'의 진상(日軍性奴隷 - 中國"慰安婦"眞相)』을 소개하고 있다. 중국위안부문제연구센터의 대표인 쑤즈량이 충분히 중시되지 않은 중요 과제에 대한 연구에 진력해왔다면서, '일본군이 전면적으로 실시한 위안부제도', '중국이 위안부제도의 가장 큰 피해국'이라는 주장 등을 소개하고 있다. 이 기사는 『인민일보』에서 중국 내의 움직임을 최초로 소개한 기사라고 할 수 있다(4.29). 또 1건의 기사는 일본의 '교과서에 진실과 자유를' 연락회, '어린이와 교과서 전국네트 21', 사회과교과서집필자간담회, 일본출판노동조합연락회 등의 민간단체가 '새로운 역사 교과서를 만드는 모임'의 교과서에 대한 검정을 역사적 사실에 입각하여 진행해야 한다고 요구하는 성명을 내었다는 보도이다(9.21). 아울러 9월 18일 워싱턴에서 '위안부' 피해자 15명이 캘리포니아 법원에 일본 정부에게 정식 사과와 상응하는 배상을 요구하는 소송을 제기했다는 사실을 함께 알리고 있다. 한국

의 황금주 피해자와 '중국 타이완'의 류황아타오(劉黃阿桃) 피해자의 증언이 있었다는 사실을 첨언하고 있다. 2000년 12월 열린 일본군 성노예 전범 여성 국제 법정(2000年日本軍性奴隸戰犯女性國際法廷) 관련 기사가 1건 보도되었는데, 이 법정에 대한 소개와 쇼와(昭和) 일왕과 일본 정부가 유죄판결을 받았다는 사실을 보도하고 있다(12.13).

2001년의 5건의 기사 중 2건은 인도네시아에서 '위안부' 관련 내용을 역사 교과서에 실어 역사적 증거로 남기겠다는 내용의 보도였다(1.24 · 10.8). 히로시마고등법원에 한국의 '위안부' 피해자 3인의 배상요구 소송이 패소했다는 소식(3.31), 남북한의 민간체가 일본의 역사 왜곡에 대한 항의와 필리핀, 인도네시아 등 아시아 각국이 고이즈미의 야스쿠니 신사 참배에 대한 항의를 하고 있다는 내용과 필리핀의 피해자들이 일본의 국민기금의 속죄금으로는 일본 정부의 져야 할 법률책임을 면할 수 없다며 거절(8.18), 연합국 인권위원회에서 일본 정부에게 '위안부' 배상을 촉구했다고 제네바에서의 신화사통신 보도로 전하고 있다(8.20). 2002년에는 마닐라의 신화사통신을 통해 필리핀 '위안부' 피해자들이 일본의 필리핀 대사관 앞에서 합리적 경제배상을 하라고 요구하는 시위에 대한 기사 1건이 실려 있다(8.17). 2003년 10월 5일 문예란에서는 "미심판 - 중국침략전쟁피해자의 대일 소송 기록" TV 다큐멘터리를 소개하고 있다. 이 다큐는 중국이 왜 대일전쟁배상을 포기했는가에 대한 국내외적 배경, '위안부' 제도의 생성배경, 일본의 변호사들의 피해자 소송 지원 노력 등을 담고 있다고 전하고 있다(10.3).

2005년의 기사는 '위안부(소)' 관련 기사는 7건인데 일본 정부에게 소송을 제기한 중국의 일본군 '위안부' 피해자들에 대한 관련 기사(4.1)와 중국 정부의 일본군 '위안부'에 대한 공식적 입장을 표명하는 기사가 처음으로 게재되었다. 외교부 대변인 류젠차오(劉建超)의 공식적 입장을 발표하는 기사가 3건이다(3.26, 6.14, 7.13). 내용은 중국의 피해자들의 배상에 대한 입장과 일본 문부과학성 대신 나카야마 나리아키(中山成彬)의 "2차 세계대전 당시 '위안부'라는 용어는 존재하지 않았으며, 존재하지 않은 용어를 교과서에 싣는 것은 문제가 있다"는 발언에 대한 반론, 일본 내각의 관료들이 '위안부' 문제에 대하여 후안무치한 발언을 계속하는 것에 대한 강력한 유감과 분노를 표시하고 있다. 특히 1998년 10월 30일 산시성(山西省)의 완아이화(万愛花) 등 '위안부' 피해자 10명이 도쿄지방법원에 소송을 제기하여 2003년 4월 피해 사실은 인정하였지만, '국가무답책'으로 국가의 책임을 회피하였으며 2003년 5월 항소하였지만 2005년 4월 1일 원심판결을 유지하는 판결을 내렸다. 이에 앞서 3월 26일 일본 도쿄고등법원이 1952년 「일화조약日華條約」의 관련 조항을 인용하여 '위안부' 소송의 중국 원고의 패소 판결을 내린 것에 대한 기자의 질의에 대하여 류젠차오 대변인은 '일화조약'은 불법이고 무효이기 때문에 중일 국교정상화로 폐지되었음에도 이에 근거한 판결을 내린 것은 국제관계 준칙을 난폭하게 짓밟은 것이라는 강력한 입장을 표명하고 있다. 중국 정부의 이 판결에 대한 예민한 대응은 일본군 '위안부' 문제가 '중국의 타이완' 문제로 전개될 여지가 있다고 보았기 때문이며, '위안부' 문제에 대해서는 일본 정부에게 성실한 태도와 책임 있는 자세로 임하여야 한다는 당위적 발언을 하고 있을 뿐이다. 그 밖에 한국의 『동아일보』 보도를 인용하여 한국의 일본군 '위안부' 연구자 강정숙이 '조선인 제16군사령부 직속부대 등 유수명부'를 발견하여 이 명부가 향후 일본 정부에 대한 손해배상 소송의 유력한 증거자료가 될 것이라는 사실을 보도하고 있다(1.13). 일본의 민주당, 공산당과 사민당 등 야당이 일본 정부에게 '종군위안부' 문제에 대하여 사죄하라고 요구했다는 사실을 보도하고 있다(3.1). 또한 난징에 남아있는 일본군 '위안소' 관련 자료와 흔적으로 보아 난징에 일본군 위안소가 가장 많았던 것으로 보는 연구자의 주장을 소개하고 있다(1.4).

『인민일보』의 2000년대 일본군 '위안부(소)' 관련 기사가 가장 많았던 해는 2007년이다. 2007년은 "일본군 '위안부' 문제를 둘러싸고 외교적 파장을 가장 크게 불러일으켰다"는 아베 신조(安倍晋三)의 "'종군위안부' 문제에서 '강제성을 뒷받침하는 증거는 없다'"라는 발언이 있었던 해이다. 이 발언에 대해서 신화사통신은 3월 3일 "일본군에 의한 '위안부' 강제징용 사실을 부정하는 것은 용서할 수 없다"고 하는 평론을 게재하여 아베의 발언에 대하여 엄중한 비판을 하였다. 이러한 사실은 인민일보에도 반영되어 2007년의 13건은 거의 대부분이 아베 신조의 발언을 둘러싼 반향 관련과 미국의 일본군 '위안부' 문제에 대한 대응 관련 기사라고 할 수 있다. 2월 15일 미 하원 외교위원회 아・태 소위원회 주관으로 열린 청문회에 한국과 네덜란드(오스트리아로 오보-필자) 피해자가 증언하였다는 사실을 보도하고 있다. 그 후 6월 28일 미국 하원 '위안부' 결의안이 통과되었다는 사실의 보도와 이에 대한 중국 정부의 의견을 묻는 기자의 질의에 대하여 "중국은 강제동원한 '위안부'는 일본 군국주의가 2차 세계대전 당시 중국을 침략하여 중국 인민을 포함한 피침략국 인민에게 범한 엄중한 범죄"라는 원론적인 입장을 밝히는 기사가 29일 게재되었다. 3월 28일에도 미 국무원의 일본군 '위안부'에 대하여 일본 정부의 책임있는 태도를 요청하는 부대변인의 발언을 소개하고 있다. 2007년 12월에는 파리발 보도로 유럽의회에서 일본 정부에게 정식으로 '위안부' 문제에 대하여 사과하라는 결의안이 통과되었다는 사실을 보도하고 있다(12.15). 이외 기사는 아베 신조의 발언에 대한 한국 정부의 문제 제기와 아베 내각의 이에 대한 사과 표시 등 일련의 상황에 대한 보도가 이어지고 있다(3.4 · 5 · 12 · 27, 4.5 · 22 · 24).

2000년대는 중국을 대표하는 일본군 '위안부' 연구자 쑤즈량 연구를 처음 보도하였다는 것과 중국 정부가 일본군 '위안부' 문제에 대한 공식적 입장을 내기 시작했다는 점에 주목할 필요가 있다. 특히 2005년 산시성 피해자들의 일본 정부 소송에 대해 '일화조약'의 문제로 대응한 중국 정부는 당시 중국에서의 일본군 '위안부' 문제 인식의 현실을 보여주는 사례라고 할 수 있다.

미국의 아시아태평양지역 전략의 지렛대 : 2015 한일 위안부 합의

2010년대 인민일보에 일본군 '위안부(소)' 관련 기사는 127건(16건 누락)으로 90년대와 2000년대의 합계 57건의 2배가 넘는 기사가 실렸다. 아래는 2010년대 일본군 '위안부(소)' 관련 기사의 연월별 건수를 나타

연도	건수	1월	2월	3월	4월	5월	6월	7월	8월	9월	10월	11월	12월
2010	1												1
2011	2									1			1
2012	1											1	
2013	6					1		2	2			1	
2014	35	6	5	2	4	1	3	5	3	3	2		1
2015	31					5	2	1	19	3			1
2016	15	2	2		2	1	1		6		1		
2017	23	3	2	1	2	1	1	1	5	4		2	1
2018	11	3	2	1	1	1	1		1			1	
2019	2		1								1		

낸 것이다.

2010년 12월 6일 기사는 일본에서 거행된 '2000년 12월 열린 일본군 성노예 전범 여성 국제 법정' 10주년 기념 국제 학술회의에 대한 보도였다. 2011년 9월 26일 기사는 위안부 문제를 둘러싼 한국과 일본 정부 갈등의 중요한 분기점이 된 2011년 8월 헌법재판소의 부작위 결정과 그 후 뉴욕에서 일본 외상과 한국 외교통상부장관과의 회담 기사를 내보내고 있다. 회담에서 한국 측이 위안부 문제 피해자의 배상청구권 문제에 대한 토론을 제안하였으나 일본 외상이 거부했다는 사실을 전하고 있다. 2012년 유엔인권이사회가 4년마다 진행하는 국가별 인권 심의에서 일본에 대한 심의를 하였으며, 일본군 '위안부'에 대해서 조선, 한국, 중국, 동티모르, 코스타리카, 네덜란드, 벨라루스 대표 등이 깊은 관심을 표명하였다고 전하고 있다. 2013년 미국 국무원의 일본 오사카시장 하시모토 도루(橋下徹) 발언에 대한 유감 표명 기사(5.18), 한국의 위안부 문제 대책협회 상임 대표 윤미향 인터뷰 기사를 통하여 '위안부' 제도는 반인도적 범죄라는 제목의 기사를 내보냈다(7.8). 한국의 정신대대책협의회를 '慰安婦問題對策協會(위안부문제대책협회)'라고 번역하고 있다. 전쟁과 여성인권박물관 탐방기사(7.15), 미국 캘리포니아 글렌데일시 소녀상 건립 기사(8.1), 한국에서 열린 일본군 '위안부' 문제 국제회의 보도(8.14), 하야시 히로시(林博史) 교수가 새로이 공개한 전범자료 관련 기사(11.23) 등이다.

2014년과 2015년은 기사가 수적으로 가장 많았던 해이다. 2014년은 NHK 회장 모미이 가쓰토(籾井勝人)가 "전쟁 지역에는 위안부가 있었으며 독일, 프랑스 등에도 있었다"라는 발언이 있었으며, 고노담화를 검증하는 보고서를 발표하여 일본군 '위안부' 동원의 강제성과 일본군의 직접적 개입을 인정하는 고노담화를 부인하기 위한 분위기를 조성하였으며, 『아사히신문』의 33년 전 '위안부' 관련 기사 몇 건의 오보 인정, 아베 내각의 3인이 야스쿠니 신사를 참배하는 등 일본에서의 우경화의 흐름이 강해졌던 시기이다. 이러한 분위기의 영향을 받은 듯 일본군 '위안부(소)' 관련 기사는 전체 35건으로 다른 해에 비해서 압도적으로 많았다고 할 수 있다.

우선 2014년 첫 기사는 한국의 정대협 사무처장 김동희와 안중근 의사 기념관 사무처장이 강연을 통하여 아베의 야스쿠니 신사 참배는 침략전쟁을 미화하는 행위라는 비판 기사(1.8)였다. 한국발 기사로는 3.1 운동 95주년 기념 전시회 소개(3.3), 위안부 문제를 둘러싸고 외교부의 국장급 한일회담이 3차례에 걸쳐 진행되고 있는 상황에 대한 기사(4.14 · 17, 7.24), 독일의 '위안부' 피해자를 지원하는 단체가 아베 내각의 역사적 책임을 촉구하는 시위를 베를린에서 열었다는 기사와 함께 서울역에서의 8.14 기념일 행사에 대하여 자세하게 전하고 있다(8.15). 일본발 기사로는 일본의 평화활동가 다나카 노부유키(田中信幸)가 자신의 부친의 일기 속에서 발견한 일본군 '위안부'에 관한 내용을 소개하는 기사(1.28), 무라야마 도미이치(村山富市) 전 수상이 한국의 정의당 초청으로 "일본군 '위안부' 할머니 작품 전시회"를 참관하고 피해자를 만난 기사(2.12)와 무라야마가 무라야마담화와 고노담화를 부정할 수 없다고 일본기자클럽에서 재차 입장 표명을 한 기사(3.1)가 게재되었다. 스가요시히데(菅義偉) 관방장관이 고노담화를 학술적으로 재검토해야 한다는 주장을 한 것에 대해서 일본의 학자 다나카 히로시(田中宏), 중국과 한국 외교부의 반론 그리고 북한의 『노동신문』을 인용하는 등 이에 대해서 비중 있게 다루는 기사도 내보내고 있다(2.22). 또한 일본은 일본군 '위안부' 문제에서 국가책임을 면할 수 없다는 일본의 작가이며 '위안부' 전문가, 전쟁과 여성폭력반대 수사행동센터 공동대표의 말을 인용하는 글(8.12) 등을 실고 있다. 일본 우익 정치가들의 문제가 되는 보도를 보면 1990년대부터 일관되게 우익 관료의 발언에 대한 직접적 언급보다는 이에 대한 일본 내부의 반론에 대해 다양하고 폭넓게 지면을 할애하여 보도하는 가운데 다루고 있는 경향을 보인다.

2000년대까지 중국 정부가 일본군 '위안부' 문제에 대하여 직접적으로 언급하는 경우는 극히 드물었다고 할 수 있는데, 2014년 중국 외교부 대변인 홍뢰이(洪磊)가 아시아 피해국과 공동으로 역사정의를 단호하게 지켜나갈 것이라는 입장을 표명하였다(1.17). 또한 외교부 대변인이 NHK 회장 모미이 가쓰토의 발언에 대하여 일본 군국주의가 침략전쟁 중에 범한 인도에 반하는 범죄를 행한 사실을 직시하라는 논평을 게재하였으며(1.28), 고노담화를 부정하는 스가의 담화 발표에 대하여 명확한 증거가 있다는 외교부 대변인의 반박 발표를 게재하고 있다(10.23). 또한 김순덕 피해자와 난징의 '위안부' 피해자로 가장 먼저 증언한 레이구이잉(雷桂英)과 98년 일본 상대 소송을 낸 산시성 피해자 완아이화 등의 피해자들이 사망해 간다는 사실을 보도하는 기사가 게재되었으며(2.17), 이는 『인민일보』가 처음으로 중국의 피해자를 '위안부' 할머니(慰安婦奶奶)로 명명한 기사이다. 그 외 중국 내부 기사로는 당위적 차원에서의 전문가 발언을 싣거나, 지린성(吉林省) 당안관(檔案館) 관련 자료 발굴(4.17), 지린성 당안 중 일본군이 남긴 범죄 증거로 89건의 당안 자료가 있으며, 이는 일본군의 범죄를 보여주는 움직일 수 없는 증거로 그 중에는 조선인 '위안부' 관련 자료가 6건으로 우후(蕪鈙)의 109명의 '위안부' 중 조선인이 36명이 있다는 등의 내용을 자세하게 보도하고 있다

(4.26). 지린성 당안관 발굴 자료집 출간을 알리는 기사(4.27), 난징대학살 당안 자료 공개(2.18), 일본군 '위안부' 세계기록유산 관련 기사(6.11 · 12 · 15), 민족항전 77주년을 기념하여 중앙당안관 소장 당안 중 최고인민법원에서 기소 심판한 45명의 전범 자필 진술서 자료를 사회에 최초로 공개(7.5), 전범 사사 신노스케(佐佐眞之助)의 일본군 '위안부' 관련 범죄 사실(7.7), 전범 에하토 다케시(繪鳩毅) 군조의 고백기사(9.5), 랴오닝성 사회과학규획기금 사무실에서 중국에서 개조된 일본 전범 8명에 대한 자료를 수집하여 정리한 연구 성과를 발표하였다는 기사(9.9), 일본군 전범 다카하시 데츠로(高橋哲郎) 진술(9.7), 일본군 '위안부' 연구자 쑤즈량의 "역사를 잊지 말고 미래로 가자"는 코멘트 기사(7.8) 등을 게재하고 있다. 전체적으로 중국의 당안관에서 일본군 전범이 남긴 자필 진술서 등을 공개하는 것과 관련된 기사가 상당수 차지하고 있는데, 이는 일본 우익 세력의 반동적 움직임에 대하여 2차 세계대전 당시 일본군들이 저지른 범죄와 관련된 움직일 수 없는 자료가 중국에 상당수 남아있다는 사실을 보여주는 의미가 있었던 것이 아닌가 생각된다. 관련 자료들은 이후 2015년과 2017년 두 차례에 걸쳐서 『중앙당안관 소장 중국침략 일본 전범의 자필 진술서 선편(中央檔案館藏 日本侵華戰犯筆供選編)』으로 중화서국(中華書局)에서 출간된다.

그 외 미국 내의 일본군 '위안부' 문제를 둘러싼 반응을 보도하고 있는데, 미국 의회에서 일본 정부에게 '위안부' 문제를 직시하도록 요구한 것과 미국 내 소녀상 건립을 둘러싼 갈등 등을 보도하고 있다(1.17 · 27). 인도네시아에서의 네덜란드인의 피해 관련 기사(2.15), 아베의 독일 방문에 대한 항의 시위가 베를린에서 있었다는 보도(5.2), 유엔의 공정하게 위안부 문제를 조사하라는 촉구 관련 보도(7.26) 등으로 각국의 반응에 대한 기사를 전하고 있다. 지린성당안관과 한국 동북아역사재단의 '위안부' 문제 공동연구 협약 기사(12.16)도 실렸다.

2015년 역시 32건으로 적지 않은 기사량을 보이고 있다. 2015년에는 지금까지도 많은 논란을 낳고 있는 한일 위안부 합의가 있었던 시점으로, 외교부 '한·일 일본군 위안부 피해자 문제 합의 검토 태스크포스(TF)' 가 발표한 검토 결과 보고서는 "한일관계 악화는 미국의 아시아·태평양 지역 전략에 부담으로 작용함으로써 미국이 양국 사이의 역사문제에 관여하는 결과를 가져왔다. 이러한 외교 환경 아래서 한국 정부는 일본 정부와 협상을 통해 위안부 문제를 조속히 풀지 않으면 안 되는 상황을 맞았다"[15]라고 하였다. 이처럼 일본군 '위안부' 문제가 미국의 아시아·태평양 지역 전략과 맞물리면서 중국 역시도 이에 대해 침묵만을 고수하기 어려운 상황이 만들어 졌다. 인민일보의 기사 증가는 이러한 상황과 연결되어 있었던 것으로 보인다.

2015년 기사는 국제학자들이 연명하여 아베에게 '위안부' 문제 사과 요구, 일본군 '위안부' 문제가 서방 학계 관심의 초점(5.7), 187명의 세계 학자들이 일본 아베 정부에 대해 식민지 침략역사를 직시하도록 요구(5.8), 무라야마 도미이치와 고노 요헤이가 일본은 역사를 직시해야 국제 사회의 신임을 얻는다(5.12), 일본 16개 역사학단체 강제동원한 '위안부' 사실을 직시하라며 아사히신문 오보를 통하여 부당한 주장을 하는 일부 정치가와 매체에 대한 비판을 하였다(5.26, 6.9), 고노 요헤이가 아베에게 전후 70주년 담화에 사과를 넣으라고 주장(6.3)하는 기사 등이 게재되었다. 중국에서는 국가당안국 중앙당안관의 『중앙당안관

15 노지원, 「이병기 '위안부 이면합의' 주도…」, 『한겨레신문』(한겨레신문사, 2017. 12. 27).

소장 중국침략 일본전범의 자필진술서 선편(中央檔案館藏 日本侵華戰犯筆供選編)』의 출간을 예고하는 기사와 각 출간 자료 관련 기사가 다수 보도되고 있다. 움직일 수 없는 증거가 산처럼 많다(鐵證如山)라는 표현을 자료 소개에서 반복적으로 사용하고 있다(7.16, 8.12 · 21 · 25 · 28, 9.7 · 15). 중국 국가당안국이 2015년 8월 15일 이후 홈페이지에 8일간 특별동영상《'위안부' - 일본군성노예당안선("慰安婦" - 日軍性奴隸檔案選)》(8.16 · 17 · 18 · 19 · 20 · 21 · 24) 게재 관련 기사를 내보내고 있다. 쑤즈량 『중국침략 일본군 '위안부' 문제 연구(侵華日軍"慰安婦"問題研究)』(中共党史出版社, 2012)의 저서 소개(8.15)와 세계반파시스트전쟁에서 중국지역의 승리 70주년 기념 좌담회 거행(9.10) 소식 등을 전하고 있다. 한국발로는 각지에서 '위안부' 기념일 활동 소개와 2013년 한중일 관계자들의 토론장에서 위안부 기림의 날을 김학순 피해자의 공개 발언 일로 정했다(8.15)는 보도와 한일 위안부 문제의 최종 일치를 한일 간에 달성하였다고 『중앙일보』를 인용하여 보도하고 있다(12.29). 2015년은 일본의 2차 세계대전 당시의 전쟁범죄 관련 자료, 특히 일본군 '위안부' 관련 자료를 대대적으로 공개하면서 이를 보도하고 있다는 점이 눈에 띈다.

2015년 12월 28일에는 한일 외교장관이 회담하여 일본군 '위안부' 피해자 문제에 대한 합의가 있었고 "이번 발표를 통해 이 문제가 최종적이고 불가역적으로 해결될 것임을 확인한다"라고 천명하였다. 이 합의는 국내외로 많은 논란을 낳았기 때문인지 중국은 2016년 1월 1일부터 한일 '위안부' 문제 합의에 대하여 전하며, 한국 민간단체의 항의가 전국에서 이어지고 있는 상황을 보도하고 있다. 또한 한국외교부가 '위안부' 문제는 "난제 중의 난제이기 때문에 이 협의는 양 정부가 달성한 대단히 진귀한 협의로 마땅히 존중해야 한다"고 입장 표명(2.4),

일본 15개 역사학 단체 한일 정부 협의가 문제의 종결이 아니라는 성명(5.31), 일본 정부의 '위안부' 위로금 10억 엔을 둘러싼 한국 사회각층의 논란 소개(8.14), 필리핀 '위안부' 단체 릴라 필리피나 일본 정부에게 사과와 배상 요구(8.14), 필리핀 '위안부' 단체 릴라 필리피나의 레칠다 엑스트레마두라 사무총장의 일본의 한국의 '위안부' 피해자에 대한 출연금 10억 엔은 피해자의 침묵을 사려는 행위이며, '중국위협' 에 대한 미일의 연대를 위하여 위안부 피해자의 목소리를 억압하는 행위라고 강력한 비판(8.15), 필리핀 '위안부' 단체 릴라 필리피나 역사 직시하라고 촉구(10.26)하는 기사 등을 내보내고 있다. 유엔 여성차별철폐위원회(CEDAW)의 제7, 8차 보고에서 일본군 '위안부' 문제의 법률 책임에 대한 모호한 태도와 교과서 서술 문제 전가 등 일본 정부의 태도는 여성 기본권리 문제로 받아들이고 교훈을 얻고 있다고 보기 어렵다고 보아 이에 대한 심의 진행(2.18), 한국의 수요시위 · 소녀상 · 영화 〈귀향〉 소개(4.26) 등 한일 '위안부' 합의 관련 기사가 상당수 차지하고 있다.

중국 내 '위안부' 관련 기사로는 4월 4일에는 난징의 리지항 위안소 터에 건립한 '위안부' 기념관에 여성 부조를 새기고 "그녀의 눈물을 닦아주세요"라는 문구를 새겨 넣어 관람객의 관심 유도하고 있다는 기사와 중국 외교부 대변인의 일본군 '위안부' 관련 자료는 마땅히 인류 공동의 기억이 되어야 한다는 논평(1.6), 유네스코 일본군 '위안부' 관련 자료 세계기록유산 등재는 피해자의 목소리를 잊지 않기 위해서 반드시 필요하다는 쑤즈량의 주장(6.8) 등 유네스코 기록 등재 관련 기사가 2건, 미연방법원 소녀상 철거 소송 재차 각하(8.6), 오스트레일리아에 소녀상 건립(8.7), 인도네시아의 일본군 위안부 지원네트워크 '위안부' 를 주제로 한 예술작품전 개최(8.11) 등 각국의 움직임을 전하고 있다.

2017년 1월 1일도 2016년과 마찬가지로 부산 영사관 앞에서 37차 소녀상 제막식 보도와 함께 2015년 한일 위안부 합의에 대한 한국 사회의 강력한 저항과 재협상 요구 목소리를 전하고 있다. 관련하여 한국 국민 '위안부' 협의 다시 협상, 사과 요구 의견 압도적(5.25), 한일 위안부 협의를 둘러싼 한국 정대협, 강경화 장관, 문재인 대통령 등의 입장을 통해 일본의 잘못된 행위에 한국의 이전 정부의 영합이 있어 현재로써는 협의를 고치거나 폐지하는 것의 어려움 지적(12.28)하는 등의 기사를 싣고 있다. 그리고 기념물 관련하여 부산 영사관 앞 소녀상 건립으로 한일 관계 악화, 한국 국민은 자국 내 역사물 건립에 타국이 관여할 일 아니라는 일치된 견해(1.7), 한국 수요시위 1267회 거행(1.26), 미국 캘리포니아의 소녀상 건립에 대한 일본의 반대는 과거 역사에 대한 반성 안하는 놀랄만한 일이라는 중국 외교부 입장(2.11), 일본의 방해에도 불구하고 미국 7개 도시에 소녀상 건립(2.11), 도쿄에서 '위안부' 박물관 회의 개최, 한중일미 등 참여(4.2), 아베 정부 '위안부' 강제 동원에 대한 역사를 부정하지만 일본국립공문서관은 19건 182쪽의 위안부 문제 자료를 일본 내각 관방에 전함(4.19), 난징 리지항위안소 옛터의 기념관에서 한, 중, 일, 인도네시아, 타이완 등 참여하는 국제학술회의 개최(7.6) 등의 기사가 있었다. 그리고 피해자 관련하여 김복동, 이옥선 피해자 "살아서 일본 정부의 사과를 듣고 싶다" 인터뷰(6.2), 중국 대륙 마지막 일본 정부 기소한 피해자 황여우량(黃有良) 사망 소식(8.14), 중국 생존자 14명뿐으로 위안부 옛터 등 역사 기억 노력해야 하며(8.14) 한국 소녀상 태운 버스 운행, 길원옥 CD 발매, 이옥선 할머니를 모델로 한 만화『풀』등 소개(8.15), 타이완 등 타이완 생존자와 활동 소개(8.17) 등이 있다. 그리고 중국의 일본군 '위안부' 다큐멘터리 〈22〉를 소개하는 기사가 다수 게재되어, 〈22〉 소개(8.31), 미국 10개 도시에서 〈22〉 상영(9.11), 생존자 점점 사라지지만 〈22〉 오스트레일리아와 뉴질랜드 상영 통해 영원히 기억(9.12), 중국의 '위안부' 피해자 22명의 다큐 〈22〉 중국 상영 상황(9.23), 〈귀향〉 10개국 60개 도시 상영 상황 및 〈우리는 말할 수 있다〉, 〈22〉 등 관련 영상 소개(11.1) 등이 있었다. 그리고 중국 외교부가 일본은 역사를 직시하고 침략 역사 반성하고 교훈을 통해 관련 문제에 책임 있는 태도를 취해야 이웃 아시아와 국제사회의 신뢰를 얻을 수 있다(9.19), 한국의 기림의 날 제정을 둘러싼 민간과 정부의 노력(11.25) 등의 기사가 나왔다.

2018년 역시도 한일 위안부 협의를 둘러싼 논란과 파장을 1월 2일부터 전하고 있다. 이 기사에서는 재일 중국인 학자 인터뷰를 통하여 가장 중요한 것은 역사 사실을 직시하는 책임 있는 태도를 국가가 계승해 가는 것이 한국과 일본 관계의 순리를 위한 관건이라고 지적하고 있다. 한국 정부 2015년 한일 위안부 협의는 진정한 해결 방법이 아니지만 재협상을 요구하지 않겠다는 입장 표명(1.10), 한일 위안부 협의의 쟁점과 수습 방안(1.12), 문재인 대통령 일본은 '위안부' 문제 이미 해결되었다고 주장해서는 안 된다(3.2) 등의 보도가 있었다. 그 외 필리핀 소녀상 '위안부' 동상 건립(2.12), 서울대학인권센터 미국국가기록원의 일본군 '위안부' 흑백필름 공개(3.1), 호사카 유지(保坂祐二)가 일본군 '위안부'는 일본군이 강제 동원한 성노예이다 주장하는 자료집 출간(4.13), 일본 가나가와현 요코하마시에서 열린 전쟁 가해전에서 일본군 위안소 관련 자료 함께 전시(5.2), 한국에서 영화 〈허스토리〉 상영(6.28), 한국 서울, 부산, 대전 등지에서 기림의 날 기념행사 개최(8.15), 한국 만화가 이경신의 130여 편의 일본군 '위안부' 피해자 기록 전시(11.1) 등의 기사가 실렸다. 2019년에는 2월 14일 한국의 국회의장 문희상의 일본 왕이 '위안부' 문제 사과해야 한다는 주장이 한일관계 재차 풍파를 불러일으켰다는 기사에 김복동 씨 사망 소식을 함께 전하고 있다. 10월 11일에는 일본 가나가와에서 '위안부' 피해자의 이야기를 기록한 다큐 〈우회〉 상영과 그곳에 한국 피해자 이옥선 피해자 등장하였다는 기사 등을 게재하였다. 2010년대로 접어들면, 중국의 피해 생존자, 중국의 일본군 위안소 터, 중국제작 다큐멘터리 〈22〉, 세계기록유산 등재, 일본군 전범 자료 발간 등과 관련된 기사가 다수 보이는데, 이는 중국사회 내 관련 기사가 증가하는 변화로 읽을 수 있다.

공공의 기억으로의 (불)가능성

1990년대 이후 현재까지 전체적으로 『인민일보』에서 일본군 '위안부' 관련 보도는 200여 건 정도로 많다고 볼 수는 없다. 이처럼 기사의 수량으로 보아도 2차 세계대전 당시 일본의 전쟁범죄인 일본군 '위안부' 문제를 묻는 일은 억제되어 있는 것으로 보인다. 이는 앞의 2000년 4월 29일 기사에서 쑤즈량의 저서를 소개하면서 "충분히 주목되어야 할 중요한 문제지만 그렇지 못해 온"이라는 서술이 상황을 잘 말해주고 있다. 『인민일보』의 국내 대응 첫 소개가 쑤즈량의 저서였으며, 그 후 2005년 산시성의 일본군 성폭력 피해자들의 소송 보도를 통하여 '위안부' 문제가 자국 중국의 문제이기도 하다는 사실로 보도되었다. 그러나 이때까지 이 문제는 주변 이웃 나라의 문제로 다루어졌으며, 현재도 일본군 '위안부' 문제는 제2차 세계대전의 전범국 일본의 반성 없는 현재를 보여주는 하나의 사건으로 바라보고 있을 뿐이다. 이 점은 앞서 소개한 천징(陳婧)이 짧은 글에서 『인민일보』가 '위안부' 라는 집단 기억을 구성하여 "민족 응집력의 촉매제와 국가 외교의 기호 표징" 으로 삼고자 한다고 하였는데, 이는 절반의 진실로 보인다. 『인민일보』가 일본군 '위안부' 문제에 대해 한국을 필두로 한 각국 대응의 중요 사안은 놓치지 않고 자세하게 보도하고 있지만, '민족 수난의 증거자' 로 일본군 '위안부' 피해자를 구성하고자 하는 보도는 보이지 않는다. 피해자에 대한 보도 역시 손에 꼽히는 빈도의 기사가 나왔을 뿐이며, 일본군 '위안부' 문제는 민족의 수난이 되지도 못하고 있으며, 더구나 피해자의 자리에서 일본군 '위안부' 문제를 (재)구성하는 보도는 찾아보기 어렵다. 논평과 같은 기사는 쑤즈량의 의견 개진 글 1건 정도이다. 1995년, 2005년, 2015년 10년 단위의 항전승리기념일에 일본군 '위안부' 관련 구술집 등의 출판 편수가 증가했다[16]고 하지만 미미할 뿐이며, 『인민일보』에서도 일본군 '위안부' 관련 보도가 유의미하게 증가하고 있다고 보기는 어렵다. 70여 년 동안 항일전쟁을 주제로 삼은 문학작품이 무수하지만 '위안부' 를 소재로 다룬 작품은 드물다[17]는 지적은 되새겨 볼만한 지점이다. 항전승리 기념일에 수난의 징표 혹은 '국가의 패배' 를 상징하는 여성에 대한 일본군의 성폭력 관련 기사가 늘어나기는 어려울 것으로 보는 것이 타당하다. 단, 2014년과 2015년 대대적 자료공개와 자료공개 관련 보도가 전체 일본군 '위안부' 관련 보도에서 상당수를

16 이영, 앞의 글, pp.4-5.

17 곽향남, 「딩링의 위안부 서사 연구 동향」, 『동아시아 군 '위안소' 의 연쇄와 냉전의 성정치 학술회의 발표문』(서울, 성균관대학교 동아시아학술원, 2021), p.1.

차지하고 있다는 것을 알 수 있다. 이는 2014년과 2015년에 일본의 우경화가 심각해지고 있는 상황에 대한 대응으로 읽힌다. 전쟁터가 되었던 중국 내에 일본군이 '위안부'를 동원하고 운영하였다는 움직일 수 없는 증거 자료(鐵證如山)가 많다고 하는 사실을 일본군 전범을 통하여 드러내어 일본에 대한 견제를 하고 있는 듯하다.

중국은 일본의 과거사를 추궁하는 직접적 대응을 피해 왔으며, 이는 일본군 '위안부' 관련 보도에서도 여실하게 드러난다. 일본의 우익 정치인의 발언 혹은 우익세력의 움직임에 대하여 직접적으로 비난하는 기사는 찾아보기 어렵다. 국제적인 문제가 되는 우익의 발언에 대한 보도에 있어서도 일본 안의 다양한 세력이 일본의 우익세력에 대한 견제 움직임을 보도하는 방식으로 이루어지고 있다. 이는 직접적 대응이 불러오는 마찰과 외교 문제로 확장되는 것을 피하는 방식의 보도라고 할 수 있다. 또한 중국은 일본군 전범을 처리하는 과정에서 일본의 절대 다수는 일본 제국주의에 의해 이용당한 수탈 대상이라는 인식을 유지하여 일본에 대한 대응을 해왔다. 이는 일본 제국의 전쟁 책임자와 일본 국민을 분리하여 대응한 것으로 전후 일본의 전쟁범죄에 대한 논의에서도 이러한 기조는 일맥상통하고 있다고 할 수 있다.

그러나 일본군 '위안부' 문제가 2015년 한일 위안부 합의에서 보이는 것처럼 미국의 동아시아에 대한 전략적 판단 속에서 다루어지거나 일본에 대한 소송에서 소송처리가 중국 타이완문제 등으로 번져갈 가능성이 보이면 비교적 신속하게 대응하는 기사가 나오고 있다. 하지만 소송에 대해서는 중국외교부 대변인의 발언을 통하여 이에 대한 명료한 입장을 내놓은 반면, 한일 '위안부' 합의의 경우 미국의 개입에 대한 문제 제기는 필리핀의 일본군 '위안부' 운동가 레칠다 엑스트레마두라의 주장을 게재하고 있을 뿐이다. 이는 역시 외교 문제로의 비화되지 않도록 신중한 자세를 유지하고 있는 것으로 보인다.

마지막으로 『인민일보』의 일본군 '위안부' 관련 보도에서 소녀상은 '위안부' 동상으로 표기, 정대협은 일본군 위안부 대책협의회 등으로 번역하고 있다는 점이 눈에 띄는 지점이다. 또한 각국의 반응 즉 한국, 일본, 미국, 인도네시아, 필리핀, 독일, 유럽, 중국의 타이완, 유엔 등 중요한 국제적 움직임에 대해서는 빼놓지 않고 보도하고 있지만, 중국의 민간의 움직임에 대해서는 쑤즈량의 연구와 다큐멘터리 〈22〉 외에는 거의 전하는 바가 없다는 것도 특기할만한 지점이라고 할 수 있다.

■참고 문헌

『人民日報』(1995.7.4~2019.10.11)
노지원, 「이병기 '위안부 이면합의' 주도 …」, 『한겨레신문』, (2017.12.27).

宋少鵬, 「媒体中的"慰安婦"話語:符号化的"慰安婦"和"慰安婦"叙事中的記憶/忘却机制」, 『開放時代』(廣州, 廣州市社會科學院, 2016.3).
張進, 「1995~2017年的《人民日報》報道: 淺析中國"慰安婦"問題」, 『新聞研究導刊』 第9卷 第22期, 2018.11
陳婧, 「《人民日報》建構"慰安婦"集体記憶探析(1995~2018)」, 『東南傳播』 第1期(總第 173期), 2019
張雙兵, 『炮樓里的女人 山西日軍性奴隷調查實錄』(南京, 江蘇人民出版社, 2011).
張雙兵, 『'慰安婦' 調查實錄』(南京, 江蘇人民出版社, 2015)
中央檔案館編, 『中央檔案館所藏日本侵華戰犯筆供選編』(北京, 中華書局, 2015, 2017)
Human Rights Watch, *The Human Rights Watch Global Report on Women's Human Rights* (New York: Human Rights Watch, 1995)

강병규, 「신문 빅데이터를 통한 신중국 60년 시기의 어휘 사용 양상 고찰」, 『인문과학연구논총, 38(1)』(서울, 명지대학교 인문과학연구소, 2017).
곽향남, 「딩링의 위안부 서사 연구 동향」, 『동아시아 군 '위안소' 의 연쇄와 냉전의 성 정치 학술회의 발표문』(서울, 성균관대학교 동아시아학술원, 2021)
김성해 · 심두보, 「동북아 언론의 이해 : 한 · 중 · 일 언론의 갈등사례 보도를 중심으로」, 『東亞硏究 제58집』(서울, 서강대학교 동아연구소, 2010. 2).
쑤즈량(손염홍 역), 『상하이 지역 일본군 위안소』(서울 , 동북아역사재단, 2019).
이민자, 「중국의 언론/표현의 자유」, 『성균차이나브리프 5권4호』(서울, 성균관대학교 성균중국연구소, 2017).
이선이, 「일본군의 성폭력에 대한 일고찰 - 중국산서성피해자의 구술을 중심으로」, 『사학연구』(서울, 한국사학회 , 2015.12).
이선이, 「중일전쟁시기 딩링(丁玲)의 일본군 성폭력재현과 1956년 전범재판 그리고 피해자 증언의 의미」, 『중국학보』, 제80집(서울, 중국학회, 2017).
이영, 「중국의 '위안부' 구술록 출판 현황」, 『동아시아 군 '위안소' 의 연쇄와 냉전의 성 정치 학술회의 발표문』(서울, 성균관대학교 동아시아학술원, 2021).

제임스 도즈 (변진경 옮김), 『Evil Men 악한 사람들 중일전쟁 전범들을 인터뷰하다』(파주, 오월의 봄, 2020).

7장

잊혀 가는 이야기

필리핀의 일본군 '위안부' 문제에 대한 인식

박준병(강원대)

김학순 할머니, 그리고 마리아 헨슨

1991년 8월 14일 김학순 할머니의 일본군 '위안부' 문제에 대한 첫 공개 증언은 그동안 한국정신대문제대책협의회(정대협)와 같은 몇몇 시민단체와 운동가들을 중심으로 진행되었던 국내 일본군 '위안부' 문제 해결 운동에 있어 하나의 기폭제가 되었다. 또한 김학순 할머니의 증언은 1992년부터 지금까지 일본군 '위안부' 피해자 해결을 촉구하는 약 1,500회에 가까운 '정기 수요집회'의 동력이 되기도 했다. 국내 학계에서는 할머니의 증언을 통해 본격적으로 알려진 해당 문제를 여성 인권, 민족주의, 국제법 등과 연계하여 유의미한 연구 성과로 도출하기도 했다.

김학순 할머니의 증언 이후 국내 다른 피해자들과 타이완, 인도네시아, 네덜란드 같은 외국 피해자들의 증언이 이어졌고, 필리핀 롤라(lola) 마리아 헨슨(Maria R. Henson) 역시 같은 경우였다.[1] 1992년 9월 3일 필리핀 일본군 '위안부' 피해자 사례를 제보받던 라디오 방송국 DZXL의 방송을 듣던 헨슨은 그곳에 자신의 피해와 사연을 알리는 편지를 보냈다. 이후 9월 10일 라디오 전화 인터뷰를 통해 헨슨은 필리핀에서는 처

1 롤라(lola)는 필리핀 타갈로그(tagalog)에서 할머니란 뜻이다. 존경의 의미를 담아 가족관계가 아닌 사람에게도 사용하기도 하는 이 단어를 필리핀에서는 일본군 '위안부' 피해자들에게 사용하고 있다.

음으로 일본군 '위안부' 피해에 대한 실상을 알리게 되었다. 이후 다른 피해자들의 공식적인 증언이 추가로 이어지게 되었고, 필리핀 내 일본군 '위안부' 피해자들을 위한 단체인 '릴라 필리피나(Lila Pilipina)'가 조직되면서 문제에 대한 논의는 더욱 확대될 수 있었다.

피해자들의 등장과 증언은 2차 대전 시기 일본에게 약 3년간 식민 지배를 겪었던 필리핀인들에게 충격으로 다가왔다. 당장 필리핀 대표 민영방송사 글로벌 미디어 아츠(Global Media Arts, GMA)는 1992년과 1994년, 그리고 1995년 일본군 '위안부' 피해자들을 다룬 프로그램을 제작·방송했다. 2000년에는 일본군 '위안부' 피해를 입었던 필리핀인 성소수자 사연이 영화화되어 상영되기도 했다. 한편 1992년 3월 10일 필리핀 내 위안소 운영 관련 일본 정부 문서를 보도했던 『필리핀 데일리 인콰이어러(*Philippine Daily Inquirer*)』 같은 신문사도 추가적인 보도를 이어나갔다.[2]

그럼에도 2000년대 이후 필리핀 내 일본군 '위안부' 문제에 대한 필리핀인들의 관심은 문제가 처음 제기되었던 1990년보다는 줄어든 것처럼 보인다. 비슷하게 일본의 식민 지배를 겪었던 한국과 국제사회에서 1990년대 후반 유엔 인권위원회에 제출되었던 보고서들을 통해 일본군 '위안부' 문제에 대한 관심이 증가했던 현실과 비교해 봤을 때 더욱 확연하다고 할 수 있다.[3] 이는 한국과 필리핀의 관련 연구들을 비교해 보

---

2 *Philippine Daily Inquirer*, March, 10 1992.

3 일본군 '위안부' 피해자 숫자와 일본 식민 지배 기간의 상당한 차이에 의해 직접적인 비교에는 무리가 있을 수도 있으며, 한국과 필리핀이 가진 민족주의 특성 차이에 기인할 수도 있다. 필리핀의 일본 식민 경험에 관해서는 권오신, 「일본의 필리핀지배와 미국의 군사적 대응(1941~1945)」, 『강원사학 13·14합집 (1998), 457-488쪽을 참고; 위안부 문제에 대한 한국과 필리핀인들의 민족주의 특징의 차이에 대해서는 김동엽, 「기억

아도 알 수 있다. 다양한 분야에서 일본군 '위안부' 문제를 연구하고 있는 한국에 비해, 필리핀은 2000년대에 들어서도 해당 문제에 대한 민족학 · 역사 · 젠더 · 인권적 연구는 제대로 이루어지지 못하고 있는 실정이다. 일부 진행된 연구 역시 필리핀 내 일본군 '위안부' 문제 해결 운동을 주도적으로 이끌고 있는 넬리아 산초(Nelia Sancho) 같은 몇몇 여성 인권운동가들에 의해서 집중적으로 다루어졌다. 언론 역시 간간이 피해자들의 지속적인 투쟁과 요구 사항 및 그들의 어려운 상황을 전하기도 했지만, 관련 이슈에 있어 대부분 단신 처리하거나 AFP(Agency French Press) 같은 외신 보도에 의존하고 있는 실정이다.[4]

한편 2017년 12월 8일 마닐라 로하스 대로(Roxas Boulevard) 옆 해안 산책로에 설치되었던 일본군 '위안부' 동상이 일본의 항의 속에 석연찮은 이유로 2018년 4월 27일 정부기관(Department of Public Works and Highways, DPWH)에 의해 철거되었다. 이에 필리핀 내 일본군 '위안부' 문제는 다시금 조명되었다. 그럼에도 이후 진행 상황을 살펴보면 필리핀 내 일본군 '위안부' 문제는 필리핀 대중들에게는 자신들과 별 상관

의 표상에 담긴 지역성 연구: 필리핀 위안부 동상을 중심으로」, 『동남아시아연구』 28:3 (2018), 75-110쪽을 참고.

4 Katharina R. Mendoza, "Freeing the 'Slaves of Destiny' : the Lolas of the Filipino Comfort Women Movement", *Cultural Dynamics* 15:3 (2003), p. 249; 넬리아 산초의 필리핀 내 일본군 '위안부' 문제 연구에 관해서는 Nelia Sancho, ed., "The Asian Women's Fund: Charity or Compensation?", *War Crimes on Asian Women: Military Sexual Slavery by Japan During World War II, The Case of the Filipino Comfort Women* (Quezon City, Asian Women Human Rights Council, 1998); _____, ed., *Justice with Healing: An Anthology on the Lolas Kampanyera Survivors of WWII Japanese Military Sexual Slavery in the Philippines* (Quezon City, The Lolas Para sa Kapayapann at Kumpensasyon and Buhay Foundation for Women and the Girl Child & Asian Women Human Rights Council, 2007) 등을 참조.

없는 일이며, 정부에게는 지속적으로 외면받는 '잊혀가는 이야기' 가 되어가고 있다.[5]

최근 '역사 수정주의' 로 대표되는 일본의 우경화 상황 앞에 일본군 '위안부' 문제 해결을 위한 국제 연대의 필요성이 강조되고 있다. 본 연구자는 한국과 같은 일본군 '위안부' 피해를 겪은 필리핀의 상황과 문제 인식을 한 번쯤은 살펴보는 것이 문제 해결을 위한 연대에 필요하다고 생각한다. 이에 필리핀에서 처음으로 일본군 '위안부' 문제가 제기되었던 1990년대 초반부터 마닐라 내 일본군 '위안부' 동상 철거에 대한 논란이 있던 2019년까지 필리핀 내 일본군 '위안부' 문제의 흐름과 인식을 살펴보고자 한다. 그리고 해당 국가의 정치 · 사회 · 문화적 시각을 가장 잘 나타내는 것이 언론이라는 판단에 『필리핀 데일리 인콰이어러(이하 인콰이어러)』, 『마닐라 타임스(*The Manila Times*)』, 그리고 『마닐라 불레틴(*Manila Bulletin*)』 등과 같은 필리핀 주요 일간지와 미디어의 관련 보도 등을 검토하겠다. 이외에도 피해자들의 증언, 그리고 필리핀의 일본군 '위안부' 문제에 관한 연구들을 함께 살펴보며, 문제에 대한 필리핀의 다양한 시각을 비교해 필리핀 내 일본군 '위안부' 문제에 대한 인식을 조망해보고자 한다.

5 필리핀 내 일본군 '위안부' 동상 철거에 대한 논란에 대해서는 Paterno R. Esmaquel II, "What wrong with this statue of a Comfort Woman in Manila?", *Rappler*, December 26, 2017. https://www.rappler.com/nation/comfort-woman-statue-roxas-boulevard-manila-issues을 참고.

문제의 공론화

1941년 12월 일본군은 급작스런 진주만 폭격 뒤, 미국 식민지였던 필리핀을 공격했다. 이후 1942년 1월 2일 수도였던 마닐라가 점령당했고, 그렇게 필리핀은 일본의 식민지가 되어갔다. 일본군은 필리핀을 침략하고 얼마 지나지 않은 1942년 3월 19일 비사야 제도(Visayas Islands) 파나이(Panay)섬 일로일로(Iloilo)에 설치되었던 위안소의 위치가 포함된 진료 보고서를 작성했다. 그리고 이 보고서가 1992년 발견되면서 필리핀의 일본군 '위안부' 문제는 알려지기 시작했다. 필리핀 정부는 인권위원회 위원장이자 필리핀 대학교수이기도 했던 리카르도 호세(Ricardo Jose)를 책임자로 하여 조사를 시작했다. 그러나 조사단은 1992년 6월 26일 일본군에 의해 일본군 '위안부'가 대규모적 · 강제적으로 동원되었다는 사실을 찾을 수 없다며, 일본에 사과를 요구할 필요가 없다는 예상외의 발표를 하게 되었다. 정부의 조사를 그대로 받아들일 수 없었던 필리핀 시민단체들은 7월 13일 '필리핀 "일본군 위안부" 대책 위원회(Task Force on Filipino "Comfort Women", TFFCW)'를 조직해 직접적인 활동에 나서게 되었다.[6]

TFFCW는 라디오 방송 등을 통해 필리핀 내 일본군 '위안부' 피해자들을 찾기 시작했다. 하지만 피해자들을 찾는 일은 쉽지만은 않았는데, 이는 필리핀의 가부장적 문화에서 비롯되었다고 볼 수 있다. 사실 필리

---

[6] M. E. Galang, *Lolas' House: Filipino Women Living with War* (Evanston, Curbstone Books & Northwestern University Press, 2017), pp. 6-7; TFFCW는 이후 필리핀 할머니 동맹(Liga ng mga Lolang Pilipina, Lila Pilipina)로 이름을 바꾸어 지속적으로 필리핀 내 일본군 '위안부' 문제 해결을 위해 활동하고 있다.

핀뿐만 아니라 대다수 아시아 국가의 고유한 문화적 신념 하에서 여성의 순결은 도덕적으로 엄격한 가치였고, 강간이라는 것은 오히려 피해 여성의 삶을 사회적으로 고립 · 소외시켰던 개인적 수치로 인식되었다. 일본군 '위안부' 피해자들은 오랜 기간 자신을 보호하기 위해서 또는 수치심에 성폭력 피해 사실을 숨기고, 침묵할 수밖에 없었던 것이다.[7] 이런 어려움 속에서 1992년 9월 헨슨의 인터뷰는 일본군 '위안부' 피해자들의 경험을 필리핀 대중과 실체적으로 공유할 수 있는 시작점이 되었다. 헨슨의 뒤를 이어 추가적인 인터뷰가 진행되었고, 그동안 숨어 지냈던 피해자들이 공공 담론의 장에 등장하기 시작했다.

1993년 4월 자신들의 피해 사실을 밝혔던 18명의 피해자들은 우선 자신들이 자발적인 지원자 아닌 일본군에 의해 강제적으로 납치된 '성노예(Sex Slave)' 라는 사실을 명확히 했다. 이후 그들은 문제 해결을 위해 몇 가지를 요구하게 되었다. 우선 일본군이 전시에 행했던 전쟁범죄를 인정하고 진실을 조사해 관련자를 처벌할 것. 둘째, 모든 피해자들에게 사과하고 배상금을 지불할 것. 셋째, 일본의 전쟁범죄가 반복되는 것을 막기 위해 이를 젊은 세대에게 교육할 것 등이었다. 또한 피해자들은 도쿄지방법원에 일본 정부 차원의 배상과 사과를 요구하는 소송을 제기했고, 같은 해 9월 또 다른 28명의 피해자들이 추가로 소송에 합류하게 되었다.[8]

---

7 Maria R. Henson, *Comfort Woman: Slave of Destiny* (Pasig City, Philippine Center for Investigative Journalism, 1996), p. 42, pp. 83-84; Galang, *op. cit.*, p. 23; 아시아의 가부장적 문화와 여성으로서 일본군 '위안부' 피해자들에 대해서는 George Hicks, *The Comfort Women: Sex Slaves of the Japanese Imperial Force* (Singapore, Heinemann Asia, 1995)를 참고.

8 Mendoza, Ibid., pp. 256-257.

필리핀 언론과 방송은 다양한 보도를 통해 피해자들의 움직임을 알리기 시작했다. 우선 GMA에서 1992년 일본군 '위안부' 피해자를 위한 '상처의 치유(*Healing the Wounds*)' 라는 다큐멘터리를 방송했다. 2년 뒤인 1994년에는 '상실된 이상(*A Lost Cause*)' 이라는 보도를 통해 일본 무라야마(Murayama Tomiichi) 총리가 필리핀을 공식적으로 방문했을 때, 그가 일본군 '위안부' 문제에 전혀 관심을 기울이지 않았던 점을 비판했다. 또한 1995년에는 헨슨이 직접 출현했던 '자피나(*Japina*)' 라는 프로그램이 방송되었다. 이는 필리핀 문화원에서 공연되었던 동명의 연극을 기반으로 구성한 방송으로, 일본군 '위안부' 피해를 포함한 식민지배 기간 일본의 착취를 겪은 한 필리핀 가족 3대의 삶과 애환을 그린 내용이었다. 이와 같은 방송들은 주로 인도주의적 시각에서 경제적인 어려움과 정신적인 고통, 그리고 가족과의 갈등 속에 살아가고 있는 피해자들의 삶과 그들에 대한 치유 및 현실을 외면하는 일본 정부를 비판하는 내용을 보여주고 있다.[9]

물론 필리핀 언론과 미디어가 모두 피해자들에 대한 인권적, 인도주의적 시각만을 가지고 있던 것은 아니었다. 1994년 〈위안부: 정의를 위한 외침(*Comfort Women: A Cry for Justice*)〉이란 영화를 통해 일본군 '위안

---

[9] Myrna E. P. Borromeo, "Media for Justice and Healing: The Case of Philippine Comfort Women Survivors", *Review of Women's Studies* 20:1 (2010), p. 99; '자피나(Japina)' 는 현재 필리핀에서 사용되는 '자파유키(Japayukis)라는 단어와 같은 뜻이다. 주로 일본에서 일하는 필리핀인이라는 의미이지만, 한편으로는 일본인과 성관계를 맺은 필리핀인을 의미할 때 사용되기도 한다; 당시 일본군 '위안부' 피해자들의 경제적 어려움과 정신적 고통에 대해서는 필리핀 사회복지발전부(Department of Social Welfare and Development)와 아시아 여성기금에서 공동으로 작성했던 "An Evaluative Research in the Implementation of the Assistance to Lolas in Crisis Situation Project"(2002), pp. 5-17을 참고할 것.

부' 문제에 대한 필리핀인들의 조금은 다른 시각을 엿볼 수 있다. 영화는 일본군에 의해 유린당하는 필리핀 여성들과 그것에 괴로워하는 필리핀 남성의 감정, 그리고 일본군에 저항하는 필리핀 게릴라의 모습을 함께 보여주었다. 즉 필리핀 내 일본군 '위안부' 문제를 피해자 인권과 상처 치유라는 측면에서 바라보기보다는 제국주의 침략에 대한 정의로운 필리핀인들의 저항 속에 일본군 '위안부' 문제를 포함시켜 이 사안을 다양한 전쟁 피해의 하나로 위치시켰다. 또한 일본군에 의한 필리핀 여성들의 유린을 민족적 수치로 인식하고, 이를 대갚음하고자 하는 민족주의적 감성을 강조했던 것이다.[10]

다른 영화로는 2000년 일본군 '위안부' 피해를 입었던 성소수자인 월터 뎀스터 2세(Walter Dempster Jr.)에 관한 〈마르코바: 게이 위안부(*Markova: Comfort Gay*)〉가 있다. 영화는 필리핀 내 일본군 '위안부' 피해자들의 사연을 접한 주인공이 자신의 경험을 알리려는 과정을 보여주었다. 하지만 영화는 일본군 '위안부' 문제에 대한 진지한 성찰보다는 필리핀 사회에서 살아가는 성소수자의 애환을 다소 과장해서 표현했다. 이에 헨슨은 영화를 일본군 '위안부' 문제에 대한 "거짓 이야기"라고 강하게 비판했다. 더 큰 문제는 영화가 일본군 '위안부' 문제에 다소 가볍게 그리고 선정적으로 접근함으로써 필리핀 대중이 해당 문제에 대한 심각성과 정의 실현 부분을 간과케 할 수 있다는 것이다. 또한 이미 지나간 일이라는 뎀스터의 입장을 보여주어 필리핀 대중이 일본군 '위안부' 문제 사실 자체를 잘못 이해하게 만들 수 있다는 점이다.[11]

---

10 E. P. Borromeo, *op. cit.*, p. 100; 김동엽, 앞의 논문, 87-88쪽.

11 같은 논문; McDonald Paula, "Framing Sexual Harassment through Media Representations", *Women's Studies International Forum* 37 (2013), pp. 95-103.

일본의 배상 문제를 포함한 금전적인 측면 역시 필리핀 내 주요 관심 사안이었다. 이미 핸슨의 증언 당시 그녀의 동기에 대해 돈을 원하는 것이 아니냐는 일부 필리핀인들의 의구심이 있어 왔다. 그리고 그런 의구심을 자극한 것이 바로 1995년 설립된 '아시아 여성기금(Asian Women's Fund)'의 일본군 '위안부' 피해자에 대한 보상과 의료지원 계획이었다. 당시 필리핀 내 일본군 '위안부' 피해자들은 보상과 의료지원의 수용 여부 앞에서 분열하게 되었다. 이런 상황은 1996년 '분열된 위안부(*Comfort Women Divided*)' 같은 방송과 언론 보도를 통해 필리핀 대중에게 알려졌다. 초기 여성기금의 보상 등에 있어 필리핀 피해자들과 지원단체들은 보상 수용에 부정적이었지만, 1996년 8월 14일 각국 피해자들 중 처음으로 필리핀 내 일본군 '위안부' 문제에 있어 상징성을 가졌던 헨슨과 다른 필리핀 피해자 3명이 보상안을 수용하게 되었다. 이후 문제를 둘러싸고 위안부 피해자들은 보상을 수용했던 릴라 필리피나와 이를 거부한 '말라야 롤라스(Malaya Lolas, Free Grandmothers)'로 나뉘었다. 한편 일부 필리핀 피해자들의 보상 수용에 관한 입장 변화에는 경제적 어려움이 크게 작용했다. 한국과 타이완의 피해자들은 그들 정부로부터 최소한 생활이 가능하도록 경제적 지원을 받았지만, 필리핀의 경우 피해자들이 경제적 어려움 속에 필리핀 정부로부터 어떤 지원도 받지 못했던 상태였기 때문이었다.[12]

언론을 통해 보도된 필리핀 피해자들의 보상 수용과 이에 대한 지원

---

12 Henson, *op. cit.*, pp. 136-137; E. P. Borromeo, Ibid., p. 99; "Payments for Japan sex slave rejected", *Philippine Daily Inquirer*, July 7, 1996; 또한 여기서 명확하게 해야 할 것이 바로 보상(compesation)과 배상(reparation)의 차이이다. 즉 필리핀 일본군 '위안부' 피해자들은 여성기금의 돈을 국가적 배상인 아닌 인도주의적 보상으로 인식한 것이다.

단체의 지지 선언은 한국을 포함한 다른 국가들의 상황과 비교해 봤을 때, 일본군 '위안부' 문제 처리와 인식에 있어 좀 더 유연한 대응을 보여주었다고 평가된다. 즉 경제적 어려움으로 여성기금의 보상금을 수령했지만 피해자들에게 이는 민간 차원의 보상이었을 뿐이었다. 또한 필리핀 '위안부' 피해자들은 일본 총리의 사과 편지 역시 개인적인 사과라며 거부했고, 지속적으로 일본 정부 차원의 법적 배상을 요구하는 모습을 보여주었다. 한편 여성기금의 보상 수용 선택이 피해자 개인의 선택이자, 권리로 존중되어야 한다는 필리핀 지원 단체의 입장 역시 이 사안에 있어 다른 국가들의 피해자 지원 단체들이 한 번쯤은 참고할 부분이라고 생각된다.[13]

일본군 '위안부' 피해자 문제를 외면하는 일본 정부와 자국 피해자들 지원에 소극적인 필리핀 정부의 태도 역시 필리핀 언론의 관심사였다. 1997년 결성된 일본의 '새로운 역사 교과서를 만드는 모임' 이 주장했던 일본 역사 교과서 수정에 대해 『인콰이어러』는 "역사책 개정에 저항하는 위안부 피해자들" 이라는 기사를 통해 피해자들의 목소리를 보도했다. 1998년에는 한 사설을 통해 필리핀 정부는 일본군 '위안부' 피해자들을 위해 나서야 한다며, 소극적인 필리핀 정부를 비판했다. 특히 2003년 저널리스트 체체 라자로(Cheche Lazaro)가 진행했던 GMA의 '붉은 집(*Bahay na Pula*)' 이라는 프로그램은 2002년과 2003년 필리핀 피해자들의 소송이 일본 고등법원과 대법원을 거치며 연이어 패소했던 상

13 Nelia Sancho, *War Crimes on Asian Women*, p. 269; 김정란, 「일본군 '위안부' 운동의 전개와 문제인식에 대한 연구: 정대협의 활동을 중심으로」 이화여대 박사학위논문 (2004), 117-119쪽; "Comfort women reject Japan PM' s apology", *Philippine Star*, January 21, 1998; "Lolas return apology letter to Japanese", *Manila Standard Times*, Febuary 6, 1998.

황 속에 일본군 '위안부' 문제를 다루었다. 방송에서는 당시 피해자들의 투쟁에 대해 보도하면서 일본군 '위안부' 문제에 대한 국제 사법 기관들의 결정이 집행되지 않은 이유를 알아보았고 일본 정부의 책임을 추궁했다. 또한 필리핀 정부가 필리핀 피해자들이 일본 정부로부터 공식적인 사과와 법적 배상을 받을 수 있도록 지원하는 것에 어떤 노력을 했는지를 살펴보면서 필리핀 정부에 대한 비판을 제기했다.[14]

필리핀 국내 언론과 미디어의 비판, 그리고 피해자들의 증언에서도 나타나듯이 필리핀 정부는 1992년 처음 위안부 문제가 공론화되었을 때부터 소극적 태도를 보였다. 그리고 같은 해 교체된 정부와 그 이후의 정부들 역시 같은 태도를 유지했다. 이런 필리핀 정부의 소극적 태도는 일본과 경제적 관계가 고려되었다는 것이 가장 설득력 있게 받아들여지고 있다. 1956년 필리핀-일본 간 2차 대전 전쟁 피해 배상 합의와 함께 양국 외교관계는 복원되었고, 일본 정부는 필리핀에 5억 5천만 달러의 배상금을 순차적으로 지급함과 동시에 2억 5천만 달러의 차관도 제공했다. 2차 대전 과정에서 입은 막대한 피해 속에 미국으로부터 독립했던 필리핀은 무역 적자 등의 경제적 어려움을 겪게 되었고, 이런 필리핀에게 일본의 배상금과 차관은 반드시 필요한 것이었다. 1960대와 1970대에도 일본은 필리핀의 사회 간접시설을 비롯한 다양한 분야에 자본을 투자했으며, 특히 1968년 필리핀 대외 수출품의 47퍼센트를 수입할 정도로 필리핀에 대한 자국의 영향력을 키워갔다. 이처럼 필리핀에게 일

14 "Comfort women protest revision of history books", *Philippine Daily Inquirer*, May 29, 1997; Juliet L. Javellana, "Zamora says gov't will take up cudgels for comfort women", _____, October 11, 1998; "Comfort women lose legal battle", *The Manila Times* October 10, 1998.

본은 2차 대전과 독립 이후 경제적으로 매우 중요한 국가였고, 양국 관계가 지속되는 상황에서 필리핀 정부는 일본 정부와 외교적 갈등을 유발할 수 있는 일본군 '위안부' 문제에 소극적으로 대응할 수밖에 없었다.[15]

버려진 피해자들

2003년 일본 대법원은 국내 사법 체계에 국제법을 적용하는 것은 무리라며 필리핀 피해자들의 소송을 기각했고, 그렇게 10년에 걸쳤던 필리핀 피해자들의 소송은 끝나버렸다. 그럼에도 피해자들은 포기하지 않았고, 이듬해 필리핀 대법원에 문제 해결을 위해 필리핀 정부가 나설 것을 요청하는 청원을 제기했다. 문제는 필리핀 내 일본군 '위안부' 문제에 대한 관심이 전과 같지 않았다는 것이다. 간간이 피해자들에 대한 필리핀 정부의 의료 지원 필요성과 인권 범죄의 시각에서 피해자들의 문제를 바라보는 보도와 필리핀 정부가 일본 의회에 피해자 문제 해결을 위한 행동에 나설 것을 촉구하는 사설 등이 있어왔지만, 필리핀 언론의 위안부 문제에 대한 관심은 보도의 빈도 등을 살펴보았을 때 1990년대 처음 문제가 제기되었을 때보다는 많이 줄어든 것으로 보인다.[16]

---

15 일본의 필리핀에 대한 전쟁 배상과 전후 필리핀-일본의 경제 관계에 대해서는 J. L. Vellut, "Japanese Reparations to the Philippines", *Asian Survey* 3:10 (1963), pp. 496-506; Vicente B. Valdepenas Jr., "Japan in Postwar Philippine Economy", *Philippine Studies* 18:4 (1970), pp. 718-739 등을 참고할 것.

16 "60 comfort women press fight vs crimes against humanity", *Philippine Daily Inquirer*, March 10, 2004; "Comfort women in Pampanga seek medical help

이런 상황은 고령의 피해자들이 점차 사라진다는 점에서 영향을 받고 있었다. 2005년 『인콰이어러』는 "정의 실현 없이 죽어가는 피해자들" 이라는 기사에서 일본 정부의 변함없는 태도에 결국 어떤 사과도 받지 못하고, 자신들의 생명이 얼마 남지 않았음을 우려하는 필리핀 피해자들을 보도했다. 그리고 약 10년 뒤, 2015년 같은 신문사의 보도와 사설은 릴라 필리피나 소속 레칠다 엑스트레마두라(Rechilda Extremadura)의 인터뷰를 통해 국제 사회의 권고를 무시하는 일본 정부의 태도를 비판했다. "시간이 얼마 남지 않은 것 같다. 아직까지 정의가 실현되지 못한 상태에서 대부분의 일본군 '위안부' 들이 사라졌다" 라고 악화된 피해자들의 상황과 잊혀가는 그들의 이야기를 전하고 있다.[17]

2007년 일본군 '위안부' 피해자들에게 모처럼 희망적인 소식이 전해졌다. 그해 7월 미국 의회에서 "일본 정부는 2차 세계대전 기간 중 여성을 성노예로 강요했던 역할에 대해 역사적 책임을 공식적으로 인정하고, 사과해야 한다" 라는 '하원 결의안 121호(US House of Representatives Resolution 121)' 가 통과된 것이었다. 이에 필리핀 내 일본군 '위안부' 피해자들을 위해 필리핀과 미국에서 적극적으로 활동하고 있던 마리아 갈랑(M. E. Galang)은 자신의 블로그에서, "이번 결의안 121호의 통과는 위안부 문제 해결에 있어 첫 번째 단계일 뿐이다. 하지만 인권 문제로서 그동안 소수의 사람들만이 인지하고 있던 위안부 문제를 좀 더 많은 이들에게 알릴 기회이며, 미국의 참여로 캐나다나 필리핀 같은 국가들이

---

from gov' t", _____, August 27, 2004; "Solon urges govt to lobby Diet for comfort women", _____, January 24, 2005; E. P. Borromeo, op. cit., p. 97.

17 Tonette T. Orejas, "Comfort Women dying without justice", *Philippine Daily Inquirer*, April 3, 2005; "Vets urge recording stories of war for posterity", _____, December 9, 2015; "A terrible forgetting", _____, December 13, 2015.

비슷한 결의안을 결정하도록 고무시켰다" 라고 평가했다.[18]

갈랑의 기대처럼 미국 의회의 결의안 121호 통과 소식은 국제 사회에 다시금 일본군 '위안부' 문제에 대한 관심을 불러일으켰고, 이는 필리핀에서도 마찬가지였다. 미국 의회의 움직임은 필리핀 입법부의 태도 변화에도 어느 정도 영향을 주었던 것처럼 보였다. 당장 필리핀 상원은 2006년 필리핀과 일본 사이에 체결되었던 '일본-필리핀 경제 동반자 협정(Japan-Philippine Economic Partnership Agreement)' 의 논의 과정에서 비준에 문제가 발생하는 것을 원치 않는다며, 일본 정부의 일본군 '위안부' 문제에 대한 입장을 검토해 볼 것을 요구했다. 또한 2008년 3월 11일, 평소 일본군 '위안부' 문제 해결에 적극적으로 참여한 진보 성향 비례 정당인 가브리엘라 여성당(Gabriela Women's Party) 주도로 제안되었던 '결의안 124호(House Resolution 124)' 가 가결되었다. 결의안 124호는 10년이 넘는 동안 필리핀 의회 차원에서 일본 정부에 공식적인 사과와 법적 구제를 요구하는 성명을 발표하기 위한 몇 번의 시도 중 처음으로 채택된 결의안이었다.[19]

결의안 124호의 통과는 일본군 '위안부' 문제에 있어 필리핀 대중의

18 결의안 121호의 내용은 https://www.congress.gov/bill/110th-congress/house-resolution/121/text을 참고; Galang, "Restoration of Human Dignity is Everyone's Business", http://labanforthelolas.blogspot.com/2007/08/restoration-of-human-dignity-is.html ; 갈랑은 미국 태생의 필리핀계 미국인으로 소설가이자 교육가로 1990년대 후반부터 필리핀과 미국에서 적극적으로 필리핀의 일본군 '위안부' 문제를 알리고, 지원하는 활동을 하고 있다.

19 Christina Mendez, "Senete wants Japan update on legislation on comfort women before tackling JPEPA", *Philippine Star*, August 20, 2007; Maila Ager, "House Resolution on Japan apology to 'Comfort women' field", *Philippine Daily Inquirer*, August 15, 2007.

관심 증가와 정부의 태도 변화에 대한 기대를 갖게 했다. 하지만 기대는 쉽게 이뤄지지 못했다. 2004년 일본군 '위안부' 문제에 있어 필리핀 정부가 적극적으로 나서 줄 것을 요구했던 피해자들의 청원이 2010년 필리핀 대법원에서 기각된 것이었다. 당시 필리핀 대법원은 "필리핀 행정부는 개인의 일본에 대한 청구권 행사 지원을 결정할 전적인 권리를 갖고 있지만, 의무는 없다"라는 취지로 판결을 내렸다. 법원의 이런 결정은 즉각적인 반발을 불러왔다. 7월, 피해자들의 변호사였던 해리 로케(Harry Roque)는 판결을 주도했던 마리아노 카스티요(Mariano Del Castillo) 판사가 피해자들의 청구권을 기각하기 위해 국외 국제법 전문가들의 의견을 왜곡해 인용했다고 주장했다. 또한 필리핀 소재 법대 교수 37명 역시 카스티요의 판결문에 대해, "수용할 수 없으며, 비윤리적이고, 대법원이 가져야 할 도덕적 행동 기준을 위반했다"라며 그의 사퇴를 요구했다. 문제는 탄핵 과정이 법적으로 피해자들의 권리 보호 또는 정의 실현 움직임으로 시작된 것이 아닌, 정치적인 이유가 작용했다는 점이다. 2010년, 당시 필리핀은 글로리아 아로요(Gloria M. Arroyo) 정권에서 베니그노 아키노 3세(Benigno S. Aquino III) 정권으로 교체되면서, 이전 정부에 의해 임명되었던 대법원장의 탄핵을 진행했던 정치적 충돌의 시기였다. 이에 언론은 필리핀 하원 사법위원회 소속 야당 의원 미토스 막사이사이(Mitos Magsaysay)의 "이번 카스티요 탄핵 사건에 일본군 '위안부' 피해자들이 일부 이기적인 정치적 동기에 이용당하고 있다"라는 인터뷰를 통해 탄핵이라는 국내 정치 분쟁 한가운데 이용당했던 일본군 '위안부' 피해자들의 모습을 보도했다.[20]

---

20 "What went before: the impeach rap vs Justice Del Castillo", *Philippine Daily Inquirer*, December 8, 2011; Gil C. Cabacungan, "Comfort women balk at

한편, 일본 아키히토(Akihito) 일왕의 필리핀 방문이 얼마 남지 않은 시기였던 2015년 12월 28일 한국과 일본 간 체결된 '한-일 위안부 합의'가 필리핀에도 보도되기 시작했다. 『필스타(*Philstar*)』와 『마닐라 타임스』 같은 신문들은 1월 24일 있을 아키히토의 필리핀 방문과 한-일 위안부 합의, 그리고 필리핀 정부가 아키히토 방문 기간 일본군 '위안부' 문제를 제기하지 않을 것이라는 입장을 전하며, 필리핀과 일본 간 피해자 문제 해결을 위한 의제가 없음을 아쉬워했다. 또한 일본이 비록 필리핀의 중요한 투자국이자 주요 동맹국이지만, 일본군 '위안부' 문제는 외면할 수 없다면서 문제 해결을 원하는 피해자들의 입장을 함께 보도했다. 『인콰이어러』 역시 "일본군 '위안부' 문제의 지속적인 악화"라는 편집자 논평을 통해 피해자들의 안타까운 사연이 계속 제기되었지만, 일본 정부는 피해자들의 요청을 무시한다면서 일본 정부를 비판했다. 또한 초기 릴라 필리피나 174명의 구성원 중 남은 피해자는 4명뿐이라며, 피해자들에게 남은 시간이 없다고도 알렸다. 또한 한국과 일본의 합의와 이에 대한 해석 차이로 인한 한국 여론의 반발과 일본에 문제 해결을 요구하는 대만의 상황을 설명하면서, 왜 필리핀은 한국과 대만 정부가 하고 있는 것을 못하는 것인지 필리핀 정부에 대한 비판에 나섰다.[21]

아키히토의 방문에 맞춰 일본군 '위안부' 문제 해결을 위해 노력해 줄 것을 희망했던 피해자들의 염원과 언론의 비판적인 문제 제기에도

---

impeaching Justice Del Castillo", _____, February 15, 2012; Jay Ruiz, "Del Castillo accused of 32 counts of plagiarism - lawyer", *ABS-CBN News*, February 15, 2012.

21 Rhodina Villanueva, "Time running out for Pinay comfort women", *Philippine Star*, January 22, 2016; "Philippines' WWII sex slave demand justice from Japan", *The Manila Times*, January 26, 2016; "Continuing degradation", *Philippine Daily Inquirer*, January 3, 2016.

필리핀 정부는 어떤 행동에 나서지 않았다. 이런 필리핀 정부의 태도에 언론은 "아무도 그들의 이야기를 듣지 않는다"라는 기사를 통해 말라야 롤라스 소속 피해자들의 인터뷰를 보도했다. 피해자들은 원래 90명의 구성원 중 32명만이 남았고, 필리핀 정부 측과 제대로 된 대화도 나눈 적이 없다고 밝혔다. 또한 그들은 만약 정부가 자신들을 도와주었다면 자신들의 처지가 한국의 피해자들과 비슷했을 것이라면서, 정부의 지원을 받는 한국 피해자들과 자신들의 처지를 비교하기도 했다. 하지만 필리핀 정부는 전쟁범죄에 대한 것은 1956년의 배상 협정으로 확정되었다는 입장만을 유지했고, 이에 기사는 필리핀 위안부 피해자들이 필리핀 정부에 버림받았다며 강력하게 정부를 비판했다.[22]

필리핀 피해자들의 절규와 언론의 비판, 그리고 국제 사회의 일본 정부에 대한 권고에도 불구하고 필리핀 정부는 지속적으로 피해자들의 요구를 외면했다. 이는 앞서도 언급하였듯 필리핀과 일본의 경제적 관계가 고려된 것이었다. 또한 2000년대 이후 스프래틀리 군도(Spratly Island)에서 중국과 분쟁을 겪는 국제 상황 역시 필리핀 정부의 일본에 대한 소극적 대응에 영향을 주었다. 2000년대 스프래틀리 군도의 스카버러 암초(Scarborough Shoal)에 대한 중국과의 갈등이 지속되자 필리핀 정부는 미국과 일본을 끌어들여 중국에 대응했다. 2016년 초반 중국과의 갈등이 더욱 고조되었고, 필리핀 정부는 미국·일본과 좀 더 발전된 군사 협력관계를 원하게 되었다. 이는 2016년 2월 29일 '필리핀-일본 방위협정(The Philippines and Japan Defense Agreement)'으로 이어졌다. 이처럼 새로운 방위협정 체결이 한 달여 남은 시점에서 필리핀 정부는

---

22 "Comfort women: No one is listening", *Philippine Daily Inquirer*, January 30, 2016.

일본 정부와 마찰을 겪을 수 있는 상황을 최대한 회피한 것으로 보인다.[23]

2016년은 필리핀 위안부 피해자들에게 큰 실망을 안겨주었지만, 한편으로는 대통령이 교체되는 시기이기도 했다. 2016년 6월, 로드리고 두테르테(Rodrigo Duterte)가 새로운 대통령에 취임하며 정권은 바뀌었다. 정권이 교체될 때마다 자신들의 이야기에 귀를 기울여주지 않을까 하는 희망을 가졌던 피해자들은 대선 후보 시절부터 '스트롱 맨'이라 불리며, 필리핀 대중의 지지를 받았던 두테르테에 어떤 기대를 했을지 모른다. 하지만 한 언론은 두테르테 당선 이전 사설을 통해 강간 등과 같은 범죄를 공식 석상에서 농담으로 언급하는 두테르테의 성 · 인권 의식 부족을 제기하면서, 피해자들의 기대가 자칫 허무하게 끝날 수 있음을 예측하기도 했다.[24]

'위안부' 동상 설치에 따른 갈등

2011년 12월 14일, 정대협은 지난 20년간 진행했던 수요집회 1,000회를 기념하여 주한 일본 대사관 앞에 '평화의 소녀상'을 설치했다. 사실 소녀상 설립은 수요집회에 참여하던 한국의 일본군 '위안부' 피해자들

23 필리핀의 스프래틀리 군도 정책에 관해서는 박광섭, 「남중국해 스카버러 쇼울을 둘러싼 중국과의 해양 분쟁 가열 조짐으로 인한 필리핀-미국 안보협력 강화: 그 근원적 이해관계 및 지역안보에의 함의」, 『아시아연구』 16:2 (2013), 25-58쪽; 김석수, 「남중국해 분쟁과 필리핀의 헤징전략」, 『글로벌정치연구』 8:1 (2015), 63-98쪽 등을 참고.

24 Ambeth R. Ocampo, "Rape no laughing matter under any context", *Philippine Daily Inquirer*, April 20, 2016.

이 자신들의 투쟁을 기념하고 싶다는 호소를 통해 시작된 사업이었다. 특히 2015년 한-일 위안부 합의 이후, 고조되었던 일본군 '위안부' 문제 해결을 위한 지지와 반일 감정을 바탕으로 소녀상은 한국 내 80여 곳을 비롯해 미국, 캐나다, 호주, 독일 같은 해외에까지 설치되고 있었다. 한국과 국제 사회에 동상이 설치된다는 소식은 필리핀에도 알려지게 되었다. 필리핀 내에서는 "자국민 피해자가 없는 미국 샌프란시스코에도 피해자 기념비가 있는 상황에서 왜 필리핀에는 일본군 '위안부' 피해자를 기릴 어떤 것도 없는가?" 라는 자성의 목소리가 나오기 시작했다.[25]

필리핀에서도 평소 일본군 '위안부' 문제에 관심을 갖던 중국계 필리핀 사업가의 복지단체인 툴라이 재단(Tulay Foundation)을 통해 한국과 같은 사업이 시작되었다. 이후 2017년 12월 8일, 필리핀 예술가 조나스 로세스(Jonas Roces)가 제작한 동상이 마닐라에 설치될 수 있었다. 흥미로운 점은 같은 일본군 '위안부' 피해자를 형상화했던 한국과 필리핀의 동상 외형에 상당한 차이가 있다는 것이다. 우선 한국의 소녀상은 피해 당사자들이 주로 15세 전후의 소녀 시기였다는 점을 고려해 소녀의 모습으로 제작되었다면, 필리핀의 동상은 20대 초반 여성의 모습으로 제작되었다. 필리핀 동상 제작자였던 로세스는 아마도 당시 일본군은 아름다운 필리핀 여성을 좋아했을 것으로 생각했고, 따라서 필리핀 여성의 아름다움을 표현하고자 이렇게 제작했다고 밝혔다. 다음으로 한국 소녀상은 거칠게 잘린 머리와 발뒤꿈치가 조금 떠 있는 맨발, 그리

25 김부자, 「한국의 평화의 소녀상과 탈진실(post-truth)의 정치학-일본의 식민주의/남성중심적인 내셔널리즘과 젠더를 검토한다」, 『한국여성학』 33:3 (2017), 280쪽; Ma. Ceres P. Doyo, "Memorials to human suffering", *Philippine Daily Inquirer*, November 30, 2017.

고 무릎 위의 꼭 쥔 주먹을 통해 험난했던 피해자들의 인생과 자신들의 피해를 말할 수 없었던 불안감, 그리고 일본군 '위안부' 문제 해결을 위한 강한 의지를 보여주었다. 그러나 필리핀 동상은 눈가리개와 실망·슬픔 등의 감정이 복합적으로 표현된 얼굴, 그리고 필리핀 전통의상을 입고 머리 쪽 스카프를 움켜쥔 손과 의복을 감싼 넝쿨로 표현되었다. 이는 문제 해결에 있어 불의(injustice)와 무관심 및 일본군 '위안부' 문제를 외면하는 필리핀 정치권에 대한 실망과 이 문제를 아무리 감추려 해도 결국 진실이 알려질 것이라는 점을 상기시키기 위한 의도였다.[26]

필리핀 내 일본군 '위안부' 동상 설치에 일본 정부는 이것은 외교적으로 심각한 문제라며 즉각적으로 반발했다. 또한 동상 설치로 샌프란시스코와 오사카의 자매결연이 중단되었다는 사실을 상기시키며 마닐라시 정부에게 설치 경위에 대해 알려줄 것을 요청했다. 일본의 항의에 대해 두테르테는 "동상 설치는 필리핀 정부와 무관하며, 이 문제가 필리핀과 일본의 굳건한 외교관계를 해칠 것이라고 생각하지 않는다"라고 하면서, 동상 설치와 대통령의 관련성을 부인하며 사태 진화에 나섰다. 동상 설치를 허가해 주었던 마닐라시 정부 역시 자신들은 그저 장소를 제공했을 뿐이며, 설립 허가에는 어떤 관여도 하지 않았다고 책임을 회피했다. 그리고 이런 정부 기관들의 책임회피 속에 마닐라에 세워졌던 동상은 2018년 4월 27일 해당 지역 배수로 정비를 위해서라는 석연찮은 이유로 철거되었다.[27]

---

26 김부자, 앞의 논문, 282쪽; 김동엽, 앞의 논문, 93-94, 102-103쪽. 특히 김동엽은 자신의 연구에서 한국의 소녀상이 한국의 저항적 민족주의 의미를 담고 있다면, 필리핀 동상은 슬픔과 실망의 감정을 담고 있는 여인의 표정을 통해 타자를 향한 감정이 아닌 스스로에 대한 성찰의 의미를 담고 있고, 이를 통해 필리핀 민족주의의 개방적·포용적 특징을 드러낸다고 설명하고 있다.

필리핀 내 동상 철거에 릴라 필리피나, 말라야 롤라스 같은 일본군 '위안부' 피해자 단체는 강력하게 반발했고, 언론은 집중적으로 이번 사태를 보도하며 필리핀 정부에 비판적인 시각을 드러냈다. 평소 일본군 '위안부' 문제에 있어 필리핀 정부에 가장 비판적이었던 『인콰이어러』는 동상 철거 이전, 저명한 중국계 필리핀 사회운동가 테레시타 앙 시(Teresita Ang See)의 "필리핀 정부와 마닐라시 정부는 일본의 압력에 굴했으며, 그들의 대응에서 자국 역사를 대하는 필리핀 정부 관료들의 태도에 경악을 금치 못했다"는 인터뷰를 보도하며 정부를 비판했다. 또한 철거 직후에도 두테르테의 "나는 애초에 일본군 '위안부' 동상의 존재를 알지 못했다. 또한 일본 정부는 이미 사과했고, 충분한 보상을 해냈다"라는 입장을 보도하며, 일본의 눈치만 보는 필리핀 정부에 대한 비판을 이어갔다. 뿐만 아니라 "피해자 동상 제거에 대한 저항"이라는 기사를 통해서 이번 동상 사태에서 책임을 회피하고, 국민의 존엄성을 방기 하는 필리핀 정부에 대한 비판과 한국과 중국에게 일본은 중요한 교역국이지만 여전히 동상을 유지하고 있다는 사실을 상기시켰다. 그리고 일본 점령 기간 발생했던 필리핀인들에 대한 강간 등과 같은 잔혹행위와 전쟁범죄를 쉽게 잊어서는 안 된다는 점을 강조했다.[28]

필리핀 역사학계 역시 필리핀 정부에 대한 비판에 나섰다. 필리핀의

---

27 AJ Siytangco, "PH-Japan relations remain 'very strong' despite comfort women statue issue", *Manila Bulletin*, January 12, 2018; "Government removes 'comfort woman' statue in Manila", *ABS-CBN News*, April 28, 2018; Esmaquel II, op. cit.

28 Aie Balagras See, "'Comfort woman' status not an insult vs Japan", *Philippine Daily Inquirer*, December 26, 2017; Allan Nawal, "Duterte on comfort woman statue: Not policy to antagonize other nations", _____, April 29, 2018; Aie Balagras See and Krixia Subingsubing, "Removal of 'comfort woman' statue draws protest", _____, April 29, 2018.

저명한 역사학자인 베니토 레가르다 2세(Benito J. Legarda Jr.)는 신문사에 기고한 논평을 통해 필리핀 정부의 일본군 '위안부' 동상 철거를 범죄행위이자, 2차 대전 희생자들에 대한 모욕이라고 표현했다. 또한 필리핀 정부의 행위를 일본 대사관의 불평에 대한 "끔찍한 항복"이라고도 말했다. 이틀 뒤, 역사학자이자 필리핀 대학(University of the Philippines) 교수인 마이클 탄(Michael L. Tan) 역시 사설을 통해 필리핀 정부를 비판했다. 그는 동상 설치로 일본과 갈등을 겪었던 다른 나라들과 필리핀을 비교하며, 필리핀 정부의 무능한 외교력을 질책했다.[29]

한편 2018년 12월 28일, 루손(Luzon)섬 중부 라구나(Laguna)주의 산 페드로(San Pedro) 지역에 한국식 소녀상이 세워지자 필리핀 정부는 대통령 대변인 성명을 발표했다. 성명에서 라구나 소녀상은 이전 마닐라와는 달리 사유지에 설치되었으며, 헌법상 보장되는 "표현의 자유"의 일부라고 옹호했다. 그러면서도 필리핀 정부는 이미 해결된 일본군 '위안부' 문제가 지나치게 정치화되는 것이 우려된다는 입장도 함께 발표했다. 문제는 대변인 성명 발표 며칠 뒤, 라구나 소녀상 역시 석연찮게 철거되었다는 것이다. 결국 필리핀 정부는 국내 비판 여론을 의식해 소녀상 건립에 유화적인 모습을 보여주었지만, 뒤로는 일본 정부의 항의를 지속적으로 수용하는 태도를 보였다.[30]

이처럼 국내 비판과 피해자들의 반발에도 필리핀 정부의 동상에 대

---

29 Benito J. Legarda Jr., "Relocate 'comfort women' statue", *Philippine Daily Inquirer*, May 2, 2018; Michael L. Tan, "Blinkmanship", ______, May 2, 2018.

30 Min-ho Jung, "'comfort woman' statue removed in Philippines", *The Korea Times*, January 4, 2019; Darryl J. Esguerra, "Lila-Pilipina blasts Japan's protest on Laguna statue for women", *Philippine Daily Inquirer*, January 1, 2019; ______, "Laguna statue part of freedom of expression-Palace", ______, January 1, 2019.

한 방침이 바뀌지 않는 것에 대해서는 몇 가지를 고려해봐야 할 것이다. 우선 마닐라 동상 설립 자체가 필리핀 대중들의 지지와 관심 속에 진행된 것이 아닌, 평소 위안부 문제에 관심을 갖고 있던 중국계 필리핀 사업가의 개인 재단 주도로 이루어졌다는 것이다. 다음으로 동상 철거에 따른 보도와 비판이 일부 언론에만 집중되어 있다는 점이다. 물론 필리핀 언론이 자유롭게 정부를 비판할 수 있는 상황은 아니지만, 그만큼 필리핀 대중의 일본군 '위안부' 동상에 대한 관심이 적다는 것을 보여준다고 이해할 수 있다. 실제 한국의 한 연구자는 위안부 동상에 대한 연구차 필리핀에 방문했을 때, 필리핀인들의 대화에서 그들이 위안부 문제를 '타자'의 문제로 인식하고 있음을 발견했다고 밝히고 있다.[31] 마지막으로 동상 철거에 대한 비판 역시 피해자들의 고통과 정의 실현이라는 인권 문제보다는 일본의 압력에 대한 굴복과 표현의 자유를 침해했다는 사안이 좀 더 강한 동기가 아니었는가 하는 인상을 주기도 했다. 결국 이런 상황이 필리핀 정부가 동상 철거에 대한 비판에도 이를 강하게 밀어붙일 수 있었던 것이 아닌가 하는 판단을 가능하게 한다.

잊혀가는 피해자들의 이야기

일본군 '위안부' 문제가 공개적인 담론으로 이어질 수 있었던 것은 오랜 기간 자신들 피해를 홀로 견뎌왔던 피해자들의 용기 있는 행동 덕분이었다. 이들의 증언을 통해 문제에 대해 잘 알지 못했던 피해 국가들

---

31 2020년 국경 없는 기자회에서 밝힌 언론자유지수에서 필리핀은 180개 국가 중 136위를 기록하고 있다. ; 김동엽, 앞의 논문, 99-100쪽.

의 대중은 큰 충격을 받았고, 이와 같은 비극이 되풀이되거나 잊혀서는 안 된다는 역사적 인식이 생겨날 수 있었다. 또한 사회적 약자로서 여성 인권에 대해 다시 한번 생각해 보는 계기가 되었다.

필리핀 피해자들 역시 여성의 순결을 중요시했던 전통적인 필리핀 문화에서 자신의 피해를 공개적으로 밝혔고, 정의 실현과 공식적인 일본 정부의 사과를 요구하며 일본군 '위안부' 문제 해결을 촉구했다. 필리핀 언론과 미디어 역시 다양한 보도와 방송을 통해 해당 문제를 제기하며, 피해자들에 대한 상처 치유와 피해자들 외면하는 일본 정부, 그리고 소극적인 필리핀 정부에 대한 비판을 통해 문제에 대한 필리핀인들의 관심을 고조시켰다. 그럼에도 필리핀 언론과 미디어는 몇몇 한계를 노출시키고 있었다. 일본군 '위안부' 문제에 대한 일부의 자극적인 접근과 이 문제를 그저 2차 대전 전쟁 피해 중 하나로 바라보는 것, 그리고 보상금과 같은 금전적인 측면에서의 접근이 그것이다. 물론 이런 점들을 전부 언론만의 잘못이라고 하기는 무리가 있다. 언론과 미디어라는 것이 공공의 담론을 주도하지만, 때로는 대중의 시각을 대변해 주는 역할로 존재하기 때문이다. 그렇기에 이런 점들이 일본군 '위안부' 문제가 등장했던 초기 필리핀인들이 가진 다양한 시각과 인식을 표현한 것이라고 생각할 수 있다.

2000년대 이후 필리핀에서 일본군 '위안부' 문제에 대한 관심은 초기보다는 많이 줄어든 것으로 보인다. 이는 관련 기사가 국외의 일본군 '위안부' 문제 이슈와 동상 철거 갈등 시기 등에 집중되었다는 사실과 평소 정부에 대해 비판적 논조를 지닌 『인콰이어러』 같은 언론사에만 집중되었다는 사실에서 유추해볼 수 있다. 즉 고령의 피해자들이 자연스럽게 사라져 가는 상황에서 필리핀 대중들에게 일본군 '위안부' 문제는 점차 자신들과는 관련 없는 곧 사라질 타인의 일처럼 받아들여지게 된 것이다. 그렇기에 남아있는 필리핀 내 일본군 '위안부' 피해자들은 가해 당사자인 일본 정부뿐만 아니라 필리핀에서도 점차 잊혀가는 상황에 놓여있다.

이와 같은 피해자들의 현실에 가장 큰 영향을 주었던 요인은 바로 필리핀 정부와 정치권이다. 자국의 국민으로 그들을 보호하고 지원해 주어야 할 필리핀 주류 정치권이 일본군 위안부 문제 대응에 있어 소극적인 태도를 보였고, 공공 담론에 문제가 등장했을 때부터 이미 1956년 전쟁 피해 배상으로 해결되었다는 입장만 고수했다. 그들의 태도는 2018년 위안부 동상 철거 당시에도 지속되었고, 필리핀 일본군 '위안부' 피해자들은 좌절할 수밖에 없었다. 물론 필리핀 정부와 정치권의 결정, 그 이면에는 일본과의 경제적 관계 및 국제 안보적 문제가 고려되었음은 자명한 사실이다.

종합적으로 보았을 때, 필리핀에서 위안부 문제에 대한 인식은 크게 두 가지로 나누어져 있다. 여전히 실현되지 않는 정의를 위해 가해 당사자들의 공식적인 사과를 요구하는 입장과 모든 문제는 배상을 통해 해결되었고, 괜히 우방과 외교적 분쟁을 일으킬 필요가 없다는 입장이다. 물론 각국의 상황과 입장이 차이가 있을 수 있기에 무조건적인 비판을 할 수는 없다. 하지만 보편적 인권의 시각에서 자국의 위안부 피해자에 대한 필리핀 정부의 외면은 충분히 비판 가능하다고 생각된다.

■참고 문헌

"60 comfort women press fight vs crimes against humanity", *Philippine Daily Inquirer*, March 10, 2004.

"A terrible forgetting", *Philippine Daily Inquirer*, December 13, 2015.

"Comfort women in Pampanga seek medical help from gov't", *Philippine Daily Inquirer*, August 27, 2004.

"Comfort women lose legal battle", *The Manila Times*, October 10, 1998.

"Comfort women protest revision of history books", *Philippine Daily Inquirer*, May 29, 1997.

"Comfort women reject Japan PM's apology", *Philippine Star*, January 21, 1998,

"Comfort women: No one is listening", *Philippine Daily Inquirer*, January 30, 2016.

"Continuing degradation", *Philippine Daily Inquirer*, January 3, 2016.

"Government removes 'comfort woman' statue in Manila", *ABS-CBN News*, April 28, 2018.

"Lolas return apology letter to Japanese", *Manila Standard Times*, Febuary 6, 1998.

"Philippines' WWII sex slave demand justice from Japan", *The Manila Times*, January 26, 2016.

"Solon urges govt to lobby Diet for comfort women", *Philippine Daily Inquirer*, January 24, 2005.

"Vets urge recording stories of war for posterity", *Philippine Daily Inquirer*, December 9, 2015.

"What went before: the impeach rap vs Justice Del Castillo", *Philippine Daily Inquirer*, December 8, 2011.

Ager, Maila, "House Resolution on Japan apology to 'Comfort women' field", *Philippine Daily Inquirer*, August 15, 2007.

Cabacungan, Gil C., "Comfort women balk at impeaching Justice Del Castillo", *Philippine Daily Inquirer*, February 15, 2012.

Department of Social Welfare and Development and Asian Women's Fund, "An Evaluative Research in the Implementation of the Assistance to Lolas in Crisis Situation Project", (2002).

Doyo, Ma. Ceres P., "Memorials to human suffering", *Philippine Daily Inquirer*,

November 30, 2017.

Esguerra, Darryl J., "Laguna statue part of freedom of expression-Palace", *Philippine Daily Inquirer*, January 1, 2019.

_____, "Lila-Pilipina blasts Japan's protest on Laguna statue for women", *Philippine Daily Inquirer*, January 1, 2019.

Javellana, Juliet L., "Zamora says gov't will take up cudgels for comfort women", *Philippine Daily Inquirer*, October 11, 1998.

Legarda Jr., Benito J., "Relocate 'comfort women' statue", *Philippine Daily Inquirer*, May 2, 2018.

Mendez, Christina, "Senete wants Japan update on legislation on comfort women before tackling JPEPA", *Philippine Star*, August 20, 2007.

Min-ho, Jung, "'comfort woman' statue removed in Philippines", *The Korea Times*, January 4, 2019.

Nawal, Allan, "Duterte on comfort woman statue: Not policy to antagonize other nations", *Philippine Daily Inquirer*, April 29, 2018.

Ocampo, Ambeth R., "Rape no laughing matter under any context", *Philippine Daily Inquirer*, April 20, 2016.

Orejas, Tonette T., "Comfort Women dying without justice", *Philippine Daily Inquirer*, April 3, 2005.

Ruiz, Jay, "Del Castillo accused of 32 counts of plagiarism - lawyer", *ABS-CBN News*, February 15, 2012.

See, Aie Balagras and Krixia Subingsubing, "Removal of 'comfort woman' statue draws protest", *Philippine Daily Inquirer*, April 29, 2018.

See, Aie Balagras, "'Comfort woman' status not an insult vs Japan", *Philippine Daily Inquirer*, December 26, 2017.

Siytangco, AJ, "PH-Japan relations remain 'very strong' despite comfort women statue issue", *Manila Bulletin*, January 12, 2018.

Tan, Michael L., "Blinkmanship", *Philippine Daily Inquirer*, May 2, 2018.

Paterno R. Esmaquel II, "What wrong with this statue of a Comfort Woman in Manila?", *Rappler*, December 26, 2017.

Villanueva, Rhodina, "Time running out for Pinay comfort women", *Philippine Star*, January 22, 2016.

Borromeo, Myrna E. P., "Media for Justice and Healing: The Case of Philippine Comfort Women Survivors", *Review of Women's Studies* 20:1 (2010).

Galang, M. E., *Lolas' House: Filipino Women Living with War* (Evanston, Curbstone Books & Northwestern University Press, 2017).

Henson, Maria R., *Comfort Woman: Slave of Destiny* (Pasig City, Philippine Center for Investigative Journalism, 1996).

Hicks, George, *The Comfort Women: Sex Slaves of the Japanese Imperial Force* (Singapore, Heinemann Asia, 1995).

Mendoza, Katharina R, "Freeing the 'Slaves of Destiny' : the Lolas of the Filipino Comfort Women Movement", *Cultural Dynamics* 15:3 (2003).

Paula, McDonald, "Framing Sexual Harassment through Media Representations", *Women's Studies International Forum* 37 (2013).

Sancho, Nelia ed., "The Asian Women's Fund: Charity or Compensation?", *War Crimes on Asian Women: Military Sexual Slavery by Japan During World War II, The Case of the Filipino Comfort Women* (Quezon City, Asian Women Human Rights Council, 1998).

_____ ed., *Justice with Healing: An Anthology on the Lolas Kampanyera Survivors of WWII Japanese Military Sexual Slavery in the Philippines* (Quezon City, The Lolas Para sa Kapayapann at Kumpensasyon and Buhay Foundation for Women and the Girl Child & Asian Women Human Rights Council, 2007).

Valdepenas Jr., Vicente B., "Japan in Postwar Philippine Economy", *Philippine Studies* 18:4 (1970).

Vellut, J. L., "Japanese Reparations to the Philippines", *Asian Survey* 3:10 (1963).

권오신, 「일본의 필리핀지배와 미국의 군사적 대응(1941~1945)」, 『강원사학』 13 · 14합집 (1998).

김동엽, 「기억의 표상에 담긴 지역성 연구: 필리핀 위안부 동상을 중심으로」, 『동남아시아연구』 28:3 (2018).

김부자, 「한국의 평화의 소녀상과 탈진실(post-truth)의 정치학 - 일본의 식민주의/남성중심적인 내셔널리즘과 젠더를 검토한다」, 『한국여성학』 33:3 (2017).

김석수, 「남중국해 분쟁과 필리핀의 헤징전략」, 『글로벌정치연구』 8:1 (2015).

김정란, 「일본군 '위안부' 운동의 전개와 문제인식에 대한 연구: 정대협의 활동을 중심으로」, 이화여대 박사학위논문 (2004).

박광섭, 「남중국해 스카버러 쇼울을 둘러싼 중국과의 해양 분쟁 가열 조짐으로 인한 필리핀-미국 안보협력 강화: 그 근원적 이해관계 및 지역안보에의 함의」, 『아시아연구』 16:2 (2013).

"2021 OF THE PRESS FREEDOM IN THE WORLD RANKINGS", https://rsf.org/fr/

classement.
"*US House of Representatives Resolution 121*", https://www.congress.gov/bill/110th-congresshouse-resolution/121/text.
Galang, M. E. 2007, "Restoration of Human Dignity is Everyone's Business", http://labanforthelolas.blogspot.com/2007/08/restoration-of-human-dignity-is.html.

찾아보기

민유기

고려대학교 서양사학과를 졸업하고 동 대학원에서 석사, 파리1대학에서 역사학 석사, 파리 사회과학고등연구원(EHESS)에서 역사학 박사학위를 받았다. 현재 경희대 사학과 교수로 경희대 글로컬역사문화연구소장, 경희대 인문학연구원 HK+통합의료인문학연구단 지역인문학센터장을 맡고 있으며, 도시사학회장, 한국서양사학회 총무이사 등을 역임했다. 지은 책으로 『도시이론과 프랑스 도시사연구』, 『공간속의 시간』(공저), 『도시는 기억이다』(공저) 등이 있고, 프랑스 도시문화사, 정치문화사, 국제관계사, 젠더사 관련 다수의 논문을 발표했다.

박준병

강원대학교 사학과와 동 대학원의 석사과정을 졸업하고, 박사과정을 수료했다. 연구 논문으로는 「전후(1945-1947) 미국-필리핀 관계의 재정립: 필리핀 친일협력자 문제와 미국-필리핀 무역 · 군사협정에 관하여」, 「필리핀 독립운동(1896-1902)의 성격과 한계」, 「미국-필리핀 전쟁 전후(1898-1902) 미국인의 인식」, 「동양의 진주 또는 워싱턴: 마닐라의 미국화(1898-1916)」 등이 있다.

염운옥

고려대학교 사학과와 동 대학원을 졸업하고, 도쿄대학에서 박사학위를 받았다. 한양대 비교역사문화연구소의 전임연구원, 고려대 역사연구소와 민족문화연구원의 연구교수로 재직했고, 현재 경희대 글로컬역사문화연구소 학술연구교수로 있다. 지은 책으로 『낙인찍힌 몸』, 『생명에도 계급이 있는가』, 『역사학의 역사』(공저), 『몸으로 역사를 읽다』(공저) 등이 있고, 연구 논문으로 「식민지 폭력 피해와 배상: 케냐 마우마우의 사례」, 「리버풀 국제노예제박물관의 전시내러티브: 노예제 역사의 기억문화 만들기」, 「19세기말 20세기초 영국 열대의학과 식민지 도시위생」 등이 있다.

오승은

한국외국어대학교 이탈리아어과와 통번역대학원(한-영 통역)을 졸업하고, 런던대학교 킹스칼리지에서 크로아티아 민족주의 연구로 박사학위를 받았다. 한양대학교 비교역사문화연구소 전임연구원을 지냈고, 중앙대, 한성대에서 강의하고 있다. 저서로 『동유럽 근현대사』, 『포퓰리즘과 민주주의』(공저), 『서양역사 속의 빈곤과 빈민』(공저) 등이 있고, 주요 연구 논문으로 「유고슬라비아 전시강간 문제 연구: 바뀌지 않는 민족주의 집단기억」, 「밀로셰비치와 유고슬라비아 해체 전쟁」, 「The Croatian Democratic Union and the Pursuit of Divisive and Conflicting Nationalist Goals of 1990s in Croatia」 등이 있다.

이선이

도쿄외국어대학에서 중국여성사로 석사와 박사학위를 받았다. 성공회대 동아시아연구소, 경희대 비교문화연구소, 서울여대 인문학연구소 등에서 연구교수로 재직했다. 현재 경희대학교 인문학연구원의 연구원으로 있다. 저서로는 『딩링: 중국여성주의의 여정』, 『여성사로 읽는 항일독립운동』(공저), 『일본군 위안부를 둘러싼 기억의 정치학』(역서) 등이 있다. 논문으로는 「중일전쟁시기 딩링의 일본군 성폭력재현과 1956년 전범재판 그리고 피해자 증언의 의미」, 「일본군의 성폭력에 대한 일고찰: 중국산서성피해자의 구술을 중심으로」, 「차이창(蔡暢)의 부녀해방 사상에 대한 일고찰: 국가건설기(1940년대 50년대)를 중심으로」 등이 있다.

이찬행

성균관대학교 역사교육과와 사학과 대학원을 졸업하고, 뉴욕주립대학교(SUNY Stony Brook)에서 박사학위를 받았다. 성균관대학교 사학과 박사후연구원 및 경희대학교 사학과 학술연구교수로 재직했고, 현재 충북대학교 사학과 교수로 있다. 지은 책으로 『영화, 담다 그리다 비추다』(공저) 등이 있고, 연구 논문으로 「두 도시 이야기: 퍼거슨과 미니애폴리스」, 「"예측할 수 없는 과거": 미국사 연구의 탈중심화와 재중심화」, 「Chocolate Suburb, Vanilla Power: Race, Space and Civil Unrest in Ferguson」 등이 있다.

정용숙

연세대학교 사학과와 동 대학원을 졸업하고, 독일 보쿰대학교에서 박사학위를 받았다. 연세대 강사, 대구대 강의전담교수, 중앙대 DAAD-독일유럽연구센터 연구교수를 거쳐 춘천교육대학교 사회과교육과 교수로 재직 중이다. 저서 『Strukturwandel im sozialen Feld』, 역서 『공공역사란 무엇인가?』, 『독일 역사학의 신화 깨뜨리기』(공역), 연구 논문으로 「나치 국가의 매춘소와 강제성매매: 그 실제와 전후 시대의 기억」, 「산업화 시대의 기록으로서 산업 유산: 독일 루르 산업 문화의 사례」 등이 있다.